·历史与文化书系·

晚清民国云南绅耆的社会地位与角色研究

赵 蕊 | 著

光明日报出版社

图书在版编目（CIP）数据

晚清民国云南绅耆的社会地位与角色研究 / 赵蕊著. --北京：光明日报出版社，2021.6
ISBN 978-7-5194-6091-4

Ⅰ.①晚… Ⅱ.①赵… Ⅲ.①士绅—研究—云南—清后期-民国 Ⅳ.①D693.71

中国版本图书馆 CIP 数据核字（2021）第 086140 号

晚清民国云南绅耆的社会地位与角色研究
WANQING MINGUO YUNNAN SHENQI DE SHEHUI DIWEI YU JUESE YANJIU

著　者：赵　蕊	
责任编辑：杨　娜	责任校对：傅泉泽
封面设计：中联华文	责任印制：曹　净

出版发行：光明日报出版社
地　　址：北京市西城区永安路 106 号，100050
电　　话：010-63169890（咨询），010-63131930（邮购）
传　　真：010-63131930
网　　址：http://book.gmw.cn
E-mail：yangna@gmw.cn
法律顾问：北京德恒律师事务所龚柳方律师

印　　刷：三河市华东印刷有限公司
装　　订：三河市华东印刷有限公司
本书如有破损、缺页、装订错误，请与本社联系调换，电话：010-63131930

开　　本：170mm×240mm	
字　　数：261 千字	印　张：16
版　　次：2021 年 6 月第 1 版	印　次：2021 年 6 月第 1 次印刷
书　　号：ISBN 978-7-5194-6091-4	
定　　价：95.00 元	

版权所有　　翻印必究

目 录
CONTENTS

绪 论 ··· 1
  第一节 研究对象和选题意义 ·· 1
  第二节 学术史 ·· 2
  第三节 研究方向与方法 ·· 9

第一章 清末经历 ·· 12
  第一节 清末绅耆之间的交游 ·· 12
  第二节 绅耆与清末新政 ·· 23
  第三节 绅耆与争回矿权运动 ·· 51
  第四节 绅耆与争回铁路利权运动 ·· 56

第二章 因应变局 分化组合 ·· 73
  第一节 新政府中的"旧人" ·· 73
  第二节 赵藩与滇西风波 ·· 87
  第三节 出与隐——鼎革之际的选择兼及绅耆对辛亥革命的认知 ·· 98

第三章 老成独秀 ·· 120
  第一节 绅耆与民初的政党、议会政治 ································ 120
  第二节 多重的社会角色 ·· 131

第三节 对绅耆声誉和地位的一次冲击——铁路公司查账事件 …… 150
第四节 绅耆与护国运动 …… 155
第五节 绅耆与护法运动 …… 176

第四章 逐渐淡出 …… 200
第一节 选择各异 …… 200
第二节 绅耆与1927年云南政局 …… 229
第三节 1930年代绅耆的凋零 …… 236

结 语 …… 243
附 表 …… 246
后 记 …… 250

绪 论

第一节 研究对象和选题意义

民国前期，云南省垣昆明聚集着一群具有很高声望的社会名流，在时人的言说中他们被尊称为"耆宿""名宿""绅耆"等，他们来自云南的各个州县，集聚于文化、政治资源集中的省垣——昆明。他们无一例外都有前清功名，而且一般功名都不低，是近代中国最后一批社会学意义上的士，是科举时代造就出来的绅士。

他们在民国前期云南社会中占据着社会权势的重要位置。无论是政界、教育界还是文化领域，他们都扮演着重要的角色，具有举足轻重的地位。而他们所具有的这种声望和权势地位，又与其清末的经历有绝大关系。清末时，他们就是与督抚最为接近的滇省上层绅士，地方兴革大事多由其领导发起，例如声势浩大的收回利权运动就主要由与督抚最为接近的上层绅士唱主角。这群绅耆中，有的最初是通过科举考试脱颖而出，有着显赫的功名；而有的尽管科场失意，却借助于清末新政获取了很多社会资源而逐渐走向权势中心，成为新政的受益者。他们之间存在着广泛、天然的联系，如同年、同好、师生、姻娅、金兰契友等关系。这种盘根错节的关系网络往往使他们在社会转承中互相牵引，声气相求，从而始终处于社会权势的中心位置。

辛亥鼎革，由于革命派与他们有着千丝万缕的联系，所以在革命中往往对他们采取保护和合作的态度。他们虽对改革怀有各种心态，但通过分化组合，相互援引而占据要津，其地位反而越趋显要，成为革命的既得利益者。

进入民国以后，他们基本上能保持清末以来的影响力和权势地位，在地方事务中扮演着重要角色。他们的政治态度并不保守，对民国也很是拥护，其中不乏与时俱进者，民初的政党和议会政治都有他们的身影。但又因他们都出身旧学，对于民初引进的西方制度只能是雾里看花，致使西方民主制度在移入中国的过程中更多了几分曲折。

对于传统文化，他们多怀有抱残守缺的心态，力图挽救日益失势的旧学。为此，他们修方志，整理、出版云南前贤遗集，主持图书馆，办教育培养旧学人才。在他们的努力下云南很多历史遗迹得以保存，并培养出一批旧学功底不错的青年，为近代以来日益受到世人鄙视的传统文化的传承做出了努力。而且，他们自身是科举时代熏染下的士子，具有文人结习，从事诗文创作是他们晚年活动的重要方面，因此产生出了大量诗文结集，在唯新是求的民国学术界对延续保留固有思想文化做出了贡献。

由于存在科举制度停废以及民国建立后，绅士阶层被边缘化的认识，旧学功名者在民国以后的地位、作用受到学界的忽视。加之，或者因学者受革命史研究范式影响，或者因近代社会本身变化过快，革命的或趋新的人或事更容易受到关注，所以无论是在研究绅士的著作中，还是研究民国史的著作中都很难找到旧学功名者活动的身影。

实际上，科举制度虽然切断了士的来源，但作为科举制度养成的最后一代绅士并不是坐以待毙，而是能顺应时势，因应时变，使自己在社会转承中始终处于权势地位。进入民国以后的很长一段时期，他们仍然有很大的活动能量，某种程度上说，不仅没有被边缘化，其地位反而越居显要。本书即通过对云南绅耆在清末民初兴起、上升，走向权力中心的历史过程的构建，显示出学界对绅士边缘化的一般性认识的偏差，以及揭示出在近代社会急遽变化的同时，历史延续性的制约作用仍不能忽视。

第二节　学术史

本书关涉两方面的问题，一是关于近代绅士命运的问题，二是云南近代史的问题，于此，根据问题的相关度，分别进行回顾。

一、关于近代绅士命运的讨论

绅士研究一直是学界的热点，特别是对于近代绅士转型问题的研究更为学界所关注。在研究绅士近代转型的过程中，关涉近代绅士命运的问题。在这一问题上，大部分学者认为：绅士在近代发生了分化，并在进入民国以后走向消亡，成为历史的陈迹。持这一观点的论者，主要以王先明、贺跃夫、罗志田为代表。三人的具体依据又有不同。王先明主要从绅士阶层形成及其地位的确立的制度依据上立论，认为科举制度是绅士阶层形成的制度依据，封建等级身份制是绅士阶层地位确立的制度依据。当这两种制度被废除后，绅士阶层的命运就无可挽回地走向消亡。这两种制度中，其又认为封建等级制度的废除才是绅士最终走向消亡的决定性因素，而"科举制的废除只是从历史发展趋向上，使绅士阶层缺乏社会继替而走向消亡，它还不能导致现存庞大的功名身份集团地位的失落。清末新学堂、商会、教育会乃至地方自治、谘议局的活动基本上都无一例外地落入绅士阶层的手中，就足以说明科举制度的废除对现存绅士阶层地位并未造成明显影响"①。民国肇兴宣告了等级身份制度的废除，借以维系绅士阶层特权地位的封建功名、身份便被逐出了法律的范围而失去昔日的煊赫权威，从而使绅士阶层由分化而走向消亡。王氏虽然认为民国建立后，绅士阶层走向消亡，但同时又肯定了绅士在辛亥革命中的作用，认为："地方绅士阶层不仅仅是各地光复的主角，也是各地光复的最大获益者。"②由此可见，王氏主要从制度依据上判断绅士阶层的命运问题。

贺跃夫持有同样的观点，认为："辛亥革命后，以绅士为核心的传统社会的精英群体进一步走向衰亡，而新的足以取代旧绅权的近代化精英群体尚未形成，任何一个社会集团都不可能有力地控制政治局势，从而招致了军阀时代的出现，在省级政治舞台上，旧士绅名流或者洁身退隐，或者成为依附于军阀政权的政客；而在州县基层社会，地方士绅大多回归团练等传统绅权结构，以求在普遍的社会动乱中自保与自存。绅权所赖以生存的传统的社会政治结构，远比士绅

---

① 王先明. 近代绅士——一个封建阶层的历史命运 [M]. 天津：天津人民出版社，1997：323.
② 王先明. 近代绅士——一个封建阶层的历史命运 [M]. 天津：天津人民出版社，1997：338.

个人更具生命力，而这正是辛亥革命所未能铲除的旧时代的'尘土'。"① 与王先明相反，贺氏对绅士在辛亥革命中的表现评价不高，认为绅士在革命中只是充当了各地不情愿的配角，并认为正是辛亥革命使绅权受到了严重的冲击而导致绅士走向消亡。贺氏对绅士进入民国以后的命运的论断并没有运用史料展开论证，而仅仅是下了判断。

罗志田则从近代思想权势的转移和科举制度废除上立论，认为科举制度废除后，道统与政统两分，人的上升性社会变动随之改变，因而四民社会解体，士不再居于四民之首，并逐渐被知识分子所取代，而知识分子因自由浮动而被边缘化。但罗氏没有具体讨论取代过程的时限性，基本上以民初为限。②

由于学者要么从科举制度停废的角度，要么从辛亥革命的角度均得出绅士入民国以后消亡和边缘化的结论，加之以往受革命史范式的影响，所以一直以来，绅士研究都只集中在民国以前。

不过近年来有的学者对上述观点提出修正，如关晓红从科举制度停废的角度，重新探讨了士子清末民初的命运问题。她同时利用山西乡绅刘大鹏的日记和湖北乡绅朱峙三的日记进行比较，并参照清廷的各项政策，做了大量实证性研究，从而对科举制度废除与四民社会解体及知识分子"边缘化"的观点提出修正，认为科举制度停废虽导致传统意义的"士"阶层消失，但多数旧学出身者通过各种渠道重新分化组合，直至清末民初仍然占据社会权势的重要位置。③ 厦门大学李平亮的博士论文《卷入"大变局"——清末民初南昌的士绅与地方政治》（2004年8月）从地方社会与国家互动关系的角度，探讨清末民初南昌士绅对地方社会的控制，认为："民国初期，南昌士绅既拥有传统的社会文化资源，又获得新学这一新型文化资本，既控制各种地方事务，又介入各级地方行政，对地方政局实现了全面控制。"同时他提出绅士并没有被"边缘化"的论

---

① 贺跃夫. 晚清士绅与近代社会变迁——兼与日本士族比较 [M]. 广州：广东人民出版社，1994：252.
② 罗志田在三篇文章中体现了这一思想。这三篇文章是：《科举制的废除与四民社会的解体——一个内地乡绅中的近代社会变迁》（最早发表于《清华学报》新竹，第25卷4期，1995年12月，后又收入氏著《权势转移——近代中国的思想、社会与学术》，湖北人民出版社1999年版）、《失去重心的近代中国——清末民初思想权势与社会权势的转移及其互动关系》（《清华汉学研究》第2辑，1997年）和《近代中国社会权势的转移：知识分子的边缘化与边缘知识分子的兴起》（《开放时代》1999年第4期）。
③ 关晓红. 科举停废与近代乡村士子——以刘大鹏、朱峙三日记为视角的比较考察 [J]. 历史研究，2005（5）.

断。但该文对绅士的界定范围较广,并不专指科举之士,还讨论了新学兴起之后士绅构成的变化,把新式学堂毕业之人看作是地方社会中的新式绅士。

此外,一些论文虽没有讨论绅士边缘化的问题,但关注到了旧学功名者在民国时期的作用和地位,例如四川大学许丽梅的硕士论文《民国时期四川"五老七贤"述略》(2003年5月)从新旧角度,对民国时期存在于四川社会中的一群很有影响的绅耆"五老七贤"进行了初步的探讨。该文主要把"五老七贤"视为较为守旧的一个群体。桑兵的《民国学界的老辈》(《历史研究》2005年第6期)从民国学界新老关系的角度,探讨了老辈学人在民国学术界中的地位和作用,观照到了被后来学者视为老旧的一批"老师宿儒"。

二、关于云南近代史的相关研究

长期以来,由于受革命史研究范式的影响,云南近代史研究者的研究视野往往集中在重大历史事件上或军阀身上,如对辛亥革命、护国运动、护法运动、西南军阀的研究较多,亦取得了不少成果,其中又以谢本书的成果较有影响力,从20世纪80年代开始其相继出版了《护国运动史》(贵州人民出版社1984年版)、《近代滇史探索》(云南人民出版社1987年版)、《云南辛亥革命史》(云南大学出版社1991年版)、《西南军阀史》(与冯祖贻合编,贵州人民出版社1991—1994年版)等著作。因为同样的原因在这些成果中又只看得到革命派或军阀的身影,而在事件中同样起重要作用的其他历史人物则被忽略,例如本书所考察的诸位绅耆就远远在诸位研究者的视野之外,而且就算提到也打上了"资产阶级"的标签,如在谢本书的《护国运动史》和《近代滇史探索》两本著作中都提到由李增创办的"护国演说社",把该社视为"资产阶级各派及其代表人物"积极起来为了捍卫民主共和制度,为打倒叛国称帝的袁世凯而组织的。这一研究取向不仅与史实相去甚远,而且把本来复杂的历史简单化。本书将对此问题提出自己的看法。

晚清阶段的研究则严重受到忽视,基本上没有学者关注清末新政在云南的实施情况。有的学者在研究清末云南派遣留学生的问题时,同样受革命史的影响,研究视角仅集中于"投身革命"的留日士官生身上。①

在人物个案研究方面,本书考察的诸位绅耆因影响大小和资料多少的原因

---

① 如:温梁华. 云南的留学教育 [J]. 大理学院学报(社会科学版),1996 (2);周立英. 清末云南留日学生及其对云南的影响 [D]. 昆明:云南大学(未刊),2004.

而受到学术界关注的程度不一。其中以赵藩、陈荣昌、袁嘉谷受关注的程度最高,其中对赵藩的研究最多,受关注程度最大。早在赵藩生前,弟子周钟岳于宣统年间写了《介庵先生事略》,对赵藩清末的活动记述较详。赵藩死后,其子赵宗瀚和江苏名士邓邦述分别为其写了传①,金天羽为其写了碑铭②,对其生平活动有一个大概的记述。其中,赵宗瀚的《樾村赵府君行述》(1927年印)所记赵藩宣统以前事迹系全部抄录于周氏《介庵先生事略》(清宣统年间印)。邓邦述和金天羽二人都是应李根源之请为赵藩写传和碑铭的。以上诸人均与赵藩同时,且系赵藩亲属或弟子,对赵藩生平事迹了解较详;邓邦述和金天羽虽与赵藩未曾谋面,所写之传和碑铭亦根据李根源所提供的资料而来,因而亦可参考。这几篇传成为后来研究者研究赵藩的重要依据。20世纪80年以后,赵藩研究开始趋热,前前后后有几十篇文章及数种专著和论文结集,惜重复者多,比较重要的是赵藩的孙女赵静庄写的《赵藩年谱》(《云南文史丛刊》1991年第1期),所用资料为赵藩存留的诗集和《赵藩遗稿》③,及周钟岳诸人写的传④,为本课题的研究提供了重要线索。王明达的《剑湖风流——文化奇才赵藩传》(云南民族出版社2003年)对赵藩的生平事迹也有较详细的叙述。

除赵藩而外,对陈荣昌的研究也较多。陈荣昌死后,弟子秦光玉写了《陈小圃先生传》,袁嘉谷写了《清山东提学使小圃陈文贞神道碑铭》,对陈荣昌的生平事迹及著述均做了概述。⑤ 方树梅的《陈虚斋先生年谱》(手稿本)收录了

---

① 邓邦述. 文懿先生赵公传 [M] //方树梅. 续滇南碑传集校补. 云南省社会科学院文献研究所,云南省地方志编纂委员会办公室,校补. 昆明:云南民族出版社,1993.
② 金天羽. 文懿先生剑川赵公墓碑 [M] //方树梅. 续滇南碑传集校补. 云南省社会科学院文献研究所,云南省地方志编纂委员会办公室,校补. 昆明:云南民族出版社,1993.
③ 《赵藩遗稿》登载于中国人民政治协商会议云南省委员会文史资料研究委员会编《云南文史资料选辑》第15辑(1981年),为赵藩民国时期的信件,是了解赵藩民国时期的活动和思想的重要史料。赵静庄首次使用,此前诸种传记和介绍赵藩的文章均未使用。受资料限制,前之传记均详于晚清而略于民国,例如,云南省社会科学院历史研究所的夏光辅写于1982年的《赵藩的政治转变和文化成就》(云南历史研究所《研究集刊》1982年第2期)一文对赵藩清末及辛亥革命的事迹记述较详,之后的活动则甚简略。
④ 据赵静庄说赵藩1912年至1927年期间所作诗汇编的《向湖村舍诗三集》共26卷,为手抄本,未刊行,"文化大革命"时被毁。此外,赵藩还有《自订年谱》《石禅文集》均佚失。
⑤ 秦光玉. 陈小圃先生传;袁嘉谷. 清山东提学使小圃陈文贞公神道碑铭 [M] //方树梅,滇南碑传集. 李春龙,刘景毛,江燕,点校. 昆明:云南民族出版社,2003.

陈荣昌的一些书信，但所记较简略。陈荣昌的侄孙陈大威的《陈虚斋年谱》（油印本，1883年）在方谱基础上"旁搜侧辑，遍访耆旧"而成，以史料见长，且注出史料来源，便于查对。本课题关于陈荣昌的部分于此受惠颇多。荆德新的《陈荣昌述略》（云南省社科院历史研究所《研究集刊》1986年，第1集）对陈荣昌清末的活动和辛亥革命的活动、思想记述较详，但对其民国时期的活动相当简略，不过与前之传及年谱相比则算是严格意义的史学研究，对史料有一定鉴别和论列。曹钟瑜的《陈荣昌先生与云南国学专修馆》和李东平的《云南国学专修馆概略》（中国人民政治协商会议云南省昆明市委员会文史资料研究委员会编：《昆明文史资料选辑》第1辑，1981年）对陈荣昌主持国学专修馆的情况有所介绍，曹文中征引了陈主持国专时的书信，尤其弥足珍贵。万揆一、杨明熙的《陈荣昌在安宁鸣矣河》（中国人民政治协商会议云南省安宁市委员会文史资料征集组编纂：《安宁市文史资料选辑》第1辑，1985年）对陈荣昌隐居安宁的情况有较详细的介绍。赵蕊的硕士论文《近代历史变革中的云南士绅陈荣昌》（2004年）在前人研究的基础上，把陈荣昌的一生分阶段来考察，引用了一些新材料，尤其对陈荣昌辛亥革命时期的心态变化分析较详细，以及对前人对其固有认识有所讨论，在某些方面比前人有了一些进展。

袁嘉谷也是受关注较多的人物，但主要是其家人和弟子为其写传。袁嘉谷死后第二年，其弟子彭元槐、苏玉麟、李士厚编辑《袁屏山先生纪念集》（袁屏山先生纪念刊编辑委员会编，1938年），是集收录了袁嘉谷二儿子袁丕佑的《袁嘉谷年谱》和云南省主席龙云的《袁树五先生墓表》、袁之老友陈度的《袁树五传》、大儿子袁丕元的《先严树五府君行述》、弟子张希鲁的《袁树五先生传》等多篇传记，记录了袁嘉谷生平事迹，略有侧重。其中年谱为袁嘉谷儿子所写，对乃父生平事迹了解甚详，但有为亲者讳之处，可参照使用。张希鲁所记偏重袁嘉谷治学和教学方面。1949年以后，有多篇介绍袁嘉谷的文章，不过资料上悉用年谱及《袁屏山先生纪念集》中的诸篇传记、行述，没有多少创获，唯彭稚如的《袁嘉谷先生叙记》（《云南文史资料选辑》第35辑1989年）对年谱、诸传中的史实有所考证。2001年由云南人民出版社袁嘉谷文集编委会整理出版了《袁嘉谷文集》三册①，收录了袁嘉谷文、诗、史方面的著述15种共68

---

① 袁嘉谷. 袁嘉谷文集 [M]. 昆明：云南人民出版社，2001.

卷，大大方便了研究者。到目前为止，还没有一篇史学论文对袁氏进行专门论述。

学术界对其他人物的关注则显然不及前三者，例如研究者指出"作为清末民国年间'昆明知名人士'的陈度"，学术界对其研究就较为薄弱。① 陈度死后，其弟子孙乐首先写了《陈古逸先生传》（方树梅辑纂，云南省社会科学院文献研究所、云南省地方志编纂委员会办公室校补：《续滇南碑传集校补》，云南民族出版社 1993 年），但甚简略。1986 年，李硕的《陈度与〈昆明近世社会变迁志略〉》（《云南师范大学学报》1986 年第 6 期）首次对陈度的生平、学术成就及其所撰《志略》进行了初步的研究，但未注明资料来源。1990 年陈延的《陈古逸先生事略》（政协昆明市五华区文史资料委员会编：《五华文史资料》第 3 辑）对陈度清末的经历及诗词、书画方面的造诣有所介绍。1999 年，戚辰的《陈度事略》（《五华文史资料》第 11 辑，1999 年）是一份有关陈度生平和学术成就较全面的传记，提供了不少新资料，但亦未注出处，不便查阅。2004 年潘先林的《陈度〈昆明近世社会变迁志略〉概说》（《学术探索》2004 年第 7 期）是迄今为止对陈度研究最为深入的一篇论文，该文在收集前人研究的基础上对陈度的经历、教育活动、诗词造诣、书画、思想等方面均有较深入的介绍，尤其对陈度晚年的著作《昆明近世社会变迁志略》一书的史料价值进行了评述，认为该书是研究清末民初昆明社会史的一部十分重要的资料。

此外，周钟岳在民国时期云南的政坛上是一位极重要的人物，且其本身的资料也比较丰富。但学界对他的研究同样薄弱，仅有零星的几篇文章。最早是张渤的《周钟岳先生年谱》（云南省社科院历史研究所《研究集刊》1984 年），该年谱记周钟岳事迹较详细，运用了周氏的部分资料，但没有注出处。谢本书的《白族学者兼政治家周钟岳》（《民族文化》1986 年第 2 期）一文对周钟岳有简单的介绍。谢本书写作此文的目的是为了呼吁学术界将周钟岳的著述系统整理出版，其本人并没有对周钟岳进行深入的研究。李东平的《前贤的足迹，后学的道路——缅怀本馆馆员周钟岳、方树梅先生》（《云南文史丛刊》1989 年第 1 期）系根据其父李春醲口述资料所得，而李春醲是周钟岳留日同学，对周氏有所了解，此文可以参照使用。

---

① 潘先林. 陈度《昆明近世社会变迁志略》概说 [J]. 学术探索，2004 (7).

其他人的研究情况较冷寂,由后代写传的情况较多,称不上严格意义的研究成果,不过亦为本课题的研究提供了不少资料。赵式铭的长孙赵衍孙于1983年写了《白族学者赵式铭生平及在云南地方文史研究上的贡献》,对赵式铭的生平和著作做了详细介绍,把赵式铭视为诗人和学者。其中引用了赵式铭大量的诗作,并对赵式铭研究白族语言和纳西族语言的情况有所介绍。赵式铭自称"三十年所致力,强半在诗",所以其诗作甚多,一生存诗三四千首,多未刊印,以手稿存于家。1987年其侄子欧小牧精选赵式铭遗诗920首,对联29联,戏曲及杂文27篇刊印出版,名曰《赵星海先生精华录》(德宏民族出版社1991年)。2003年云南民族大学中文系教授蔡川右从赵式铭存诗中选出780多首加以注释出版《赵式铭诗选注》(云南教育出版社2003年),二书均为相关研究提供了资料。秦光玉死后,其侄子王灿写了《伯外舅秦璞安先生传》(载于昆明《中央日报》1948年12月28日),对秦光玉的生平事迹有简略的介绍。① 1989年秦光玉的外孙张一鸣写了《秦光玉传略》(《云南文史资料选辑》第36辑,1989年),对秦光玉思想、教育、著述等方面均做了介绍,征引材料较丰富,为本书提供了一些资料来源。其他绅耆大部分在《续云南通志长编》及方树梅编纂《续滇南碑传集校补》中均有传,此外有的绅耆如李增、顾视高、张学智、李坤、陈钧、钱用中、宋嘉俊、王玉麟、孙光庭、杨琼、李文治、刘盛堂有零星文章介绍生平。吴琨、杨觐东、郭燮熙、孙嗣煌、倪惟钦、舒良弼、寸开泰、谢宇俊则无传。

第三节　研究方向与方法

回顾学术史可知,目前学界对绅士阶层普遍存在入民国后即边缘化或消亡的看法,所以研究主要集中在民国以前。学者得出这一结论的依据主要集中在两个标志性的事件上,一是科举制度的废除,二是辛亥革命的爆发。关于科举制度的废除对绅士阶层产生巨大冲击的看法,已有学者在实证研究的基础上提

---

① 该文后来又收入:方树梅. 续滇南碑传集校补 [M]. 云南省社会科学院文献研究所,云南省地方志编纂委员会办公室, 校补. 昆明: 云南民族出版社, 1993: 373.

出了修正，但对旧学功名者进入民国以后的地位则讨论不多。关于辛亥革命对绅士阶层的影响，学者虽存在不同看法，但都认为绅士阶层入民国以后便消亡了。在这里，学者无疑过分强调了制度变迁以及由此引发的社会变迁对于绅士阶层身份地位影响，而忽视了制度与社会实际的常情与变态。本书即通过对聚居于昆明的一群绅士在清末民初的社会转承中由边缘走向中心这一过程的史实构建，力图呈现出急遽变动的近代社会中不变或者变化慢的一面。

章开沅曾经指出："个体与类型，个别与一般，个性与共性，都是相对而言的。在较小范围内的类型、一般、共性，在较大范围内则是个体、个别、个性；反之亦然，在较大范围内的个体、个别、个性，在较小范围内又有可能是类型、一般、共性。"① 本书所研究的群体对于整个绅士阶层来说属于小群体，通过对这个小群体的研究或可以个案的形式显示学界对整个绅士阶层一般性认识的偏差。特别是对这一群体做全面的跟踪，可以更加细致地看出前后变化，而这个变化又不是简单的前进或后退可以概括。

另外，在云南近代史研究方面，研究者受资料或视野所限，把研究视角集中在重大事件和军阀身上，而在近代云南社会中扮演重要角色的绅耆群体不同程度受到忽视，这无疑将影响到我们对近代云南社会、思想与政治等方面认识的深度和广度，因此，本书在研究绅耆的基础上，对云南近代史研究中的一些重要问题也将有所讨论。

本书的研究方法如下。

其一，把人物置于具体的历史环境中，探讨群体和历史环境的互动关系、他们各自不同的态度，以及在历史事件中所起的作用。对于其中起重要作用的历史人物则细致分析其态度的前后变化，以及为什么这样、又怎么影响事态发展这么一个"史实性"的过程。群体在变动的环境如何保持权势地位的是本书关注之处。

其二，选择云南绅耆为考察对象，一方面固然因为云南是绅权势力比较突出的地区，较有典型性，另一方面也因云南保留了大量的近代资料。本书的研究对象，大部分人物均有传记，而且都有各自的文集、诗集、回忆录等，有的

---

① 章开沅. 中国近代史上的官绅商学导言[M]//章开沅，马敏，朱英. 中国近代史上的官绅商学. 武汉：湖北人民出版社，2000.

绅耆还有日记、年谱。此外，云南本地也保留了不少民国时期的报纸，共有30多种，虽然并不是所有报纸年份都齐全，但因种类较多，亦可以互相弥补。对于这些报纸，笔者都尽量阅读一遍，尽可能地挖掘史料。在以往云南地方史的研究中，报刊的使用率极低。有鉴于此，本书大量运用了报刊资料，并与文集、诗集、回忆录、日记等相互参证、比勘，从而形成证据链条，发现事实真相。在主要阅读本地报刊的基础上，笔者还阅读了《申报》，以弥补本地报刊所缺失时段的信息。此外，文史资料里的史料虽然以当事人的回忆录为主，不一定可靠，但在没有其他记载的情况下，亦可以聊备一说，并且可以看出人事背后的联系，因此本书也使用了一些回忆录，但是以比较审慎的态度使用，并做了分析辨别。

当然，本书还存在诸多不足，虽然已尽可能地挖掘史料，但因个人的学识、能力的不足，仍有很多手眼不及之处，并且对史料或许也有误读错解之处，祈读者方家批评指正。

由于大部分绅耆到1930年已老残凋零，他们的活动和作用已明显减少，所以本书的下限大体定到20世纪30年代中期为止。

第一章

清末经历

之所以把绅耆看作一个群体来考察，一方面因为他们具有某种同一性，另一方面他们有着盘根错节的关系，而两者之间又互成因果；他们之间之所以能形成这种关系，又因为他们本身具有的同一性使然，即共同的经历、共同的爱好等，正是清末的共同经历使他们逐渐结成一个群体。在清末的经历中，他们或通过书院的同年关系而结识，或通过诗社雅集成为诗友。而通过这两种途径结成的关系网络又是互通的。他们把这种关系一直维持到了民国时期，在社会转承中互相以为奥援，处于权势地位。

清末新政成为云南绅耆走向权力中心的契机。其中有的绅耆在这场改革运动中既获得了声望又获得了新的资源，其地位也越加显要，而有的绅耆在新政中逐渐脱颖而出，为其在民国时期的地位奠定了良好的基础。其中师友之间的相互延引，成为绅耆在新政期间获取权势地位的重要因素。

第一节 清末绅耆之间的交游

在中国传统社会中，士人之间通过各种途径形成紧密的关系，往往成为他们日后谋求进身的重要渠道和关键因素。同在一所书院肄业，从而结成同门或同学；因对诗词的共同爱好结社雅集，从而结成同道、兰交；或是同一年参加乡试或会试，从而形成同年关系。这些都是形成他们之间关系的途径。本书考察的诸位绅耆正是通过这些途径形成彼此紧密联系的。

一、经正书院高材生

经正书院是清末滇省建立的一个以课经史、培养实学人才的书院,当时汇集了三迤较杰出的士子,而本书所考察的绅耆大部分都有就读于此的经历,在这里他们结成同门的关系,互相砥砺学行并且在此后一直保持较为紧密的交往,在学业和事业上相互扶持。曾就读于经正书院的绅耆有:钱用中、袁嘉谷、熊廷权、李坤、秦光玉、杨觐东、陈度、萧瑞麟、李增、张学智、吴良桐、孙嗣煌、蒋谷、席聘臣、吴琨、施汝钦等。

云南经正书院创建于光绪十七年(1891),是由当时云南盐法道陈灿禀请云南总督王文韶和巡抚谭钧培而建立的。"度地于翠海侧湖山清旷之区,创建书院,专课经古之学,曰经正书院,取经正民兴,斯无邪慝之意。"① 陈灿,字崑山,贵阳人,于光绪六年(1880)来滇,历任澄江、楚雄、顺宁、云南等府知府,兼护盐法道、署临开广道、迤南道、粮储道,升按察使、布政使。陈灿在滇任官28年,"政绩尤为懋著"②,而对创建书院尤三致意,于省垣创建经正书院、于蒙自建道成书院、于普洱建宏远书院,以致有"书院癖"的外号。陈灿创建经正书院的命意在于在滇建立一所能与广东之学海堂、浙江之诂经书院、四川之尊经书院相颉颃的书院,一改以往滇学术文化落后的形象。经正书院建立后被滇中士子视为"网罗三迤俊彦,课以古学时务,开南中未有之风,与粤之学海、浙之诂经、蜀之尊经齐躯并驾,十余年间,人才辈出"③。袁嘉谷把云南学术发展分为四个时期,把经正书院的创设时期视为滇学术文化过渡期,认为经正书院"萃三迤学者,出入递嬗,将近百人。供职京曹,服官各省及于役桑梓之学务者,时出其中。方之前三时,未知何如,而他日考滇南学术,盖不得不于此作过渡时之辞焉"④。可见,在云南士子眼里经正书院的创设对滇文化

---

① 陈灿. 经正书院课艺序 [M] // 方国瑜. 云南史料丛刊:第10卷 宦滇存稿. 昆明:云南大学出版社,1998:590.
② 秦光玉. 甘肃布政使贵州陈公传 [M] // 王灿. 滇六家文选:第6卷 秦璞安文选,民国三十五年铅印本,1946:21.
③ 秦光玉. 甘肃布政使贵州陈公传 [M] // 王灿编. 滇六家文选:第6卷 秦璞安文选,民国三十五年铅印本,1946:21.
④ 袁嘉谷. 云南按察使贵阳陈公建经正书院碑记 [M] // 袁嘉谷文集:第1卷. 昆明:云南人民出版社,2001. 269.

起到了承上启下之重要作用。

经正书院未设以前,汇集三迤十四府士子就读的书院只有五华书院一所,创设于明朝嘉靖年间,但维持不久即废。清雍正年间云南总督鄂尔泰重新选址,迁于昆明县城内五华山麓,又号为"西林学舍"。五华书院从一开始就是服务于科举的,无论从考课制度还是从考课的内容上看都以培养科举考试应试之才为目的。考课分官课、堂课二种,官课由督抚司道及首府县轮流命题,内容为一四书文、一试帖诗;堂课则由山长命题,内容和官课相同。"凡山长皆由督抚选聘,多系在籍乡绅之曾膺科第者。"① 自阮元在杭州建诂经精舍,督粤时又创立学海堂,开清朝书院以考证经史训诂名物、力求推进学术文化为目的之风。流风所及,各省纷纷效尤,建立类似书院,与"科举化"之书院旨趣迥异。"到19世纪90年代,这类书院至少有20所以上。"② 滇省地处僻远,风气向来晚开,专以研究经史、训诂名物为内容的书院直到1891年陈灿才首倡其议。陈灿鉴于"惟各省皆有经古书院,而滇独阙"③,是以倡议在省垣建一所专课经史的经古书院。

经正书院之设诚为滇中一大盛事,督抚司道都非常重视,就选址一事就甚为谨慎,先经众绅士踏勘,决定选城内西北隅的翠海北边报恩寺故址为书院地址,又经众司道大员亲自踏勘,认为"此地静雅,若建立书院,实足以爽心豁目",定议后立刻鸠工建造。翠海即九龙池,又名菜海子,为昆明城内一处佳境,因湖水清翠得名翠海,与城东北之圆通、五华等苍翠的山峰环抱,湖光山色,静雅清旷,为滇省文人墨客所青睐。"所堪报恩寺旧址,背枕虫山之省脉,前列双塔之笔峰,左则试院宏开,右则西山遥峙,襟带翠海,柳碧荷香,极鸢飞鱼耀之观,有沂水春风之胜。"④ 作为经正书院之址实为上佳之选。

根据陈灿手订的《议订经正书院条规》,经正书院与其他书院不同之处在于:第一,不课制艺,专课经古;第二,他书院诸生不须住院肄业只需按月考

---

① 陈度. 昆明近世社会变迁志略: 卷1 书院 [M]. 手稿, 藏云南省图书馆.
② 田正平,朱宗顺. 传统教育资源的现代转化——晚清书院嬗变的历史考察 [J]. 厦门大学学报(哲学社会科学版), 2002 (5).
③ 陈灿. 创建滇省经正书院筹设内课高材生及外课生请奏咨立案颁赐匾额详文 [M] // 云南史料丛刊: 第10卷 宦滇存稿. 昆明: 云南大学出版社, 1998: 588.
④ 陈灿. 拟就报恩寺故址添买水田修建经正书院详文 [M] // 云南史料丛刊: 第10卷 宦滇存稿. 昆明: 云南大学出版社, 1998: 581.

课，而经正书院诸生则必须住院肄业；第三，他书院诸生不常进见山长，"侍坐之礼废，而传心之教衰"，而经正书院山长则要常登堂为住院诸生讲论经史大义、小学诸条。因此，无论是住院诸生之间还是诸生与书院山长之间都更为亲密，交流的机会更多。

另外，"条规"规定课分内外，内课24人，外课80人。内课24名，"仿东汉考置高材生法，由学院于三迤岁科试优生等中慎选学有根底、文行兼备之士，咨送入院，使得专精肄业"①。外课80人又以前20名为正额，外课生不需住院，只需参加考课。根据条约，内课24名高材生由学政于岁科两试中选拔出来，所以入院就读者都是各地生员中的佼佼者。例如，萧瑞麟于1892年参加岁试时，学政高钊中按临昭通，因其成绩优异而选入经正书院肄业。袁嘉谷也是于1893年科试考列第一而被学政选入经正书院肄业。住院肄业的24名高材生，所受待遇相当优厚，膏火一年12个月，每月每人得银六两，不仅可以维持自己的生活而且还可以赡养家人和购买书籍。很多士子本着改善生活的目的也很愿意入院读书。例如，熊廷权在肄业经正书院以前，以诸生为童子师，"修脯所入至微，益以月课奖金仍苦不足"，生活十分困难，靠其夫人做针线活贴补家用，才得以勉强维持生活，"岁辛卯，予补经正书院高材生，膏火较优，月课亦利，每课必多作一二卷，月入达十金以外"②。全家生活遂变得很宽裕，熊廷权在考取进士以前一直在院肄业。熊廷权的情况应该较为普遍。

本书所考察的诸位绅耆，籍贯上属于云南不同的州县，通过就读经正书院使他们相识，成为同门。经正书院存在12年，前后有90多人入院，流动性较大，从条规可以看出入院时间至少是一年，在这一年中必须常年住院。因各种原因很多人可能入院一年便出院了，出院的空额又由新一轮的岁科两试中考选诸生补入。绅耆一般入院时间都比较长，有的尽管考取举人，在还未考中进士前，都会入院参加考课，所以与前后入院诸生都有联系。例如，在书院成立之初就入院就读的绅耆有钱中用、熊廷权、张学智、杨继元、陈度、李坤等，他们因此结成了同门的关系。钱用中于入院当年就考取举人，但在1898年以前都

---

① 陈灿. 议订经正书院条规详文 [M] //云南史料丛刊：第10卷 宦滇存稿. 昆明：云南大学出版社，1998：582.
② 熊廷权. 元室郭夫人行述 [M] //唾玉堂文集：卷2. 民国三十五年（1946）铅印本，1946：20.

一直在该院肄业。熊廷权、张学智也是在1898年考中进士之前一直在书院肄业。李坤在1903年考取进士之前均在院肄业。陈度则1892年至1893年在院，就与1892年入院的秦光玉、杨覲东、萧瑞麟相识成为同门。秦光玉入院时间最长，1892年至1902年之间一直在院肄业。杨覲东则稍短，在1892年至1896年这个期间在院肄业，但也与此前在院的诸人有同门关系。袁嘉谷于1893年入院，与前之入院诸人也多有交往，而且袁氏在书院时间也很长，在1893至1900年之间，断断续续在院肄业。席聘臣入院较晚，于1897年入院，则与钱用中、熊廷权、张学智、陈度、李坤、秦光玉、萧瑞麟都有同门关系。

关于诸人在院的具体交往情况，没有直接的资料记载，但从他们的年谱和传记中亦可寻到一些蛛丝马迹。例如，《袁嘉谷年谱中》中说道："与各地高材生钱良骏、秦光玉、李坤、陈度、席聘臣、熊廷权、孙文达、张学智等同学咸相砥砺。"① 在钱用中的传记中也提到钱用中"与秦璞安（光玉）、李厚安（坤）、袁树圃（嘉谷）、张愚若（学智）、陈古逸（度）、夏筱琅（瑞庚）、熊种青（廷权）、赵湘皋（荃）、席上珍（聘臣），以道义学问相切摩，同学皆引为畏友"②。秦光玉在后来的回忆中也提到了在院中的情况，说道："庚寅以后学于石屏张竹轩师，壬辰以后学于昆明陈小圃师，则极深研，几有超乎语言文字之外者，故夫不亢不卑、亦和亦介，举止之端凝，瞬息之存养，是竹轩师之教也。熔铸经史、锻炼诗文，而治学方法尤在独抒见解、研求真理，尝以作古人应声虫为戒，与近世哲学家、科学家暗相符合，是茚山师之教也。于经史诗文外，尤注意身心性命之学，实践力行，本身作则，以程朱为趋向，以孔孟为依归，是小圃师之教也。至于同门旧友，若厚安（李坤）、若种青（熊廷权）、若筱琅（夏瑞庚）、若古逸（陈度）、若亮丞（杨继元）、若勉斋（李学仁）、若愚若（张学智）、若芷江（张儒澜）、若怀若（蒋谷）、石斋（萧瑞麟）、少云（施汝钦）、上珍（席聘臣）、石生（吴琨）诸君，皆能以学行相切劘，而尤以昆明钱平阶用中、石屏袁树五嘉谷为最。盖平阶提倡时务，为吾党先觉；而树五之博通敏赡，亦为时贤所稀见。且与余过从秘而砥砺深，对于义理、考据、

---

① 袁丕佑.袁嘉谷年谱［M］//袁嘉谷文集：第3卷.昆明：云南人民出版社，2001：815.
② 方树梅.钱平阶先生传［M］//方树梅.续滇南碑传集校补.云南省社会科学院文献研究所，云南省地方志编纂委员会办公室，校补.昆明：云南民族出版社，1993：370.

经济、文章四项，钱、袁两君，诚有莫大之助力者矣。"①据回忆中说的情况，秦氏与李坤、熊廷权、夏瑞庚、陈度、杨继元、张学智、张儒澜、蒋谷、萧瑞麟、施汝钦、席聘臣、吴琨、钱平阶、袁嘉谷都于同一时期在院肄业。实际上因秦光玉在院时间较长，因此与先后入院诸人都有所切劘。并且这种切劘对秦光玉的学问影响至巨。此外，诸人交往中又有特别情投意合的，如袁嘉谷、张学智和陈度三人结为终身契友，袁与张更是"由友谊而申以婚姻，交愈笃"②。可见，在院中的交往确实为诸人日后关系的发展奠定了基础。

除此而外，也正是在经正书院，诸人与陈荣昌结成了学生与老师的关系，从而在日后的事业上得到陈荣昌的许多扶助，特别是陈的爱徒蒋谷、袁嘉谷、秦光玉更是如此。

陈荣昌是经正书院的第二任山长。经正书院的山长是由督抚亲自聘定，"访求品端学粹如阎百诗、惠定宇、嘉定钱氏、桐城姚氏及滇之师荔扉、王畇五、刘寄庵诸先正者，重奉修脯迎主讲席"③。经正书院存在12年，先后延聘了两位山长，一位为许印芳，一位即为陈荣昌。许印芳（1832—1901），字芷山，一字麟篆，别号五塘山人，云南石屏人，同治九年（1870）举人，历任昆阳学正，永善、恩安教谕，昭通、大理教授，五华书院监院，经正书院山长。许印芳在滇掌教多年，在士子中具有很高的威望，并有丰富的教学经验。其任经正书院山长六年，"教读则戒陋戒隘，凡经史百家，及东西各国政治艺学，一任学者博观焉，约取焉；教学文则戒腐，戒陈陈相因，故凡学者行文，苟能扩新知，达时宜，或独抒己见，发前人所未发者，必加器赏，策其猛进，教立身行己，虽不苟细故，然于纲常之大，名教之防，未尝不谆谆申儆也"④。

陈荣昌任山长时才37岁，却已经是小有名气了。因其仕途显赫，故受到滇中士人的推重。陈荣昌（1860—1935），字筱圃，号虚斋，晚号困叟、明夷子、

---

① 秦光玉. 秦光玉七十四岁自述［M］//民国云南通志馆. 续云南通志长编：卷八十三 人物. 昆明：云南省志编纂委员会办公室，1985：819.
② 张学智. 袁树五传［M］//若园诗文续集：卷5. 民国二十三年（1934）铅印本，1934：27.
③ 陈灿. 筹建滇省经正书院设高材生并外属经古课额详文［M］//方国瑜. 云南史料丛刊：第10卷 宧滇存稿. 昆明：云南大学出版社，1998：579.
④ 钱用中. 诰封奉直大夫大理府儒学教授许芷山先生墓表［M］//方树梅. 滇南碑传集. 昆明：云南民族出版社，2003：742.

遁农，昆明人，光绪癸未年（1883）进士，翰林。陈荣昌仕途顺利，23岁就高中进士，点翰林，28岁出任贵州学政。据张仲礼的研究，清代考上生员的平均年龄是24岁，考中举人和进士的平均年龄为30至35岁。① 陈荣昌考中进士时的年龄比清代士子考中生员的平均年龄还要小，可见陈荣昌在同时期的士子中，属于早年得志者，甚为当时士子所推重。和陈荣昌同在京供职的同乡吕存德就推许陈为转移风气之人物。"国家之盛衰在人才，人才之兴废在学风……今世之学风何如乎，君子所不得行之于天下者，当退而谋之于乡，吾乡以小圃之科第文章而倾向者众矣，小圃若归则学风将视之为转移，小圃能因其倾向而导之以仁义道德，之归则蒸为习尚，成为风俗，庶其有济于国家，徒科第文章哉！"② 希望陈荣昌能回乡服务乡梓，转移风气。是时，陈荣昌也颇觉得在朝中无所作为，遂决定以侍奉老母为辞，请假南归。1897年陈归滇即被督抚延聘为经正书院第二任山长。经正书院是滇督抚甚为重视的书院，陈荣昌刚从翰苑回来就被聘为山长，陈在滇中的名气可见一斑。这是陈踏足滇中教育的开始，为其日后在滇士人心中"经师人师"的形象奠定了基础。而且陈由此逐渐成为滇绅的领袖，地方兴革大事多由其主持，甚得督抚倚重。甚至外人到滇办事亦要找陈接洽，寻求陈的帮助。如1909年康有为的弟子棱者到云南拟开采云南铜矿，为其保皇会筹集资金，他写信给乃师康有为说明在云南接洽各方的情况时说："陈荣昌系老翰林，前为贵州提学使，丁忧回籍，人极诚笃，为滇中绅界之领袖，李督甚敬重之，渠待棱甚挚，铜矿事必能助大力也。滇中铜矿封禁已久，倘能承办，指日可获大利。"③ 说明经过数年之后，陈在滇之地位已越加重要。

当然，对于诸生来说，有的还因陈荣昌的扶持而在事业上扶摇直上。例如，袁嘉谷能应经济特科考试，成为云南自科举考试以来的唯一一位状元，就有陈荣昌的保荐之功。

陈荣昌讲学甚得诸生喜爱，注重躬行践履，因为年龄和诸生相近，和诸生的关系也更为亲密。"陈小圃先生讲学尤勤，聚诸生于自在香室会食，食毕皆有讲说，诸生质疑亦为详解，尤以敦行为重。……师既如此，住院高材生又皆滇

---

① 张仲礼. 中国绅士 [M]. 上海：上海社会科学院出版社，2002：190.
② 孙光庭. 送陈小圃同年南归序 [M] // 东斋诗文钞：一卷. 曲石精庐民国十三年刻本，1924：22-23.
③ 上海市文物保管委员会. 康有为与保皇会 [M]. 上海：上海人民出版社，1982：441.

中名下士,乐育熏陶,人才多出其间,不徒以攫取科第为盛,而清末捷春官,膺馆选者无不为院中英俊,经济科元亦肄业最久之高材生,造育之宏可想见矣!"①肄业诸生都亲切称陈"小圃师"。在24名学生中,陈极器重蒋谷、袁嘉谷和秦光玉三人。尤其是蒋谷,陈"命同舍生年少者待以师礼"②。蒋谷后来经常伴随陈荣昌左右,陈1906年再次出任贵州学政以及1911年出任山东提学使时都让蒋谷跟随在幕中做事。袁嘉谷则因陈荣昌的保荐得以应试经济特科。当年朝廷开经济特科,令各省督抚保荐人才,时云南总督魏光焘保荐陈荣昌应考,陈得知后,面见魏督,以母老辞,且举门人袁嘉谷代之,并赋诗二首以表心迹,诗云:"本因彩服违亲舍,始挂朝冠返敝庐,鹗荐纵腾文举表,乌私忽绝太真裾,君王市骏宁求骨,匠石翘材合赦樗,幸谢故人毋我念,暂将偕隐慰门闾。"又云:"不忘忠爱铁肠在,欲报仇雠剑术疏,再出防人嗾狗曲,半途许我遁牛车,王通自有储才意,韩愈能无荐士书,忧国袁安正流涕,烦君风顺一吹嘘。"③ 自己愿意退隐奉亲,以袁氏代之,并请魏光焘多多为袁美言,用心可谓良苦。秦光玉、吴琨都曾得到陈的提拔和扶助,将在后面讨论。

经正书院在成为诸人的相识之地同时,也成为诸人日后事业的起点。陈灿谈及经正书院的成就时曾不无得意地说:"十数年来,经明行修之士多出其中,相继掇巍科,登词馆,即乡里聘师者,一闻院中士,咸争先延致。近日遴选教习及师范游学各生,率皆取材院中,而袁生嘉谷者在院肄业最久,复以廷试经济特科第一人,蒙恩授职编修,金谓斯院之设,于滇中文教不无裨益。"④虽然是在说书院的成就,但从另一方面亦可看出,督抚在选拔人才时首先考虑的是经正书院的学生,所以经正书院的高材生不少成为滇省政治、教育、文化等领域的掌权者。

---

① 陈度. 昆明近世社会变迁志略·书院 [M]. 手稿,藏云南省图书馆历史文献部.
② 何作楫. 蒋谷传 [M] //方树梅. 续滇南碑传集校补. 云南省社会科学院文献研究所,云南省地方志编纂委员会办公室,校补. 昆明:云南民族出版社,1993:365.
③ 陈荣昌. 辞经济特科之荐遂推谷袁树五孝廉二首 [M] //虚斋诗稿:第8卷. 民国年间铅印本,第26页.
④ 陈灿. 经正书院课艺序 [M] //方国瑜. 云南史料丛刊:第10卷 宦滇存稿. 昆明:云南大学出版社,1998:590.

二、吟诗结社

中国的文人学士，向有结社之风，尤其在科举时代，醉心于科举的士子们往往组织学会，一月集会一两次，拟题作艺，一天之内完成，互相观摩，以揣摩风气为主，目的在于有朝一日能在科场上一举成名。除此之外也有专以切磋诗艺为目的的诗社，士子们结社雅集，诗酬唱和，既是其交流感情的方式，又可相互切劘玩赏诗词，提高诗艺。而且通过结社，加紧了彼此的联系，扩大了各自的交际范围，形成一个广泛的人际网络。清末的云南士子同样有此风气，在众多的文人结社中，以莲湖吟社最为有名。莲湖吟社聚集了省垣的诸位文士，其中既有名彦耆宿又有少年后进，早年绅耆的交往就是通过此社展开的，通过加入莲湖吟社，他们开始结识并成为终身契友，在学问上相互砥砺，在事业上相互扶持。当时加入莲湖吟社的有：陈鹓、宋嘉俊、李坤、雷凤鼎、杨高德、朱庭珍、赵藩、陈庚明、施有奎、张星柳、李尚德等十余人，"皆一时名宿"①。其中以朱庭珍和杨高德辈分和声望最高。诸人功名都不高，施有奎和杨高德为解元，赵藩和张星柳为举人，其余都还是监生或廪生，大部分是少年新进。

莲湖吟社初为陈度所倡。陈度（1865—1941），字古逸，别号琴禅居士，云南泸西人，1891年入云南经正书院，光绪甲辰年（1904）科进士，授吏部文选司主事。这时，陈度还只是廪生，对诗学有特别的兴趣，自称"少喜为诗，弱冠积稿至数百首"②，所以于光绪十二年（1886）邀约宋嘉俊、李坤、雷凤鼎等人在五华山西麓赵氏园中结成莲湖吟社；月会一次，规模不大。宋嘉俊和李坤、雷凤鼎都是20多岁的后进，这时也都还是廪生。后来，经正书院成立，陈度与李坤又同入书院肄业，二人由诗友而成同门，关系更进一层。陈度与宋嘉俊的友谊则保持了四十多年。宋嘉俊（1864—1944），字镜澄，晋宁人，光绪辛卯年（1891）举于乡，戊戌年（1898）成进士，分刑部主事，甫就职，改官四川，历任纳溪、江津知县。李坤（1866—1916），字厚安，昆明人，光绪癸巳年（1893）乡试举人，癸卯年（1903）成进士，选庶吉士，奉调回滇，任高等学堂副办，旋改教务长。又受聘为学务公所议绅兼铁路局会办。辛亥入京，以办学

---

① 陈度. 昆明近世变迁志略·学会[M]. 手稿，藏云南省图书馆历史文献部.
② 陈度. 泡影集：自序二[M]. 民国十四年（1925）铅印本，1925：2.

授职编修。几个年轻人结成的诗社维持时间并不长,因宋嘉俊终日忙碌于生计,设帐受徒,无暇参加雅集,所以几个月后便停止了。

李坤的老师杨高德听说后,入社提倡,邀约陈鹍、赵藩、朱庭珍、施有奎等名士入社。名彦的纷纷加入,使诗社影响扩大,延续三年不终辍。杨高德(生卒年不详),字竹溪,太和人,同治年庚午科解元,一挫会试便弃举业,主讲新兴(今玉溪)、宁州两书院。"不久谢去,选授宁州学正,秩未满告归。"为人豪放不拘,"远近士子,求相从学为文辞,辄呵诮不为礼,独贤且才者爱而教之。文山陈价、宁州朱家宝、昆明李坤、河阳李增、新兴严天骏、天骥其尤也"①。杨高德不仅以学问闻名滇中,据说还经常充当枪手,代人考试,"安居于昆明时,遇科岁两考,及子、午、卯、酉乡试,便大当枪手,而枪出的举人秀才实属不少"②。杨在士子中的名气当属不小。他出而提倡奖藉,士子纷纷响应。陈度说:"予少喜为诗,弱冠积稿至数百首,与李厚安、宋镜澄、雷菊农诸君子结莲湖吟社,杨竹溪先生闻而乐之,奖藉不容口,为之邀朱筱园、赵樾村诸先生入社,得时聆其绪论且攻之错之,于诗遂稍窥藩篱。"③ 陈度因此而结识了朱庭珍、赵藩和施有奎。

杨高德提倡后,社址重新选定,以陈鹍在翠湖之滨的宅邸集翠轩为社址,并制定规约,规定每月二十三日集会一次,"签掣五七古、五七律、绝等体裁,公拟二题,三日交卷"。交卷后,互相评阅。经过杨高德的延揽,不少名士都加入诗社,使得诗社在当时士人圈中显得颇为耀眼。例如,新入社的陈鹍是滇垣有名的文士,工诗能书,尤精于画。陈鹍(1839—1922),字南卿,又字兰卿,先世浙江山阴人,祖父以游幕来滇,遂寄居昆明,"受知黄文洁公、戴筠帆侍御,遭世乱,弃而佣书,岑襄勤耳其名,延襄戎幕,积功至二千石,一权赵州牧、大关丞,有惠政及民,年四十解官筑室翠湖上,奉母居之"④。在翠湖边"治园种花,为集翠轩,杜门课子,除作诗外,暇即娱情翰墨,精鉴别书画,与

---

① 金天羽. 杨解元传 [M] //方树梅. 滇南碑传集. 李春龙,刘景毛,江燕,点校. 昆明:云南民族出版社,2003:740.
② 罗养儒. 杨高德其人 [M] //云南掌故:第17卷. 昆明:云南民族出版社,1996:564.
③ 陈度. 泡影集 [M]. 民国十四年(1925)铅印本,1925:2.
④ 陈度. 陈兰卿先生墓志铭 [M]. 泡影集:第八卷. 1925年铅印本,1925:8.

同人结诗画社,皆极一时之盛"①。另一位社友赵藩也是小有名气,是云贵总督岑毓英的座上客。赵藩(1851—1927),字樾村,一字介庵,别号蜒仙,晚号石禅老人,剑川向湖村人,光绪乙亥年(1875)举人,"生而奇慧,五岁授书,过目成诵,有神童之称。家富图籍,胚胎庭训。年甫十六七,经史有用之书涉猎殆遍,下笔千言,议论闳伟"。赵藩年幼遇杜文秀起义,年仅十多岁就和族叔组织乡团,联络护维西协张润,内外夹攻,经数年规复迤西各城,"运筹决策,草檄飞书,皆先生综其事,一时有小诸葛之目"②。因此赵藩少年老成,成名甚早。不过赵虽负文名,科场却屡屡受挫,于光绪乙亥中举后,六次应会试都不售,只授予教谕一职。做教谕不久就闻名于大府,先后入盐法使钟念祖幕、总督岑毓英幕,尤为岑毓英所赏识,司笺奏同时,教授岑毓英诸公子。此时,赵藩刚入岑毓英幕,即被邀请入社,社中诸友对其诗推崇备至,认为:"其诗月锻季炼,工候极深,各体兼长,不分唐宋而气体高华,骨韵生峭,笔力苍劲,法度谨严,洵人所应有尽有,人所应无尽无也!"③ 另一位被邀入社者为朱庭珍,来头也不小,也是岑毓英的幕僚,并被岑毓英延聘修《云南通志》。于入社诸人中,诗学造诣最深,隐然为诗社祭酒。朱庭珍(1840—1903),字小园,一作筱园,号诗癖,光绪戊子年(1888)举人,云南石屏人。朱庭珍虽然久困场屋,但在滇士子中很有些名气,其以游幕为活,所到之处便提倡风雅。杨高德引朱庭珍入社,目的在于提高诗社的名望,也为诗社诸位后进找名师,指点诗艺,为诸人评定高低。在朱庭珍的悉心指导下,入社诸人受益匪浅。加之赵藩、陈鹍一同品评研讨,青年后进诗学造诣都有很大提高。雷凤鼎入社后,"语必求生新,法必求细密,骨必求坚卓,而傲岸不群之气,时溢于笔墨之外,至其清快处,几于并刀剪水矣"④。陈度入社后也改变以往作诗风格,朱庭珍评价其诗作

---

① (清)杨高德,(清)朱庭珍.莲湖吟社稿:上卷[M].清光绪十四年(1888)印本,1888:1.
② 周钟岳.介庵先生事略[M]//罗开玉,李兆成."攻心"联与赵藩研究.成都:四川科学技术出版社,2002:133.
③ (清)杨高德,(清)朱庭珍.莲湖吟社稿:上卷[M].集翠轩清光绪十四年(1888)印本,1888:44.
④ (清)杨高德,(清)朱庭珍.莲湖吟社稿:下卷[M].集翠轩清光绪十四年(1888)印本,1888:29.

"典雅苍健，落落大方，格在中盛之间，渐入佳境矣"①。朱庭珍对诗社的兴起对滇中士子的影响评价很高，说道：诗社之兴，"值吾滇老成凋谢，提唱乏人，无识者转目笑之，老友杨竹溪邀予入社，相得甚欢，三载以来，赏奇析疑，极诗酒友朋之乐，而浮议息矣。诸君子少年英才，萃于一时，得同社砥砺，相与有成，亦艺林佳话也"②。

结社吟诗固然使诸人的诗学造诣有所提高，同时也成为诸人相识的平台。例如，陈度在诗社中认识陈鹍，自此以后就一直过从甚密，入民国后，与陈鹍还一起结真率会、梅花画社等团社。施有奎本与赵藩无多少过从，但自从入社后，便结为终身契友。施有奎（1849—1927），字文晏，一字聚五，昆明人，光绪丙子年（1876）乡试解元，第二年参加会试落第，即不求仕进，弃举业就商业，以儒而隐于商，于地方公益事，乐而为之，性格孤介，人称之为"纽松"，以古文名当世。施氏本不擅作诗，以古文见长，通过张天船认识朱庭珍后，在朱庭珍倾筐倒箧、讲授诗艺的影响下，开始尝试写诗。后来又被朱邀请入社，施有奎"笃志凝神，用心良苦，结社之初，同人皆谓恐非所长，而聚五每题到手，惨淡经营，不轻落笔，既成往往再易其稿，必求当意始快，数社之后，诗境日进，其合作出以苍劲之笔，不惟能造句且能造意，几与老手无殊，洵有志竟成，能者果不可测也！"③入社后，与赵藩订文字交，此后，凡有所作便请赵藩订正，成为"相知最厚"的朋友。④

第二节　绅耆与清末新政

清朝最后十年所推行的新政改革是一次政治制度、文化体制的全面变革。

---

① （清）杨高德，（清）朱庭珍. 莲湖吟社稿：下卷 [M]. 集翠轩清光绪十四年（1888）印本，1888：20.
② （清）杨高德，（清）朱庭珍. 莲湖吟社稿：下卷 [M]. 集翠轩清光绪十四年（1888）印本，1888：29.
③ （清）杨高德，（清）朱庭珍. 莲湖吟社稿：下卷 [M]. 集翠轩清光绪十四年（1888）印本，1888：10.
④ 施有奎. 赵樾村老友为余鉴定文集谢启 [M] //存古轩文集. 手抄本，藏云南图书馆历史文献部.

处于内忧外患中的清政府企图通过这次变革来摆脱内外困境,但实际上,清廷不仅没有能够摆脱困境反而断送了王朝的命祚,这其中的原因自然相当复杂。与清廷在改革中输掉了江山形成鲜明对比的是,绅士倒成了改革的最大赢家。本书考察的诸位绅耆正是在清廷的改革中逐渐占据了社会权势的主要位置。有的绅耆还在改革中逐渐离异清廷,在辛亥革命后迅速地转向民国。

一、绅耆与科举停废

科举停废对于中国社会和文化的影响一直是学术界关注的对象,对绅士的影响也多有所讨论,多认为绅士因此而走向没落和被边缘化。作为一种绅士的养成机制即科举制度废除后,绅士群体没有后续的制度保证,自然无法再源源不断地产生,因而走向衰亡似为大势所趋。但这是一个较长的过程,就当时的绅士来说,科举制度的废除对他们造成的伤害并没有想象中的那么大。本书所考察的诸位绅士,情况纵然千差万别,但无论存在多少个体差异,总的情况却是,大部分绅士都能适时应变,弃旧图新,通过各种渠道重新分化组合,占据社会各种权势的重要位置。

当清廷下诏停废科举时,并没有引起太大的反响。年辈较大的绅士早已入仕做官,科举的存废对其不产生何种影响,因此不会关注,自是情理之中。但即使是还挣扎在科举路上的中青年士子,在他们的文集、诗集中同样全无反应。何怀宏指出:"当时社会上总的反应却大致接近于无声无息,革命派的报刊几乎不注意此事,改良派、保守派的反应也不热烈,既乏激愤者,也少欢呼者,似乎这并非是一个延续了千年以上,且一直为士子身家性命所系的制度的覆亡。"① 关晓红的研究对这一现象进行了鞭辟入里的分析②。认为一方面由于清朝中叶以来,捐纳保举冗滥,严重阻碍了正途士子的出路,科举在一些士子心目中已失去往日的吸引力。另一方面一些趋新就时者,在朝廷宣布变法以后,看出学堂取代科举乃大势所趋,纷纷转向学堂或游学,或是参与到地方新办学务中,加上朝廷的善后措施也较为优厚,所以并没有对其出路造成太大影响,有的绅士甚至因此比在科举时代出路更加开阔,际遇有所改变,所以也就不会

---

① 何怀宏. 选举社会及其终结——秦汉至晚清历史的一种社会阐释 [M]. 北京:生活·读书·新知三联书店,1998:415.

② 关晓红. 科举停废与近代乡村士子 [J]. 历史研究,2005 (5).

那么偏执于科举。就本书所考察的绅士中，时至朝廷宣布停废科举为止，已取得进士功名、进入仕途的不在少数，科举停废对他们没有造成任何影响。而就算是年辈较晚的绅士，或是年龄已近中年而长期角逐于科场，始终不能实现登科之梦的绅士也仍然能适时应变，转向他图。只要切身利益没有受到损坏，那么科举对于士子来说即使不是已陈之刍狗，至少也成为食之无味弃之可惜的鸡肋，不再那么有吸引力了。

还在宣布废除科举以前，清廷的各项新政逐渐展开，兴学、游学、办学会、进入新设机构成为绅士弃旧图新的契机。赵式铭便是一个明显的例子。赵式铭（1873—1942），字星海，号弢父，剑川人，甲午乡试副榜。赵久困场屋，多次应乡试，也仅得一个副榜，长期以塾师或游幕为业，生活偃蹇。1903年赵式铭参加了清廷最后一科（癸卯科）乡试，仍然落第，当时已是31岁了。清廷在1901年宣布变法时，已下令废八股，改试策论，可赵式铭的试卷却被阅卷官以"惟此卷四书义，实有碍于磨堪"而弃之不取。可见在科举考试中，由于考官掌握着评卷分寸的伸缩余地，即使是朝廷政策已经有所改变，下面的官吏却依然如故，士子也只能明珠暗投。清廷颁布癸卯学制，各省纷纷建立学堂。学堂新建，师资缺乏，地方官仍然会延揽地方绅士充当学校教师。赵氏回乡，被州牧聘为剑川州高等小学堂教员。赵氏说："时初改书院为学校，应授科学同学多茫然，余取动植物学、地图、体操三门阅之，固自了然，遂以一身兼之。"① 赵积极投身新学，而且领悟也相当迅速。不仅如此，还倡导变风俗，与同里士绅提倡禁烟放足，开导风气，效果尤显。"当是时，士鹜为新学，余与同里赵湘皋、何吉甫诸君提倡禁烟放足，去缛节屏淫祀，设会讲劝，听者颇动，惟放足则众虑女子踰闲，恐无有问名者，余谓由会友首先解放，婚嫁亦由会友互相聘定，即日督室人制宽履，令小女顺和放足，遂相仿效，不五年，邑中无小足者也。"② 而且因其教学突出，州牧聘其任高等小学校校长，束脩"足百金"，而"旧时书院山长奉修金伍十两，今倍之，亦异数也"③！在新政期间，踏着兴学务、办学堂的春风，赵氏适时应变，弃旧图新，转向新学，在地方学务中崭露头角。光绪三十四年（1907）应丽江知府彭继志（友兰）之聘到丽江兴办学校。

---

① 赵式铭. 弢父行年六十记 [M]. 手抄本，藏云南省图书馆历史文献部.
② 赵式铭. 弢父行年六十记 [M]. 手抄本，藏云南省图书馆历史文献部.
③ 赵式铭. 弢父行年六十记 [M]. 手抄本，藏云南省图书馆历史文献部.

是时，彭继志创办《丽江白话报》，聘赵式铭为主编。赵式铭办报撰文，开发民智，其撰文的笔名"精愚"为三迤士子所熟知。后来又随彭继志到永昌，主办《永昌白话报》，更加得心应手。因办报成绩显著而闻名于提学使，被提学使调到省垣，邀入钱用中负责的《云南日报》，成为《云南日报》主要撰稿人之一。赵氏通过办学、兴学会、办报刊而进入地方权势中心，其境遇，与科举时代的窘迫相比，实不可同日而语！他实在不必再醉心于科举，因而科举的停废于他就不是那么了不起的事情了。

另一位绅士钱用中在本书考察的诸位绅士中属最为趋新者，同游者皆视为畏友。秦光玉说，在诸位师友中钱用中是对其影响最大的人之一，因其提倡时务，"为吾党先觉"。钱用中（1864—1944），字平阶，晋宁人，光绪辛卯年（1891）科举人。钱用中先后参加了三次会试皆不第，科举停废时已是40岁的中年举子了，自经正书院成立，一直肄业院中，以领取膏火为生。还在中法战争发生时，越南亡于法国，云南由边徼变成了门户，边疆危机骤起，急需应变之策。当时抚滇的张凯嵩仿胡林翼在湖北创建储才馆的故事，在云南设储才馆，意在储备实用之才，以备不时之需。"以破敌、保边各策遍询全滇士民。……自是留心时务者，即传入储才馆备咨询。"① 这时一位叫周文龙的廪生及时应对，所言都是高瞻远瞩之论，高出时人，"越十数年而吾国变法维新，次第废八股、开学堂、罢科举、戒鸦片、兴工农业、筑铁路、保护南洋澳美华侨，奖励殖民，此数大端者，吾滇聋聩老朽及幼稚小生，群骇为创见，而不知先生（指周文龙）已在储才馆逐条昌言之"②。钱用中弱冠即与周文龙过从甚密，受其影响甚深。周氏时常勉励钱氏当学贯中外、沟通新旧，钱大受其益，"于是始驰观域外，浏览东西译籍，久之乃略具世界知识，粗解东西各国政治源流，与其学术异同"③。钱用中受其影响，思想较为趋新。1898年入京会试之际，正值康梁师徒在京师兴办学会，鼓吹变法、变科举之时，钱用中多次应试不第，对八股文之害有切身体会，受维新派的影响对科举更加深恶痛绝，在那以后就再未参加过

---

① 钱用中. 周郁云先生传［M］//方树梅. 滇南碑传集. 李春龙，刘景毛，江燕，点校. 昆明：云南民族出版社，2003：748.

② 钱用中. 周郁云先生传［M］//方树梅. 滇南碑传集. 李春龙，刘景毛，江燕，点校. 昆明：云南民族出版社，2003：748.

③ 钱用中. 周郁云先生传［M］//方树梅. 滇南碑传集. 李春龙，刘景毛，江燕，点校. 昆明：云南民族出版社，2003：750.

科考。然而，举人的头衔和趋新的思想已经足够让他在地方事务中担任主角。戊戌变法失败，钱用中回滇，被迤南道陈灿聘为新建的宏远书院山长。这是陈灿继省垣经正书院之后，创办的另一所以课经史实学为主的书院。新政期间，钱用中更是大展其才，1904年被派往日本游学，入弘文书院，习速成师范。回国后充学务处学绅、提学使司署实业课长，兼总务课长。显然，科举停废对其并未造成任何影响。

除了通过转向一些趋新事业获得重生之外，留学再造获得新身份也是绅士及时应变、适应时势的重要途径。还在学堂和科举并行之时，敏锐的士子已经觉察到科举大势已去，纷纷转向新学，甚至在参加科举考试和入学堂、留学发生矛盾时，也情愿选择新学。席聘臣便是一例。席聘臣（1877—1930），字莘农，号上珍，昆明人，庚子辛丑恩并科举人，奖法政科进士，授翰林院庶吉士。席聘臣谈到自己选择游学日本而放弃科举的情况时说道："犹忆庚子年不孝聘臣膺乡荐例赴春闱，时滇中大吏拟选派学生出洋留学，不孝聘臣睹国势阽危，极愿求学救国，遂以出洋事告先考，闻之喜曰：时局艰，科第不足重，汝欲出洋求学不欲赴春闱，余不汝责也。后不孝聘臣因患病不获与留学考试，先考深以为憾，继膺北京大学堂师范生之选，先考始稍慰焉，嗣不孝聘臣由北京师范馆派赴日本第一高等学校留学毕业，复入西京帝国大学留学毕业。"① 席聘臣的选择得到其父亲的理解和支持，可见年老者都看出科第不足道，别说是头脑灵活的青年。后来，席聘臣考上了京师大学堂又得赴日本留学，回国后参加奖励游学考试，考列最优等，奖法政科进士，授翰林院庶吉士。

科举和新学并存，反而给绅士提供了多样化的选择。席聘臣固然是比较坚决地选择了新学，然而和他同一年报考京师大学堂的经正书院同学袁嘉谷和施汝钦则是脚踏两只船，科举新学都同时关注，只是在二者发生冲突时，则更愿意选择科举功名。光绪二十八年（1902）京师大学堂设立速成师范，令各省于举贡生监中考送，唯名额有限，规定大省七名、中省五名、小省三名。滇省接到咨文后，令各属士子前来报名应考。有59人报名，最后取中正备各五名。正取五名分别为：袁嘉谷、席聘臣、孙文达、施汝钦、李泽。备取五名分别为：丁其彦、孙崇仁、张士麟、唐万才、覃宝珑。袁嘉谷和施汝钦在报考保送京师

---

① 席聘臣. 养浩然斋文集［M］. 手稿. 藏云南省图书馆历史文献部.

大学堂师范馆的同时，不忘参加科举考试。二人同时考中光绪二十九年（1903）癸卯科进士。孙文达则拣发广西知县。最后其名额分别由备取中的张崇仁、张士麟、覃宝珑递补。在科举和学堂并行时，士子往往有多种选择，袁嘉谷不仅中了科举而且还得以到日本考察，正所谓科举新学两不误。袁嘉谷在考取进士后不久被滇督保送参加了经济特科考试，意外地中了头名状元，更是耀及一时。由于自科举以来，云南从来未出过状元，袁嘉谷的高中，为云南人所津津乐道，云南总督魏光焘亲书"大魁天下"榜于昆明城南的聚奎楼上。该楼建于光绪十八年（1892），滇人想以此楼会聚魁星，期望魁星能点出状元。这次经济特科被学者认为与康熙朝和乾隆朝开的博学鸿词科不可同日而语。① 袁嘉谷以新科翰林院庶吉士身份参与经济特科，取得状元后，仅是授翰林院编修，免其散馆，升叙微薄。但无论是他自己还是云南人，都把这个状元名号看得很重，也奠定了袁氏在滇士子心中的地位。袁嘉谷不久被清政府派往日本考察学务、政务。

此外，落第举子也成为督抚派遣游学的首选。在清廷的最后一科会试——甲辰会试中，云南参加会试的举人中只有九人考中进士。陈度和吴琨赶上了末班车，其余则没有那么幸运了，不过当时"奏定章程颁行各省，云南亦相继筹办初、中等学，但风气初开，人才无多，师资尤乏，于是乃设学务处统一全省教育，以陈崑山观察为总理，陈小圃为总参议，甲辰会试后，选落第举子二十余人，又由省考选学生送东游学速成师范，以望毕业回国开办学堂，先后两批都五六十人"② 。参加甲辰恩科会试的周钟岳（字惺甫）、由云龙（字夔举）、杨

---

① 那两次考试都是人才济济，即或是参加了考试未被录取和被征召而未赴试的，都深以为荣。那些被选的人一律都是赐进士出身，入翰林院。而此次经济特科，中试的二十七人，除原来已中进士入翰林的，并未全体赐进士，入翰林；授官也不过就原阶"略予升叙"，没有出路的依然没有出路。房杜联喆在《经济特科》（《中国现代史丛刊》第三册）一文中讨论了当时经济特科的情形，本来第一场取中梁士诒、杨度、李熙、张一麐、宋育仁等48名，第一场的阅卷大臣为裕德、张英麟、张之洞、戴鸿慈、熙瑛、李昭炜。袁嘉谷仅被取为二等第七名。正场考试题由张之洞拟写。张之洞因年高望重，被尊为阅卷领首。但初试取中的梁士诒犯了"梁头康尾"的讳，而二名杨度也被人参奏，有革命嫌疑，已仓皇逃往日本。出了这个茬子，慈禧怪罪保荐太滥，不但对初试中试的人严加淘汰，阅卷八大臣也被抽换了四人。主张宽大求才的张之洞也不能再做阅卷领首了。复试时改荣庆领衔，荣庆很赏识袁嘉谷的卷子，而张之洞认为"此卷不过圆畅，嫌其空疏"，荣庆大不以为然，取为第一。就这样阴差阳错，幸运之神降临到了袁嘉谷的头上，袁成了云南出的唯一一个状元。
② 陈度. 昆明近世社会变迁志略·学堂［M］. 手稿，藏云南省图书馆历史文献部.

觐东（字毅廷）、张儒澜（字芷江）、陈文瀚（字墨轩）、张肇兴（字景中）等二十多人，落第后纷纷转向游学。这批落第举子游学回滇后成为滇中学务的要角。如杨觐东回滇后被当道倚重主持学务处，兼任三处职务；张儒澜、陈文瀚、张肇兴任教省垣两级师范学堂；周钟岳和由云龙更于回滇后成为滇中教育界的新宠；周钟岳和由云龙一个游学日本，一个则入京师大学堂；周钟岳丁未年（1907）回国后在云南学务中占据主角，任学务公所普通科科长及省垣两级师范学堂教务长、代理监督，声望日隆；由云龙先后任省垣模范两等小学总堂长和省城两级师范学堂教员及云南总教育会副会长。

科举停废后，清廷为了解决各省数万举贡和数十万生员的出路问题，于1906年令政务处拟定《举贡生员出路章程》，专门为中年士子寻求出路，制定了六条办法以为安置。关晓红的研究指出在科举停废至清亡的六年中，清廷举行过多次优拔、举贡考试。其中举贡会考进行了两次，一次是1907年，录取吴承仕等367人，一次是1910年，录取陈命官等320人，合计687人，录取者均得到吏部授职。"加上优、拔、岁数倍于前的增加额，在科举停废至清亡的6年中，不仅举贡生员入仕就职机会与概率之高此前未有，而且优先录用的待遇也是闻所未闻。"① 云南士子不少是通过这两次会考进入仕途的。例如，刘润畴（生卒年不详，字伯皋，昆明人，光绪庚子、辛丑并科副贡）仅以副贡之身参加丁未会考，以小京官分法部，旋擢主事。李增（1874—1933，字灿高，晚号散匏，河阳人，丁酉科举人）科场不顺，参加两次春闱皆不第。丁未，参加举贡会试及第，擢主事，签分法部宥恤司。赵式铭也参加了1910年的举贡会考，考列二等，以直隶州州判分发四川。

陈度和吴琨则赶上了末班车，考中了清廷的最后一科进士。陈度于1894年中甲午科乡试举人后，参加了两次会试都不中。在乡时，受普洱知府陈宗海（字春源）赏识，聘主讲普洱宏远书院，两年后又聘入其幕府，为其筹办学堂、筹划边防、倡办团练，办事颇为得力。陈度自称创办了译算学堂，为滇中最早的学堂。陈宗海因陈度的辅助政绩突出，因而得以升补迤南道，自是以后，对陈度更是言听计从，奉之为左膀右臂。1904年陈度参加最后一次科考，中二甲进士，朝考列为二等，授吏部文选司主事。与陈度同一年考取进士的吴琨，选

---

① 关晓红. 科举停废与近代乡村士子［J］. 历史研究，2005（5）.

翰林院庶吉士，不久游学日本，充云南留日学生监督。陈度1906年因父病故回滇守制，其间任滇蜀腾越铁路总局会办，于1908年取道日本赴美国聘请铁路工程技术人员。1909年守制期满回京复职，但1910年又奉委回昆明任云南造币分厂总办。吴琨则自日本归来就回滇任事，继陈荣昌之后充滇蜀腾越铁路公司总办及学务公所议绅。

科举废除后，旧学出身者大部分都能够保持科举时代的出路，而且前景甚至更加宽阔。创办地方各项新政事业所设置的众多机构，为举贡生员提供了相当多的位置。① 而且在1906年开始的预备立宪，绅士也无疑是最大的受益者。1908年7月22日出台的《各省谘议局章程》中，对确保士绅在选举中占据优势做了颇带倾向性的硬性规定，其"共有条件"规定：享有选举权者年龄需在25岁以上，享有被选举权者年龄要在30岁以上。晚清废除科举时仅三年，新式学堂大兴也没有几年，如此"高龄"的选举资格限定把年纪较轻刚从新式学堂毕业者排除在外。其单项当选资格更规定：需办理学务事业三年以上或有5000元以上资产者，分别照顾到"学绅"和"商绅"的利益；而有举贡生员以上出身或曾任实缺职官文七品、武五品以上者的条规，更是直截了当地给绅士或在籍为绅者以特权照顾；而在校生没有选举和被选举权，小学教员没有被选权的规定，把相当一批新知识分子排除。② 因此科举制度的废除并未对旧学功名的绅士的出路造成太大的影响。

二、绅耆与游学

在本书所考察的绅耆中，大多数都有游学日本或京师大学堂的经历，作为滇省有名的上层士绅，他们游学往往比普通士子更容易，而且由此获得新的身份，又在新政期间的地方学务和宪政改革中担当主角，从而形成良性发展，在社会变革中始终处于权势地位。

清末各省纷纷派遣游学，滇省在光绪二十八年（1902）派遣了第一批留日学生十名，光绪二十九年（1903）续派十人。光绪三十年（1904）达到高潮，

---

① 关晓红. 科举停废与近代乡村士子［J］. 历史研究, 2005（5）.
② 郭卫东. 孙中山与辛亥革命的另种诠释//徐万民. 孙中山研究论集：纪念辛亥革命九十周年. 北京：北京图书馆出版社, 2001：231.

一年之内派遣了129名，其中学习速成师范的41名①，28人学习陆军，20人学习实业。清末转向近代教育而出洋留学的绅士，选择的专业大多是师范与法政，尤其是功名较高和年龄较大者更是如此。一方面由于新政期间清政府需要大量懂得近代法政知识和近代教育知识的人才，另一方面相对于理工科和军事，法政和师范对于从小受旧学教育的士子来说更易学习和接受。缘是之故，旧学出生的绅士纷纷转向法政与师范。而且政府在派遣留日学习师范、法政的绅士时也往往首先考虑有旧学功名者，如滇省于光绪三十年（1904）开始选派速成师范，选择各州县之老成而有学行者前往。当时在全省范围内考选了刘盛堂、杨琼、李文治、钱用中、蒋谷、严天骏、张鸿范、赵镜潜、萧瑞麟、钟庭樾、王肇奎、吴琛、李文源、周霞、李澡、陈文政、潘秉章、周冠南、牛星辉、李藩、李春醴、周世昌等22人从滇出发；另外遴选当年会试落第的举人20余人前往日本游学。周钟岳、杨觐东、张儒澜、陈文瀚、窦维藩、杨与新、束用中、张璞、杨振家、赵甲南、张肇兴、陈畅和、寸辅清、吕占东、刘钟华、李鼎抡、严慕清等皆是。这些士子甲辰会试落第，从汴梁到汉口与从滇中学速成师范的绅士会合后径直前往日本游学。留学日本无疑成了落第绅士的出路。

滇省旧学功名者不乏因时应变、顺应时势者。学习陆军的李根源谈及当时的游学情况说："滇中名宿多习师范法政，有顾视高、刘盛堂、吴琨、张鼎、闵道、钱用中、秦光玉、周钟岳、杨觐东、严天骏、陈文瀚、束用中、吴琛、萧瑞麟、寸辅清、张肇兴、杨振家、张璞、张儒澜、周冠南、窦维藩、赵甲南、李澡、张鸿范、李爕羲、陈文政、李藩、钟庭樾，吾师少元、李南彬、蒋怀若三先生亦与焉。"② 钱用中、蒋谷、秦光玉、杨琼、李文治、刘盛堂六人学习速成师范兼考察学务。时任高等学堂总教习的陈荣昌本来打算于第三批护送学生出洋，自己也借此考察学务，但他的挚友孙光庭，时任高等学堂副办，以陈荣昌有老母在不可远游，阻其行，陈便请孙代行，孙也满口答应，为此还招来浮议，孙则大义凛然，毫不介意。孙光庭（1863—1944），字少元，别号东斋，光绪壬午科（1882）举人，曲靖人。不仅如此，孙还一再东游日本，因他清楚地

---

① 关于学习速成师范的人数有出入，在林绍年的奏折中提到的是41人，而秦光玉的《东游日记》中说是40人。
② 李根源. 雪生年录［M］//沈云龙. 近代中国史料丛刊：第二辑，台北：文海出版社，1966：19.

意识到游学乃全国形势所趋，表示"清室末造，海宇俶扰，当国者谋救亡之策，谓非师人之长不可，于是各省竞送学子出国，予甲辰乙巳遂于役东瀛，丙午复习法政，诚有所不得已也！"① 孙光庭不仅自己两次游学日本，其夫人孙清如也跟随而去入日本女子师范。孙清如乃原任云南巡抚张凯嵩之女。孙清如归滇后掌教云南女子师范学堂。就在孙光庭护送绅士留日后，陈荣昌原来经正书院的学生此时都先后被派遣留学师范，纷纷写信回滇，希望陈荣昌也能到日本考察。"至是，门人中在日本者，如袁嘉谷、秦光玉、钱良骏、陈诒恭、蒋谷等，皆先后禀呈至滇，告公日本维新之成就，诸如政治、经济、军事、文教。以及科学技术，社会生活各方面突飞之情况，以及进展之经过，皆一一为公条分缕述，并敦趣公赴扶桑实际考察，以为将来兴滇借鉴。"② 陈荣昌应众留学生之请，于光绪三十一年（1905）护送添派的12人到日本游学并考察学务。据陈度说陈荣昌考察学务归国后，思想大为开阔，以前颇恶新学，"诸生文中偶涉及辄遭屏斥，迨出洋归，博览科学译籍，则极明通，不似前此之执也！"③

时任高等学堂历史舆地教习的秦光玉就自觉新知识浅薄，办学未尽合法，主动请缨，向高等学堂总教习陈荣昌请求到日本留学。萧瑞麟科场屡屡受挫，自光绪癸巳年（1893）考中举人后，参加了三次会试都名落孙山，在参加了戊戌年（1898）科会试落第后，就绝意仕途，回乡以拥皋比为业。先后任昭通凤山书院山长、永善县雾基乡玉笋书院山长。当萧氏在家乡听说要派遣老师宿儒留学日本学习速成师范时，"目击世变日新，非自觉觉民，不能挽救危局。因辞山长职，至省应征"④。

在留学日本的潮流中，士子争相而赴，年高而游者有之，夫妻同游者有之，父子同游者有之，兄弟同游者更是屡见不鲜。在这40名学习速成师范的员绅中，不乏高龄者。大理周霞留学日本时已经62岁了，"睹国势之日弱也，欲以医人之手医国"。其"伟躯干、额广、颧高颊丰，双目炯炯如箕，长眉，美须

---

① 孙光庭. 百尺楼诗序 [M] //东斋文钞：卷二. 曲石精庐1924年铅印本，1924：14.
② 陈大威. 陈虚斋年谱 [M]. 油印本，1983：109.
③ 陈度. 昆明近世社会变迁志略 [M]. 手稿，藏云南省图书馆历史文献部.
④ 萧家仁. 萧公石斋年谱 [M] //北京图书馆. 北京图书馆藏珍本年谱丛刊：第192册. 北京：书目文献出版社，1999：232.

髯，秃发，服西式学生衣冠，气益豪，日人咸颂之曰丈夫"①。甚至受到明治天皇的接见。此外邓川杨琼和大理李文治也已年过五旬。杨琼（1846—1917），字叔玉，号迥楼，又号柿平，此前"乡闱八试乃得制举。甫为教授，又以戆直去官，半生偃蹇，遂尔不乐仕进"。先后在省垣经正书院、大理西云书院、景东开南书院、邓川德源书院任讲席。1904年以年过五旬之身赴日本游学，学习速成师范兼考察学务，据说杨游学"见夫东西国大教育家若苏格拉底，若黑拔、若福泽喻吉诸人之改良教育，皆别有师法，设为专科，哲学家、政治家所能兼者，于是研究之。经年而归国，大府留派省中，为师范陆军各校校长，学子无不倾心观德，可谓荣矣"②! 之后立志回乡办学，在家乡邓川总董学务，组织小学六十余校。李文治游学日本时也早已是天命之年，在时会的影响下，赴日本学速成师范兼考察学务。李文治（1858—1932），字采臣，号南彬，光绪己卯举人，大理人。李原来主讲省垣方言馆，其子在高等学堂学习，于1903年考选派往日本留学，他也于1904年留学日本习速成师范。李氏一家到日本留学的就有12人之多。李文治留日归来任教于师范传习所、高等学堂，不久授任镇雄州学正等职。

这些学速成师范和法政的绅士归国后都在滇省兴学和宪政改革的过程中占据主角，而且游学日本后思想多少都有所改变，回滇到地方推广学务，有的甚至和地方守旧官绅发生矛盾。如萧瑞麟和胡祥樾都是昭通府人，游学日本速成师范，回滇委派回乡推广学校，可是昭通府知府张赓飏和一班守旧士绅百般阻挠，二人写信给在日本游学的同乡李燮阳，抱怨推广学校之困难："官有压力，绅有阻力，进步迟迟。"③ 对昭通府推广学务现状极为不满，指责知府："自奉到省电仅停聘旧日两山长，而无调附属师范生之意，至府城内则小学、半日学、女学（共十余堂）皆铺张粉饰无一人改良教育者。"④ 以书院改造成的学堂无桌凳、黑板等物。萧瑞麟和胡祥樾二人自光绪三十二年（1906）四月初三日抵达

---

① 民国云南通志馆. 周霞传［M］//云南省志编纂委员会办公室. 续云南通志长编：第八十一卷 人物. 昆明：云南省志编纂委员会办公室，1985：797.
② 张肇兴. 近世大教育家云南第二中校长杨柿平夫子暨继配陈宜人寿葬颂［M］//中国人民政治协商会议云南省大理市委员会文史研究会. 大理市文史资料：第3辑. 大理：中国人民政治协商会议云南省大理市委员会文史研究会（内部发行），1990：119.
③ 受业萧瑞麟、胡祥樾谨禀［A］. 云南省档案馆档案藏，档案号：12-9-24.
④ 受业萧瑞麟、胡祥樾谨禀［A］. 云南省档案馆档案藏，档案号：12-9-24.

昭通，便急切地要改革现状，督促知府张赓飏按照部章先设师范传习所及附属之教员讲习会。他们的过激行为和原来各地书院山长把持的同善局发生了矛盾，同善局"办斋宫各项及一切学校杂事，犹蜀中三费局也"①。而同善局局绅多是一些较为守旧的绅士，甚至认为"新学不足恃，一二年后当复科举试八股文"。面对推广学务的困难情形，二人写呈文上禀学务处，屡述昭通学务状况及推广新学之困难。学务处和督宪获悉后，以予支持，致电知府张赓飏，饬令其与萧胡二人配合。此禀甚有作用，二人得到学务处支持，大肆改组同善局，胡祥樾高兴地写信给留日同乡李燮阳："昭通数十年之专制之同善局现已征服。阻力既消，办事稍易。"不过李燮阳却认为："征者，上伐下也，据此书观之，萧、胡二君骄且漫也。吾昭之学务欲望进步，不其难乎！"② 萧胡不仅改变了同善局的垄断地位，而且还成立了公益社，下设同善局（统计财政，为会中所辖）、劝学所、天足会、戒烟会、水利研究处、桑蚕局、广闻看报馆、工艺彩票所等所，积极推广新学。萧瑞麟、胡祥樾因创办新学成绩显著，光绪三十四年（1908）被提学使叶尔恺调到省垣两级师范学堂任教，襄办学务，进入滇省教育行政中心。

三、绅耆与地方学务

清末新政，教育改革为重中之重，云南省垣的教育权利资源逐渐为旧学出身而又留学日本进行过"再教育"的绅耆所掌握。

光绪二十八年（1902）清廷下诏改书院为学堂，滇省于次年成立了高等学堂兼有管理全省新式学堂之责。高等学堂设总理一员，副办一员、监督一员、总教习一员，分教习六员，收支一员。总理以按察使陈灿兼任，副办为孙光庭，总教习为陈荣昌，教务长为李坤，六教习分别为：经学教习倪隆德，史学教习吴暹，国文教习李学仁，性理教习为蒋谷和黄华，史地教习为秦光玉。从人员设置上看，李坤、李学仁、蒋谷、秦光玉都是陈荣昌主讲经正书院的学生。用人倾向很明显以经正书院高材生为主。副办孙光庭是陈荣昌的挚交好友。二人

---

① 受业萧瑞麟、胡祥樾谨禀［A］. 云南省档案馆档案藏，档案号：12-9-24.
② 李燮阳. 李燮阳留日日记［M］//中国人民政治协商会议云南省昭通市委员会文史资料编辑室. 昭通文史资料选辑：第3辑. 昭通：中国人民政治协商会议云南省昭通市委员会文史资料编辑室，1988：217.

为光绪壬午年（1882）科乡试同年，但当时并没有什么交情。陈荣昌第二年会试高中进士入翰林院，与在翰苑的同乡吕存德相交甚契。孙光庭因丁艰而未参加考试，后来被巡抚张凯嵩看中，招为女婿，并保奏入京任内阁中书。入京以后，结识吕存德。当时陈荣昌已经简任贵州学政，未得与孙光庭相识。吕存德甚推重陈荣昌，屡屡向孙光庭称道陈之科第文章。逮陈荣昌视学秩满入京，才因吕存德的引见而与孙光庭订交。自是以后，二人遂成为终身契友。此时，二人主办学务，关心的是如何保证纲常大义思想的阵地不被新学冲击，尤其陈荣昌向来注重纲常伦理思想，认为"五伦之外无人，五性之外无道"，因此，对"伦理一科尤兢兢致意焉"①。为此，孙光庭将曾国藩所刻的《孟子要略》添录朱子注解并附各家论说汇编成《孟子要略集注》一书，"付梓欲与诸生，以是为中流之砥，适南之鍼也"②。可见，高等学堂的办学思想其实还是偏重旧学。从课程设置上来看，也基本是传统经史内容，并无多少新学内容。实质上与旧式书院并无二致。陈度也说过，陈荣昌在考察日本之前颇恶新学，"诸生文中偶涉及辄遭屏斥"，自日本回来后，才"不似前此之执也"。在高等学堂初建时，陈荣昌与孙光庭均还未赴日本考察学务，所以在教学思想上仍以纲常伦理之学为主。

光绪三十二年（1906），滇省成立了管理新式学堂及游学事务的专门机构——学务处，将高等学堂兼办之行政事务，划归学务处办理。学务处之组织，置总理、总参议各一，下设六处，各司其事。根据《奏定学堂章程》中对各省设立学务处的规定，学务处由督抚统辖，其人员由督抚委任，是督抚的属官。因此总理便由按察使陈灿兼任，其他各处为绅士担任。陈荣昌由高等学堂之总教习一变为学务公所总参议。杨觐东兼任多职，分别管专门教育处、实业教育处和文案处，钱用中、秦光玉管普通教育处和审定处，张舜琴管会计处。是时，杨觐东、秦光玉、钱用中都刚从日本游学归来，得以重用。尤其是杨觐东在学务处出力最多。杨觐东（生卒年不详），字毅廷，保山人，光绪癸卯举人。陈荣昌非常器重杨，推荐其兼任三处事。杨觐东虽曾肄业经正书院，但陈荣昌主讲

---

① 孙光庭. 孟子要略集注序［M］//东斋文钞：卷一，曲石精庐 1927 年铅印本，1924：6-7.

② 孙光庭. 孟子要略集注序［M］//东斋文钞：卷一，曲石精庐 1927 年铅印本，1924：7.

习之时，其已经离开，游幕于外省，归滇后以其所著《求志轩文稿》问序于陈，得到陈的赏识。此后，陈荣昌无论主持学务处，还是主持滇蜀腾越铁路公司，都委以重任，杨觐东也得以一展其才。

在学务处任职时，杨觐东办事尤为尽力，"手订学务处章程若干条，各明权限义务之所在，定高等学堂章程若干条，师范传习所，暨高等寻常各小学堂条规，体操专修科之组织，本处办事规则，自详咨谕饬，以及批答通行之公牍，统计不下数十万言，可谓勤于所事矣"①。很得总理陈灿、参议陈荣昌倚重，事无大小，悉以咨商。几个月后陈荣昌被简派贵州提学使，请杨觐东一同前往襄助。杨以桑梓为重，却之，甚至是"八请而八却之"。杨觐东兼任多职，办事过急，而且自视亦高，"尤喜自道其所长，人之聆其言者不目为狂，即目为傲"②。招来官绅嫌怨，就是与杨觐东关系较好的熊廷权也认为杨"是自命过高，求治过急，善恶过别白也"。王玉麟更是指责杨觐东太过自大。③ 杨觐东受到多方指责，很难在学务处待下去。陈灿劝其应陈荣昌之聘，离开是非之地，杨却以"阻力之生，事所恒有，遇阻辄止，此懦夫之所为也"，坚持留下为桑梓服务，不过终究难以为诸人所容，"无何大吏更代，忌者中伤，忠而见疑，徒留罔济，始辞差赴京供职"④。

杨觐东走后，踵起者为周钟岳、由云龙、钱用中诸人。周钟岳和由云龙则因在教育界赢得相当声誉而后转入政途。钱用中则始终承乏教育界，成为教育界的龙头老大。光绪三十三年（1907）学部奏设提学使司提学使，统辖全省学务，将学务处裁撤，改设学务公所，隶属提学使司提学使，作为地方教育行政机构。在没有裁撤学政以前，地方教育行政机构奉行"双轨制"，学政负责以科举为中心的旧学，学务处管理新式学堂及游学事务。⑤ 至是，全省教育行政归

---

① 张璞. 教育行政杂志序［M］//杨觐东. 教育行政杂志. 云南官书局清光绪三十二年（1906）印本，1906：2.
② 陈荣昌. 求志轩文稿序［M］//李根源. 永昌府文征. 杨文虎，陆卫先，校注. 昆明：云南美术出版社，2001：2659.
③ 熊廷权. 杨毅廷五月报政录叙［M］//唾玉堂文集. 民国三十五年（1946）铅印本，1946：7.
④ 杨觐东. 滇事危言二集［M］//沈云龙. 再复李仲仙制军言滇事书：近代中国史料丛刊. 第八十六辑，台北：文海出版社，1972：87.
⑤ 关晓红. 晚清学部研究［M］. 广州：广东教育出版社，2000：103.

为统一。根据学部规定：各省在省会设置学务公所，作为提学使司的直隶行政机构，分设总务、普通、专门、实业、会计、图书六课，每课设课长、副长、课员，分曹隶事。另设议长一人，议绅四人，佐提学使参画学务，并备督抚咨询，没有行政职权。议长"由学部慎选奏派"，议绅则"由提学使延访本省学堂较崇之绅士充选"。① 各课课长课员则既可在本省范围内选用，又可由提学使详请督抚分别调用京外人员相助。议长由陈荣昌担任，议绅分别以吴琨、李坤、孙光庭、张舜琴担任。五人或是学界中的老辈，或是功名显赫者。陈荣昌是当时云南绅界领袖，凡是滇省兴革大事都由其牵头，在学界更是以资深著称。吴琨和李坤皆为翰林院编修，孙光庭为内阁中书，前高等学堂副办。诸人皆有到日本游学或考察的经历，唯张舜琴纯属旧学，但也在学界服务数十年，属资格较老者，前在学务处管会计科。

在学务公所期间，周钟岳、钱用中甚得提学使叶尔恺倚重。尤其是周钟岳在滇省学务中脱颖而出，为日后的地位和声望奠定了基础。周钟岳（1876—1955），字惺甫，一字惺庵，癸卯科（1903）乡试解元。青年时期的周钟岳科场并不顺，参加三次乡试才考中，1904年参加会试又名落孙山。适逢滇省派遣落第举子游学日本，周氏也得以应选，入日本弘文学院习速成师范，一年后又入早稻田大学习法政，1907年年初奉调回省襄办学务。游学日本成为他事业的转折点。回滇后，很受提学使叶尔恺的倚重，一身担二任，既为学务公所普通科科长又为两级师范学堂教务长。前后任学务公所普通科科长三年多，两级师范学堂教务长四年多。钱用中则任学务公所实业科科长。

两级师范学堂乃由高等学堂改设而来，光绪三十三年（1907）始设。云南中学缺乏师资，未能普及，从而影响到高等学堂的生源，原来高等学堂创办之初，学生并非由中学升进，仅就全省举贡生童中择取。而滇省学务的重点放在发展初等、高等小学和培养师范人才上，因此在高等学堂附设优级师范部，学务处总理陈灿在《沥陈云南学务及改良高等学堂情形详文》中表明滇省办学堂的宗旨是以养成教员为第一要义，而中学堂的开办则从长计议。陈灿在该文中称："滇省风气迟开，且经费支绌，各府直隶州中学堂有因设立师范传习所不能兼顾，遂移其经费而暂缓设中学者，且教员乏人，其现设者亦未尽合宜。（本

---

① 关晓红. 晚清学部研究［M］. 广州：广东教育出版社，2000：107.

司）体察其经费困难实情，未便深为严究，惟饬设法筹集款项，俟师范传习所生徒卒业则教授有人，而中学堂即万不可缺并随时推广，冀教育之普及。"① 加之学部也确立了振兴教育以小学堂为基础的教育宗旨，因而滇省的教育重点乃放在发展小学和师范方面。这一办学取向必然影响到高等学堂的开办。高等学堂终因缺乏生源而改办两级师范学堂，以培养中小学教员，因此创办两级师范学堂便成为滇省学务中的重点。

周钟岳从日本归来，提学使叶尔恺委其任两级师范学堂教员，讲授教育学、伦理学、心理学等学科，不久又委为教务长，兼任学务公所普通科科长，当学务要冲。普通科的职责范围本来主要是掌理优初级师范学堂及各中小学堂教课设备等项，并通俗教育、家庭教育、博物馆等事务。但实际上因周钟岳很得叶尔恺赏识，有关学务公所的大小事宜都会听其意见。在人事任用上，周钟岳就很有影响力，以致亲朋故旧都向其请托，求给予位置，弄得周钟岳很是苦恼，在日记中抱怨道："小学堂堂长教员及师范毕业生前后来托求事者十余人，吾以乡绅任地方之事，只能尽吾力之所能为已，至干求请托之事实，足以贬损名节，乃亲朋不能相谅，统辞谢之，至动丛怨望，此亦足以速吾之行也。"②

周钟岳为众多的请托者所烦而动辞差之念，但对同门、同年的请托却另当别论，甚至不惜虚位以待。如宣统三年（1911）年初，刘钟华由北京归滇，周氏让出两级师范教务长一职与刘钟华担任。先是在宣统二年（1910）九月时，师范学堂监督左宇荃母亡，要送灵柩归里，叶尔恺遂委周氏为代理监督，致使周颇感体力不支，屡屡辞差，曾请辞学务公所普通科科长差，推荐秦光玉当任，未得叶尔恺允许。在周钟岳的反复请辞下，叶尔恺同意周开去师范学堂教务长一职，但仍任监督和普通科长二职。周钟岳推荐刘钟华任教务长。刘钟华与周钟岳同为光绪癸卯科举人，有同年之谊，又于第二年同赴日本留学，二人关系甚密。刘钟华（？—1956），字仲升，光绪癸卯举人，思茅人。刘钟华留学日本入东京帝国大学理化专科，以优等毕业，归京师后参加清廷考验留日学生的考试，考列优等，奖翰林。刘钟华在周钟岳后归滇，归滇前曾致函周询问省中情

---

① 陈灿. 学务处总理陈灿沥陈云南学务及改良高等学堂情形详文 [M] //龙云，卢汉修，周钟岳，等. 新纂云南通志·学制考七：卷一百三十七. 1949 年铅印本，1949：19.
② 周钟岳. 惺庵日记 [M]. 宣统三年日记稿本，元月十二日条，藏云南省图书馆历史文献部.

况，意在探询归滇是否有好的位置以待，周钟岳则复信竭力劝其返滇。此时周钟岳辞教务长一职，即考虑到在刘回来以前为其谋一好的位置，在日记中记录了他致信钱用中解释辞差的良苦用心："又前日致平阶一函有数要语附识于此，略云仲升来归时曾函询此间情况，钟竭力劝其返滇，乃仲升既到而大吏仅以一教员处之，今高等工矿又一律改为英文教授，则仲升教员一席并且不可得，吾何以对仲升，吾曾向□□□再三言之而均不作一计划，此钟之所以急欲辞差也。现仲升年假回籍，吾趁此辞差则为教务长乏人，而求仲升以补之，若俟仲升既到，而吾始辞差，则为仲升赋闲而吾举教务长以让之，仲升贤者，又与吾至交，必不肯就，则吾尤难为情云云。"① 中国传统士人向重同年、同门关系，掌握权势资源的绅士往往互相援引，彼此以为奥援，使外间人很难插手！又如，由云龙想任迤西学堂监督一职，请周钟岳帮忙说话，周与总务科长聂树楷商量了以后，第二天便回复由云龙已经商定委任其为迤西学堂监督。周氏与由氏在癸卯年一同参加开封会试，同样有同年之谊，因此，周对于同年则有求必应而且相当神速。

  周钟岳在用人上的影响力可看出其在滇中学务中的重要地位，提学使叶尔恺对其屡次辞差的百般慰留亦可看出此点。在宣统二年时，京师大学堂拟招考经科学生，令各省在举人、拔贡、优贡中考送入堂肄业，周钟岳考列在前，按例可以保送入京肄业，叶尔恺为保留人才，未放其行。按例中省可以保送四人，云南为中省，可送四人入京。当时选出了六人，周钟岳、秦光玉习周礼，钱用中、张儒澜、窦维藩、萧瑞麟习左传。而周钟岳和钱用中均考列在前，但学使因二人"向留学日本，毕业师范，现任学务、教务俱属得力"，叶尔恺尤深资赞画，"滇材苦乏，碍难刻离"，于是把考列在后的窦维藩、萧瑞麟补上，留下周钟岳和钱用中襄办学务。对于叶尔恺的邀留，周钟岳心里着实想不通，在日记中写道："自去岁拟进经科，为学使邀留后，功名得失之念萦绕胸中。又因学生罢课，遍播流言，私心不能见谅于人，致招物议，是非毁誉之念，又萦绕胸中，两念交攻，时萌去志。"② 从抱怨中可以看出，不断发生的学潮也是其屡萌去志

---

① 周钟岳. 惺庵日记 [M]. 宣统三年日记稿本. 元月初八日条. 藏云南省图书馆历史文献部.

② 周钟岳. 惺庵日记 [M]. 宣统二年日记稿本. 元月初二日条. 藏云南省图书馆历史文献部.

的原因。因学使叶尔恺"媚上凌下,摧残学界,与地方结怨最深"①。夹在叶尔恺和学界之间的周钟岳颇感为难,多次呈请辞差,离开矛盾中心。

1911年,滇士绅为了挽回七府矿权而成立矿务调查会,多次开会集议讨论废除七府矿约对策,李增和周钟岳对此事极为热情,决定自备资斧赴京请愿。周则更想借此抽身,致书向学使辞差:"略言此次若作转计,上无以对官长,下无以对乡间,中无以对自己,言之颇迫切,约长千余字。"② 而叶尔恺不仅立即复函言:"无论如何万难允准",而且"遣人来招,因闻钟岳决意赴京,又复再三慰留,又奉学使批学界员绅禀请留钟一件,辞意尤为殷恳"。这使周钟岳感动不已,但同时又感左右为难,在日记写道:"钟岳不去则一般舆论必以钟为望徘徊,欲去则学界以钟为避难就易,且此次辞差函辞意已为迫切而学使坚不许,必愤然而去亦太伤感情,此真进退两难也。"周钟岳碍于叶尔恺的百般慰留而将辞差之念暂时作罢,但不久又发生学潮,各校学生纷纷前往三迤同乡会集中演讲,要求恢复被叶尔恺取消的星期天。叶尔恺怕学生集众闹事,曾下令把学生的休息日取消了,学生对此甚为不满,所以集众要求复还星期。周得知后连忙前往相劝,同时也决定引咎辞职,第二天竟然不辞而别,乘火车前往蒙自。直到接到钱用中的信,告知学使已委派其赴京参加中央教育会,要其回省面商,周才打道回府。最终,周氏心愿得偿,赴北京参加中央教育会,直到辛亥革命爆发才回滇。

由云龙也是这时候在学务中崭露头角的。由云龙(1876—1961),字夔举,光绪丁酉科举人,京师大学堂毕业,姚安人。由云龙于光绪二十九年(1903)入京师大学堂师范馆肄业,于1907年正月毕业,到日本考察五个月后回滇,委充两级师范学堂博物教习。两年后,提学使叶尔恺又委其充任模范小学堂总堂长。云南教育总会成立后更被选为云南教育总会的副会长。

清末新政教育改革是重中之重,各地在推行新式教育过程中,催生出了各种以发展教育为宗旨的民间团体。但第一个以"教育会"命名的团体却是一个"表面办理教育,暗中鼓吹革命"的社团。在该会影响下,各省纷纷成立分会。

---

① 孙仲瑛. 重九战记 [M]//李根源. 永昌府文征·纪载:卷二十七. 杨文虎,陆卫先,校注. 昆明:云南美术出版社,2001:3781.
② 周钟岳. 惺庵日记 [M] 宣统二年日记稿本,腊月二十一日条,藏云南省图书馆历史文献.

为了规范各地如雨后春笋般出现的教育团体，学部于1906年7月28日出台了《奏定各省教育会章程折》，指出："自科举停止以来，各省地方绅士，热心教育，开会研究者，不乏其人，章程不一，窒碍实多，有完善周密毫无流弊者，亦有权限义务尚欠分明者。臣部职司所寄，亟须明定章程，整齐而画一之。权限既明，义务自尽，似于振兴教育，不无裨益。"① 因此颁布了15条章程，令各省遵照办理。"之后，民间开明士绅组织的教育会由此而成为一个合法的教育团体而存在，中国近代教育史上出现了一个兴办教育会的高潮，各省纷纷组织教育总会和教育分会。"② 在学部出台教育会章程之后，云南并没有立刻成立教育会，但钱用中、李增、秦光玉、陈诒恭等人曾禀请总督丁振铎设立云南教育社，"以研究教育问题，期以实行，分两部办法，其一，即推广社会教育起见，拟于官报局外集股创办民立报馆，其二，即为推广学校教育起见，拟于官立各学堂外募捐创办民立学堂"③。丁振铎批复只许创办民立报馆，至于创办私立学校则以与学堂章程不合而否决。丁振铎思想较保守，对于清廷的新政颇不以为然，认为："朝廷锐意树新政，任事者率皆少年狂瞽无识之徒，不察时度己，不顾财才之盈绌，地方之宜与不宜，冒冒然铸一模，以强范天下之人，抢囊纷纁，兀焉几不克卒日。"又曰："云贵地居边徼，所恃以为缓急者，以数十年库储有戒耳。今乃尽举以醵之于新政之中，骛虚名而贻实祸，夫谁能瘝此咎也。"④ 所以，其在职期间，在云南推行新政并不积极。直到宣统元年才由绅界领袖陈荣昌领头遵照学部奏定教育会章程，公呈提学使组设云南教育总会。

云南教育总会成立于宣统元年（1909）八月，汇集了滇省较有影响的绅士，如陈荣昌、顾视高、吴琨、李坤、李增、由云龙、赵式铭、陈兴廉、张鸿翼、李熙仁、丁其彦、赵鲸、周钟岳、秦光玉、蒋谷、钱用中、吴遏、秦康龄、刘琪、王桢、杨实、李文治、陈文瀚、张肇兴、窦维藩、李鼎抡、赵文龙、杨寿昌、缪果章、戴绍祖、朱黻清、李文清、李燮羲、胡祥樾、李法坤、李春醴、张舜琴、束尔愉、金万镕、丁灿南、杨学礼、韦绍贤、李藩、周凤书、戴士彬、

---

① 学部. 奏定各省教育会章程折［M］//朱有瓛，等. 中国近代教育史资料汇编——教育行政机构及教育团体. 上海：上海教育出版社，1993：247
② 刘登秀. 清末教育会研究［D］. 成都：四川大学（未刊），2004.
③ 云南教育社总章［A］. 云南省档案馆，档案号：1012-9-11.
④ 王树枬. 审计院院长罗山丁公神道碑［M］//卞孝萱，唐文权. 辛亥人物碑传集. 北京：团结出版社，1991：370.

41

郭其光等。成立当天公举陈荣昌为会长，由云龙为副会长。以禁烟局裁撤腾出之盐道街公屋做会所，以三迤卷金租息之半作为自治公所经费，即以补助教育总会经费。自治公所原来之各员绅改为该会职员，"其会务除依部章办理外，并有附益条件五：一、编印教育杂志或日报；二、联合谘议局，凡本省教育应兴应革事件及教育经费预算决算各案，均由会协同议决；三、联合各报馆，互为维持；四、调查本省书局、印刷所及各种戏曲说书，议决改良办法，条陈有司督责改良；五、倡办风俗改良会，议决条规宣告实行"①。章程虽规定教育会的活动仅限于教育领域以及与教育领域相关的舆论、出版等事业，但教育会的活动范围不仅限于此，它实际上成为绅士们过问地方事务的中心。从周钟岳宣统二年的日记中可以看到，当时教育会议决事项不仅有关于学务的内容如设立改良私塾研究会，而且有议决推荐国会请愿代表以及商议关于法人于滇省设立汇理银行分店等事宜，甚至还商议关于设立矿务调查会的事宜。

教育会成立后的第一件事便创办了《云南日报》，因临开广道龚兴湛禀请总督成立民立报馆办报以开通民智，护理总督沈秉堃也觉得："具悉滇处边僻诚非速开民智无以收默化潜移之效，而智民之道莫良于教育，尤莫捷于报纸。"② 遂下令云南提学使司会同学务公所议长、议绅妥筹办法。后提学使郭灿令教育总会办理此事。教育总会诸员绅议决将原定月出一册之教育杂志暂行缓办，而以全力组织日报。延聘浙江蒋智由、湖南唐璆、腾越李曰垓、剑川赵式铭、元江刘维垣为日报主笔，其编辑、纂校、新闻访事、论著、投稿及经理、庶务概由该会书记、会计各职员及各会员轮流充当，报章宗旨及一切体例谨守报律范围，即定名曰《云南日报》。又将原自治总局印行之自治白话报暂行停办，以此经费拨助日报，于日报内辟自治一栏以登滇省实行自治的内容。关于日报主笔，因唐璆充宝华锑矿公司总理，李曰垓派充沿边土民学塾总理，而实际上未能担任兼顾主笔一职。据赵式铭说，云南日报新闻撰写主要是由他和由云龙负责。

由云龙能与被视为绅界领袖的陈荣昌同掌教育总会，说明由氏在教育界已经有相当地位，属于后起之秀，为后来的发展奠定了基础，民初由云龙更被认

---

① 龙云，卢汉修，周钟岳，等纂. 新纂云南通志·学制考七：一百三十七卷 [M]. 1949年铅印本，1949：40-41.
② 护督院沈批临开广道龚道禀请提倡报馆以开民智一案录批行司会同议长议绅自治总局查照筹办文 [N]. 云南政治官报，宣统元年十月初一日：第五百六十一号.

为是"学界之泰斗",与清末的经历关系甚大。

四、绅耆与宪政

清朝最后几年实行的宪政是中国历史上对西方民主制度的第一次尝试。但随着设议会、立宪法、实行地方自治等措施逐步展开,清政府又显得顾虑重重,意图放慢改革进程,从而使得欲实现民权的绅士走向它的对立面,清朝的覆灭多少因为其实行宪政的不彻底而失去立宪派绅士的支持所致。实际上,在清朝的最后几年所进行的宪政改革中,最大的受益者正是绅士阶层。曾在戊戌变法时期由康梁维新派提出的"兴民权"必先"兴绅权"的主张在清政府的"仿行宪政"的过程中相当大程度得到了实现。谘议局的成立给予了他们发表言论的机会,地方自治运动使地方士绅加强了传统的绅权。

本书所考察的诸位绅士积极地参与宪政,因为在地方上的声望而为督抚所倚重,在新政中往往兼任数职,新政的各项事业都有他们的身影,而且各项事业间多有联系,相互以为臂助,尤其是学务,因宪政本身需要普及近代法政知识,使一般绅士在短时间内了解宪法知识,就必须设立自治研究所,对绅士进行培训,于是参与学务的绅士无疑被地方官委任负责自治研究所的事务。如成立于光绪三十四年(1908)三月的云南宪政调查局即附设于学务公所,以提学使叶尔恺为总办,公所各课课长课员则兼充调查局的科、股各员。一年后因为事情繁重,学务公所员绅无法兼任,才决定等谘议局筹办处裁撤后,以该所经费划归宪政调查局,作为专门设局经费。为实行宪政做准备的宪政调查局、自治总局、自治研究所、地方自治筹办处、谘议局筹备处等各项机构的主要负责人在人脉上都有联系。他们也在参与"仿行宪政"的过程中,即尝试到了充当代议士的滋味,又在此过程中增强了他们在地方上的地位和声望。如,陈荣昌既是省会自治研究所的局长,又是谘议局筹备处的协理;顾视高既是地方自治筹备处总办,同时任谘议局筹备处参议;李增原为法部恤司主事,适时丁忧在籍,锡良奏请朝廷,留李增襄办学务,不久谘议局筹备处成立,又委任为参议。

《谘议局议员选举章程》为议员的选举权限做了规定。按照谘议局选举章程规定,作为一个选民必须具有下列条件之一:1. 曾在本省地方办理学务及其他公益事务满三年以上著有成效者;2. 曾在本国或国外中学堂或同等以上之学堂毕业得有文凭者；3. 有举贡生员以上之出身者；4. 曾任实缺职官文七品，武五品以上未被参革者；5. 在本省地方有五千元以上之营业资本或不动产者；6. 具有上列条件之一，年满二十五岁之男子；7. 寄籍本省十年以上满二十五岁之男子或寄居地方有一万元以上之营业资本或不动产者。① 据张朋园根据奉天、山东、陕西、湖北、四川、广东及黑龙江七省的谘议员出身背景的研究显示议员绝大多数为绅士阶层，并且上层阶层占到了54.6%。滇省的情况也大至如此，本书所考察的诸位绅士中，大部分都被选为谘议局议员，无论是传统功名还是新学学历、办学经历，他们都莫不具备，因而当选自是在情理之中。顾视高、吴琨、陈荣昌、钱用中、蒋谷、李增、丁彦、郭燮熙均当选为谘议局议员。顾视高和陈荣昌并被选为资政院议员。

谘议局虽然还不是完全的立法机关和行政监督机关，在官吏眼中它只是一个备咨询的机构，但议员却把它视为"本省行政监督机关"和立法机关，表现出一定的政治责任感与主动性。谘议局为绅士提供了一个聚集力量、发表言论、对地方行政事务施加影响的合法场所，使前之分散的声音一下汇集成一种声音，从而对督抚发生影响力。宣统二年（1910），滇省谘议局反对总督李经羲盐斤加价议案就集中显示了滇省绅士积极运用代议士之权利维护地方利益的政治责任感。

事情是这样的：宣统二年八月，云贵总督李经羲为了整顿云南盐法，下令增加盐价，云南盐价历来负担就比较重，负担着正课厘金、团费、海军经费、铁路股，再加上灶户成本，合计每百斤售四两五六钱。在禁种鸦片以前，百姓还能接受，但鸦片禁种之后，百姓收入骤减，购食维艰。加之，井场官员为了增加销额，吸引盐商多买盐，同意盐商在井场购买食盐一百斤加称五六十斤，商人获利甚多，井场销盐也多，于是，在未查实的情况下，将加称的部分也算在了正额里，这样每年负担的盐厘必然很重。光绪二十一年（1895）清廷下令各省办理节称，即每一百斤只能加称二十八斤，这样，商人获利骤减，而且，节称之后，仍按以前的定额负担厘税，商人为了获利只能加价出售，结果因边地路远，脚重盐价遂昂，而越南和缅甸的私盐便乘隙而入，"初办之年，销额极

---

① 宪政编查馆会奏各省谘议局章程及按语并选举章程者 [N] 政治官报，光绪三十四年六月二十六日. 转引自：张朋园. 立宪派与辛亥革命. 台北：台湾"中央研究院"近代史研究所，1983：13.

短，月侵岁削，江河日下，比年边私浸入腹地，岁约千余万斤，利权外溢，卤纲日坏，各井每年亏额均在数百万斤，亏银率皆数十万两，艰窘困难，致有去年石膏井提举王泽深情急自尽之事，究其结果，受累实在公家"①。李经羲为了杜绝外私，整顿亏课，便提出将边地的盐价降低，并辅之以督察，严缉走私，"使食私者便利无多，犯法可畏，庶不敢冒险串奸，因于开广临元普永腾龙各边岸设局督销，视道路远近酌减价值，每百斤有减至十元八元六元者，统计新定边额七百三十五万斤，免征正杂各款及运脚"②。但这样一来，则"不敷银，公家至少须赔六万五六千两，而新添局用增兵查缉各费尚不在内"。另外，整顿亏课则将以前的加称虚额减少，"因于黑石白三井岁共减去节称溢额五百二十万斤，共免征课厘团路练兵经费公费学费正杂银十六万余两，综计减价减额两项，岁共少收银二十三万两左右"③。也就是说，两项措施虽能挽救敝坏的盐纲，可是每年必将短额二十余万。李经羲为了谋求递补短额，便提出增加内岸马脚，定每百斤加银一两，并拟于宣统二年十月初一日试行。李经羲此举遭到云南谘议局的群起反对，认为"滇省盐政敝坏，盐价昂贵，均为各省所无，现在井产之区每斤贵至市纹银五分零，距井渐远，地方每斤已贵至市纹银一钱有奇，滇自罂粟禁种财源困涸，生计奇窘，全省穷民咸望稍减盐价以裕生活，乃于九月二十七日陡闻盐斤加价，市面异常惶惑"④，并列举了盐价不可加的五条理由，第一，罂粟禁种，滇民生计日蹙，久苦淡食，若再加价愈蹙民生；第二，历年加征团费铁路股海军经费等款负担已重，不堪再加；第三，外私价贱，边盐减价几何，断难抵制，且滇越铁路已通，内地价高必引交私直入堂奥；第四，边岸腹岸讵必雷池难越，徒开倒灌充销之路；第五，加税而托名马脚，何以起信于民，且以后马脚仍涨，又将何以自解。⑤ 副议长段宇清与正议长张惟聪一同

---

① 紧要新闻二·滇省官民又因盐斤加价争执［N］. 申报, 清庚戌十月十七日（1910年11月18日）第一张后幅第二版.
② 紧要新闻二·滇省官民又因盐斤加价争执［N］. 申报, 清庚戌十月十七日（1910年11月18日）第一张后幅第二版.
③ 紧要新闻二·滇省官民又因盐斤加价争执［N］. 申报, 清庚戌十月十七日（1910年11月18日）第一张后幅第二版.
④ 紧要新闻二·滇谘议局续呈盐斤加价之害［N］. 申报, 清庚戌十月十六日（1910年11月17日）第一张后幅第二版.
⑤ 紧要新闻二·滇谘议局续呈盐斤加价之害［N］. 申报, 清庚戌十月十六日（1910年11月17日）第一张后幅第二版.

面见李经羲，要求取消此议。反复争持之后，李经羲只同意将原来每百斤加银一两降为每百斤加五钱。本来按照《谘议局章程》的规定，本省担任义务增加税法在谘议局权限范围之内，应交谘议局议决后，始能实施，但李经羲违法侵越，不交局议，不尊重谘议局的意见，强行己意。当谘议局议员们提出质问时，又以盐法属国家行政，不在谘议局议决权限之内，毋庸交局议决加以敷衍，忽视谘议局达于极点。无奈之下，谘议局停会以示抗争，并电请资政院核议。按照资政院院章规定，资政院与各省谘议局有"母子"议会的关系。如果谘议局所提出的议案督抚不予推行，或督抚与谘议局有异议时，议案可呈请资政院核议（资政院章程第二十二至二十四条）。最后在资政院的压力下，盐政处否决了盐价加价之议，滇谘议局取得胜利。① 云南谘议局与总督之间发生的冲突，表现了谘议局局绅维护自身权限的意识增加，对议会政治有了更深的领悟。

在争取资政院同情的过程中，云南籍议员顾视高与张之霖发挥了重要作用，二人邀集同乡京官在京滇学堂开会，"说明谘议局争持理由之正大及民生民权之关系"，二人还遍访资政院诸位议员，试图争取议员同情，同时在京各种新闻报纸上登载，进行舆论鼓动，一时京城沸沸扬扬。上海的《申报》于1910年11月17、18日两天连续报道，《盛京时报》也关注报道，影响之大可见一斑。资政院议决当天，顾张二人又登台演说，陈说盐斤加价之病民害民之处，"反复周详，语语沉痛"，后来议决交特任股员会审查，几天后股员会做出议决，谓：

---

① 据资政院的云南籍议员顾视高在《宣统二年滇盐加价撤销始末记》中说，资政院之所以重视滇谘议局的盐斤加价案，并最终能撤销加价，顾视高和另一云南籍议员张之霖在其中做了不少努力。二人邀集旅京同乡官开会说明谘议局争持理由之正大及民生民权之关系，并遍访资政院议员，痛述加价病民肥官违法罔上诸弊，又在京城各新闻报纸著文痛诋。资政院讨论此案的当日，又相继登台演说，以引起资政院众议员的同情，资政院会议交特任股员会审查，审查报告谓："滇盐应否加价，本院无以悬断，惟云贵总督命令自十月初一日起提加马脚银一两，旋又改为五钱，其为本省义务加增事件已无疑义，应由院奏请饬下该督照章提出议案交谘议局议决公布，其未议决以前，所有提加马脚银两办法应即停止等语。"复经大会讨论通过，照章具奏，但清廷忽视资政院权限，将其已议决之案又交盐政处查核。本来按照《资政院章程》，资政院议决上奏之案由皇上裁夺。即只有皇帝本人对资政院议决案有可否之权。现在谕旨竟然将资政院议决案发交行政衙门核议，不啻视资政院为行政衙门的下属机构。这又引起了资政院弹劾军机大臣的风潮。但作为云南议员，顾视高和张之霖更关心盐斤加价是否最终能以撤销，复又到盐政处加以陈说。最终，军机处面对资政院的弹劾压力以及盐政处的复议结果，宣布依资政院的议决，撤销盐价加价。

"滇盐应否加价,本院无以悬断,惟云贵总督命令自十月初一日起,提加马脚银一两旋又改为五钱,其为本省义务加增事件已无疑义,应由院奏请饬下该督照章提出议案交谘议局议决公布,其未议决以前所有提加马脚银两办法应即停止等语。"① 把滇督的违章操作予以否决。资政院将议决意见上奏,清廷却议决交盐政大臣再度议奏。议员们认为:"以本院决议上奏之案乃交行政衙门覆议,是以民政机关蹂躏立法机关,实属侵夺资政院权限。"② 此举为军机大臣"辅弼无状"之结果,随后引发了资政院弹劾军机处之案。

与此同时,滇省谘议局议员还利用参与宣统年间立宪派绅士发起的国会请愿运动的机会,在京活动,争取云南的权利,充当了代议士的角色。

当江浙立宪派集合全国立宪派绅士于北京要求清廷立刻召开议会的请愿运动风起云涌之时,滇省谘议局议绅对江浙立宪派绅士速开国会的请求本身没有表现出太大的热情。而与云南切身利益相关的矿权、路权与片马问题更能引起他们的兴趣,并且利用进京参与谘议局联合会的机会,寻求该会的帮助和同情,为云南问题谋解决之策。

宣统元年(1909)九月江苏谘议局成立后,即通过关于联合各省谘议局举行大会,请愿政府缩短九年预备之期,速开国会组织责任内阁的议案。并派孟森、孟昭常、杨廷栋、方还等分赴各省联络。约定各省谘议局于闭会后,酌派代表数人,于十一月中旬齐集上海开会,共同讨论确实办法。十月初五日,各省代表已陆续抵沪,集议于跑马厅预备立宪公会事务所,到会代表凡直隶、奉天、吉林、黑龙江、山西、山东、河南、湖北、湖南、江西、安徽、浙江、福建、广东、广西、江苏等16省,共计代表51人。十五日各省谘议局联合会大会如期开幕,通过预备会议之决议。十七日复举行会议,推定进京代表。陕西、甘肃、四川、云南、贵州等省,因道远不及与会,乃电告之。于是分道北上,期以十一月集中北京。③ 在立宪派士绅发起第一次请愿的时候,云南谘议局没有与闻。

---

① 顾视高. 宣统二年滇盐加价撤销始末记 [M] //顾视高. 漱石斋诗文集. 民国年间铅印本.
② 张朋园. 立宪派与辛亥革命//"中央研究院"近代史研究所. "中央研究院"近代史所专刊 (24). 台北:台湾"中央研究院"近代史研究所,1983:89.
③ 李守孔. 各省谘议局联合会与辛亥革命 [M] //吴相湘. 中国现代史丛刊:第三册. 台北:正中书局,1970:330.

第一次请愿失败后，宣统二年（1910）五月聚集在京的各省代表又发起了第二次请愿活动，这次云南谘议局虽派赵式铭和张之霖就近参加，但表现尤为消极。当时赵式铭正在京参加举贡会考，考完仍流连京城不忍遽去。滇中教育总会致电赵氏，要其就近参加，赵式铭认为国会请愿代表团"谓国论蜩螗，时艰孔棘，政府需布九年立宪为期太远，恐一旦发难，无以应变，用是以各省人民之意，请速开国会，施行宪政以消异议而固国本，其意与余平时所持同，遂列名入席"。但请愿代表团的活动遭到政府禁止时，赵式铭"以政在权门，今上幼冲，终必覆国，遂不复有所论列，益务为狎斜游，间揽胜地名园，侪侣杂还，余略不置意，嘿嘿而已"。① 赵并未把这次请愿活动看得太重要，其会试考列二等分发四川，以直隶州州判用，于八月出京。

当第二次请愿仍以失败告终后，立宪派又发起了第三次请愿活动，这时清廷迫于时势所趋，已经把立宪预备期缩短为三年，但仍不能满足立宪派的要求，立宪派士绅要求于宣统四年立刻召开国会，清廷乃予以回绝。宣统三年二月二十二日，北京各省谘议局联合会，由孙洪伊等领衔致电各省各团体，邀请各省谘议局议长即时入都，拟定国会办法。

四月上旬，各省谘议局代表陆续到京，滇省谘议局派副议长段宇清赴京参加。段宇清（？—1913），字漱泉，保山人，经正书院高材生，光绪癸卯举人，贵州直隶州知州，善谈嗜酒，有权略，随腾越镇总兵张松林至腾越。清末任云南谘议局副议长，光复后被推为云南赴南京组织政府代表，选举参议员，病殁北京。段宇清四月二十日才到达北京。段宇清此行的目的并不在于参议立宪派士绅讨论开国会的问题，云南谘议局的绅士们更关心的是如何解决发生不久的英国出兵云南片马事件。四月二十一日，段宇清参加了各省谘议局来京代表假顺治门外松筠庵举行的会议，并约在京滇绅张之霖、顾视高、李增一同参加。顾视高和张之霖乃资政院民选议员。李增则是为了就滇省矿务问题活动滇籍京官上书外务部，拟废隆兴公司章程，争回利矿权而至北京的。

是日，段宇清发表演讲，表达了此次来京的目的在于解决片马问题，争取各省谘议局联合会的声援，"片马为全国之片马，承诸公知会各局，电阁力争，敝省全体感激。鄙人等来京，一则应联合之召，愿从诸公后，敬聆谟谋；一则

---

① 赵式铭. 蓉父行年六十记 [M]. 手抄本，藏云南省图书馆历史文献部.

边界事急，面求诸公匡筹伟策，以救危省。鄙人等起身之时，父老属托，均云到京须求各省议长代为救挽，使一般政府知片马非仅云南人之片马，若政府轻诺划去，全省老幼唯有抵死不从。请诸公念大局安危所关，云南亡，天下亦有不利"①。起初并没有引起众代表的同情，湖北副议长汤化龙和奉天副议长袁杰三想把事情推给云南，并不打算插手。李增与与会诸人极力辩驳，最后才征得联合会的同情。审查长汤聚武让云南代表起稿，于二十四日交给联会讨论。回来后，张之霖、顾视高、李增和在京的杨觐东讨论呈稿如何拟就，杨觐东认为，关于片马的历史在上次奏禀中已经说过，这次"不若就民情激昂方面说，以耸政府之听"。遂决定由杨觐东拟稿。稿成交到谘议局联合会后，遭到质疑，"众以稿无来历，仅就民情一面，只可滇人说，联合会不能题"，要求滇代表另外拟稿。顾视高与联合会诸人反复辩驳，但会议坚持要说出缘由与办法。段宇清提议重勘，诸人才赞成，要求滇代表于二十八日交稿。

回来后段宇清和李增分别各拟一稿，于二十八日交到联合会，决定用段宇清所拟稿，由联会共同署名后投递外务部。另外由杨觐东拟一稿呈都察院代奏。时值资政院开会，段宇清自拟呈资政院一稿，准备在资政院开会时提议，"并托川、贵、京议员开会时帮忙"。②

在争取清政府解决边事的过程中，面对清廷的拖沓冗懈，段宇清对清廷产生不满情绪。在寄滇谘议局的电文中，数次表示对清廷的失望。当投递外务部和都察院的奏折没有回信时，段宇清决定与李增一同求见外务部堂官，"看政府大半粉饰承平，得过且过"。二十四日，谘议局联合会递呈都察院，"都察院张英麟多番推卸，加以恫吓，欲退还不收，经众人坚恳，渠有'读书须要明理，汝等何不明理，可是反叛'等语"。段宇清愤怒地评价道："渠老朽顽悖，本不足责，亦可见压制之一斑。欲求宪政有效，不诚难乎？"对清廷唯有感叹失望而已。③

自从越南亡于法国、缅甸亡于英国后，云南门户洞开，英法势力逐渐深入，

---

① 段宇清. 梦奎书札：上谘议局第三书[M]//李根源. 永昌府文征·文录. 卷二十三. 杨文虎，陆卫先，校注. 昆明：云南美术出版社，2001：2808.
② 段宇清. 梦奎书札：上谘议局第三书[M]//李根源. 永昌府文征·文录. 卷二十三. 杨文虎，陆卫先，校注. 昆明：云南美术出版社，2001：2808.
③ 段宇清. 梦奎书札：上谘议局第三书[M]//李根源. 永昌府文征·文录. 卷二十三. 杨文虎，陆卫先，校注. 昆明：云南美术出版社，2001：2809.

矿权、路权、边界划勘问题尤为突出。就在滇省议员与清政府力争请求解决片马事件的同时，废隆兴矿务条约亦是议员们努力的方向。段宇清、顾视高、李增、杨覩东诸人在与清廷争持中最为活跃，态度也最为积极。段宇清从宣统三年四月底应谘议局联合会之请入京与会，一直到武昌起义发生后才离京，这段时间一直在京活动，与同乡京官要求清廷争取边界、矿务、铁路等问题的解决。段宇清在这个过程中，逐渐对清廷失望。是年六月二十六日，段宇清、李增、顾视高等人邀集同乡京官二十余人开会，讨论矿约问题。段宇清与李增演说云南的危迫情形，认为："今日对付政府只有两样办法，一面请都察院代奏参劾外部，谓云南矿界有关存亡，该大臣不能公忠体国，为朝廷分忧，第一味委蛇，舍割让延宕外，无一匡救良策；一面约集同乡八九人，同诣庆邸，痛哭请求，以死相要，纵然无效，滇虽亡亦有生气，倘或闹出事来，或有发遣罪解事，凡出名人员，费用均由滇省筹提补助，此激烈办法也。如从和平处下手，只有诸公共想妙策，上书一争再争。万一真正退让，云南百姓不服，必有一番反对，激出乱来，我在京诸公更费大力，与其图救于事后，何如争持于事先，以尽我云南人爱国爱乡之心。"① 在滇籍京官多主张缓办，以上呈为是，推举李增为主笔。就如何废约，与会诸人发生分歧，杨覩东认为出钱废约较为可行，段宇清、夏瑞庚、李坤则不主张出钱废约。

这时外务部正在与隆兴公司代表高士林谈判废约，就借款赎约还是赔款赎约议决不定。滇督李经羲托新简滇布政使的高尔谦在京办妥此事。高希望云南能出钱赎约，段则坚持不出钱而废约，双方意见不一，段对高相当不满，致电滇谘议局说："高方伯要滇出钱外人，还要云南人自认写供，真是多事好手。"②

正在滇省议员为矿权、路权、边界等事谋求清廷的解决而不得要领之时，川事风潮起，得知川督赵尔丰拘留川省谘议局议长蒲殿俊，议员罗伦、颜楷、邓孝可等人后，顾视高、段宇清、李增、张之霖等人与谘议局联合会诸人在京活动，面见资政院副议长要求保蒲殿俊、罗伦诸人。段认为："川事因争路起见，且意在要求，纯是为国为民，而赵尔丰遽以叛逆加之其中，电奏有'该逆

---

① 段宇清. 梦奎书札: 寄谘议局第八次书 [M] //李根源. 永昌府文征·文录. 卷二十三. 杨文虎, 陆卫先, 校注. 昆明: 云南美术出版社, 2001: 2810.
② 段宇清. 梦奎书札: 寄谘议局第八次书 [M] //李根源. 永昌府文征·文录. 卷二十三. 杨文虎, 陆卫先, 校注. 昆明: 云南美术出版社, 2001: 2810.

等党羽出运动各省谘议局,倒乱黑白'之语,是其意不止欲杀四川议员,且欲杀全国议员,不止欲杀全国议员,且欲杀全国人民也。何也?议员者,全国人民之口舌也。杀一议员,即杀一省人民,杀一省议长议员,即不啻杀天下议长议员、天下人民。况全球各国除佛郎机乱党戕议员而外,并无有杀代议士之例。吾国甫当立宪之始,即有此惊疑天下之政策,各局之不能不言者,为天下后世计,非为四川计也。"① 其表现出了对民主政治的渴望和对清廷的不满。顾视高、李增、张之霖则偕资政院议员13人同见副议长,请保全蒲、罗。后来,川事不可收拾,武昌起义爆发,顾视高、李增等相继回到云南。

第三节 绅耆与争回矿权运动

进入20世纪,西方列强改变侵略中国的方式,开始采取资本输出的方式对中国进行资源掠夺。云南是英法觊觎的对象,滇省山多,矿藏资源丰富,矿权、路权、边界问题是滇省与英法列强争执的焦点,也是云南事务中最为敏感的问题,在与列强争夺矿产开采权的过程中,各方力量都想插手,但主动权却掌握在与督抚等上层联系紧密的绅士手中,即本书所考察的诸位绅耆,他们以督抚能接受的方式与列强争夺矿权,在这一过程中,部分绅士对清廷漠视云南利益的态度相当不满,从而走向与清廷离异的道路。

光绪二十六年(1900)英法利用教案发生之际,乘机勒索,要求中方赔偿,遂订立了《云南隆兴公司承办七属矿务章程》,同意英法隆兴公司开采云南、澄江、临安、开化、楚雄、元江州和永北厅等七处矿产,时称七府矿产。条约于光绪二十八年(1902)六月签订。条约虽签订了,隆兴公司也先后派人查勘各地矿产,但始终没有动工开采,直到宣统年间,隆兴公司派高林士为全权代表,到滇交涉查勘开采。这时,全国收回利矿权运动正如火如荼,方兴未艾。滇省一时出现各种兴办矿务的公司,如何秀贞、马柱、胡兴、芮际文、吴永超、杨宝图、张贵祚等人组织的云南三迤矿务商办总公司,陈荣昌、顾视高等人所办

---

① 段宇清. 梦奎书札: 寄谘议局第十函 [M] //李根源. 永昌府文征·文录. 卷二十三. 杨文虎, 陆卫先, 校注. 昆明: 云南美术出版社, 2001: 2812.

的宝华公司；甚至有直接以废除隆兴公司章程为目的的公司，如杨友棠、李德沛等人办的云南矿务研究总会就是其中之一。杨友棠等人的云南矿务研究公司影响颇大，鼓动性极强，而且直接以废除隆兴公司矿务章程为号召，尤其能鼓动各学堂的青年学生，多次在省垣城外的建水会馆开会。杨友棠是测绘学堂的法文教习，李德沛则为讲武堂学科教习，卞郑芳则为法政学绅。一开始该会命名保矿会，为了扩大影响力，邀请学务公所各科科长赴会。当时任学务处普通科科长的周钟岳亦应邀参与，在宣统二年六月初八日的会中，选周钟岳、陈文瀚、由云龙诸人为学界代表，并函致商界、军界、警界各举代表于十一日在纸行会馆先开会议。周钟岳初十日到学务公所，学使叶尔恺向他打听保矿会情况，并向周说："某必上书制军言集众会议将为乱萌。"周为之解释："发端之始未及与闻，日前接函邀至建水会馆筹议，钟即谓兹事体大，极宜慎重，不如先由各界举代表人组织机关，悉心筹议，不必屡开大会，别生枝节，佥以为然，何至酿乱，惟人众则未免可虑，应饬各学堂学生以后毋到会也。"① 六月十一日，周应邀参加了保矿会集会。在日记中描述当日情形道："是日集议者约二百人，是日定会名为'云南矿务研究总会'，举总代表一人，副代表四人，参议十人，书记六人，庶务四人，又报告各处来函。内有陆军小学堂某君血书一函，所言亦尚有见地，及散会后闻陆军小学生数百人至谘议局请力争矿产，久聚未散，乃与夔举至局，劝解之，学生等以非得谘议局承诺不可。谘议局犹豫未决，学生遂出刃断指血泠泠然，乃劝议长书一力争矿产之纸与之，众始行礼整队而去。"② 学生的过激行为引起了学使叶尔恺的不满，第二天邀集学务公所员绅要求约束学生，不许入矿务研究总会。

周钟岳、吴琨、钱平阶、由云龙、陈文瀚、李坤等人决定另建一会，命名曰"云南矿务调查会"，与研究会分离，认为该会"办事无条理，无秩序"，不愿再参与其中。决定后，钱用中负责拟简章，由云龙负责拟公呈，周钟岳四处活动，邀约省垣士绅。六月十六日周氏在日记写道："晨至造币分厂访丁观察商矿务调查会事。晚至公所将禀制军请开矿务调查会公文呈学使阅，接李庵信云

---

① 周钟岳. 惺庵日记 [M]. 宣统二年日记稿本, 六月初十日条, 藏云南省图书馆历史文献部.
② 周钟岳. 惺庵日记 [M]. 宣统二年日记稿本, 六月十一日条, 藏云南省图书馆历史文献部.

陈信夫亦极赞成此会。"①（这里提到的丁观察即丁彦，李庵即李坤，陈信夫即陈价）矿务调查会为滇省较有声望的士绅创设，很快获得总督批准成立。列名该会发起人的有：翰林院编修吴琨，翰林院庶吉士李坤，度支部主事张士麟，内阁中书陈兴廉、张鸿翼，中书科中书由云龙，礼部司务丁其彦、李华，举人周钟岳、陈文瀚、蒋谷、秦光玉、钱用中，贵州知县刘宪邦，补用府经历张铭州，同知衔何鸿翼等。宣统二年六月廿八日，诸人开会议决，举丁彦为总理，李文山、吴琨为协理，金在镕、钱用中为会计，李华、何云振、华晋三、张士麟为庶务，周钟岳、由云龙、陈文瀚为书记。

该会章程中所述应办事务如下。一、派员出省调查各厅、州、县矿产并组织矿务调查分会劝办各项矿务公司。二、与现办之中国人股务（分）矿务公司分别接洽，并得请地方主管部门为之保护维持。三、责成各厅州县矿务调查分会查明该处已未开采各矿产，随时列表报告总会。如遇有买卖或租借矿山情事，无论买主租户为何如人，应由卖主租主先期报由分会或总会查明确无窒碍，方许租卖。倘有未经报告，直接或间接私行租卖者，一经查出，除共同议罚外，所有租约卖约均作无效。矿产所有者若因不得已急需租卖时，本会得以相当之价值租卖之。四、兴办矿业应办之各种要素，如研究分析，各所均另延技师分别办理。② 虽未如矿务研究会那样露骨地直接声明以废除隆兴矿约为目的，但章程第三条的规定却直接妨碍到隆兴公司的活动。

不久高林士便致函总督，对此事提出抗议说："云南府绅士现已组立一矿务调查会，以抵制隆兴公司，经谘议局赞成该会呈报大吏，业蒙批准，督部堂于此事颇加厚望，则该会自当实施方法以达其目的也。"接下来对章程第十条提出质疑，认为该条与原订章程相违背，指出："该会之组立，其阻碍隆兴公司之意，实过于振兴地方之意"，而章程十条中所述"如遇有买卖或租借矿山情事，无论买主租户为何如人，应由卖主租主先期报由分会或总会查明确无窒碍，方许租卖。倘有未经报告，直接或间接私行租卖者，一经查出，除共同议罚外，所有租约卖约均作无效"。则是该会有意约束为隆兴施助力之中国人。对于高林士的质疑，交涉司复函意在保护调查会："查云南府绅士所组立之矿务调查会，

---

① 周钟岳. 惺庵日记 [M]. 宣统二年日记稿本，六月廿六日条，藏云南省图书馆历史文献部.
② 云南省档案馆. 云南矿务调查总会简章 [J]. 云南史料档案，1987（总14）：26.

其宗旨在调查全省矿产,劝人集资兴办。此为振兴地方矿业政策上应办之事,何得谓专系抵制隆兴公司?该会呈报草章第十条所规定,防止私买私租,此应由云南官府主持,该会不能有此特别权利,已早饬令更正。即隆兴公司承办云澄七属矿务章程第二条亦经声明,现议办法与原案不背,该会重在调查,未及开采,更勿议其资本之充足与否。"①

其实,矿务调查会成立不久就为废除隆兴矿约而积极活动。是年七月间,矿务调查会拟以隆兴公司未经云南官府同意就向私人租地开矿为辞而废约。查隆兴矿约第二款有该公司不得径向民间租赁,亦不得购买山地、永为业主的规定。而隆兴公司于是年私下与澄江府路南州上蒲草村的绿矿洞及小团坡两处矿产的地面主人租地开采,并请云南官府立案。云南方面认为这与定章不符,不予立案。矿务调查会就想趁此机会提出废约问题。还以该公司自成立以来未履行章程第八款所订的建学堂和第十款所订的招华股等两项义务为理由而废约。呈稿由由云龙草拟成后交到交涉司,但交涉司以三条理由不足以废约而驳回请求。矿务调查会于是年十二月间连续开会讨论废约问题。周钟岳在日记中记录甚为详细,在十二月十二日的日记中记录了当天开会与交涉司的辩驳情况。

> 午刻至矿务调查会,司道及督署文案熊铁崖、周企曾到会。先由藩司宣布制台派司道到会之意。次交涉司夏言:"贵公会前呈请废约三条,理由未甚充足,制台之意以为不如缩小范围,许办两处俟五年后再行推广。"由君燮举言:"滇省非办矿无以生存,然非废约亦无以办矿,至前呈三条,理由亦不为不充足,逐条办理。"众皆拍掌。交涉司仍力言缩小范围之善,李灿高谓:"旧约一日存在,范围一日不能缩小,制台缩小范围之意是否废去旧章,另定新章。"交涉司云:"并非废约,不过五年内暂行缩小。"钟云:"然则,五年外仍须推广,何得名为缩小范围,不过拖延耳。"交涉司云:"诚然,然废约断难做到。"钟云:"约章之能废与否,以该公司是否违约为断,如果违约,何不可废。"交涉司曰:"欲废约须有充足理由。"钟云:"前后呈三条,理由已足,本会所争招华股开学堂二者非此时始要求其履行

---

① 云南省档案馆.云南交涉司复高林士函(宣统二年七月二十四日)[J].云南档案史料,1987(总14):11.

条约，乃该公司早已成立，现欲实行开采而尚未招华股开学堂，已为违约，况约章明载该公司不得迳向民间租赁一条，乃该公司于本年十月在路南州已向民间租定绿矿硐，始陈请行政官立案，岂此尚不为违约尚为理由不足。"吴石生谓："此事关系甚重刻难决定，应于次日开会细心讨论再行回复。"遂散。①

在十四日、十五日的会议中，决定一方面由该会人员认办十四府矿务，一方面举代表赴京呈请外部废约。李增和周钟岳两人愿意自备资斧赴京请愿。面对调查会员绅的一意孤行，总督李经羲只以不负责任相推辞。在十五日的会议中，周钟岳与督署文案熊范舆（字铁崖，贵州人）发生争执。"熊铁崖谓：'已定废约，制台自可代转，然不能负责任。'钟谓：'从前隆兴公司立约时，制台毫不与闻，可以不负责任，云南总督、云南巡抚出奏事，制台如不署名，可以不负责任，现在制台如不为云贵总督可以不负责任，然而不能。熊铁崖言：'制台应负之责任何在？'钟谓：'制台所以不负责任之处何在？'铁崖谓：'如废约而无效力则制台不负责任。'钟谓：'然则除铁崖所指定范围之外，制台均应负责任。'藩司起身告辞回复督院。"

几天后，总督李经羲想出与隆兴公司联合办矿的办法，亦遭到诸位员绅的反对。周钟岳认为："此事流弊甚大，一则隆兴公司自办当受中国种种限制，若改为中西合办则将来隆兴努力所不能到之处，可以借中国官吏为之保护弹压而畅行无阻矣，一则隆兴所集之股一日矿不开办则一日之利息无着，即使已开而无成效则利息仍无着。今中国向之借用三百万，此不过为之分认利息耳，而公司中之利权则仍为外人所垄断，将来矿有成效，则已竭吾之脂膏，矿若无效则中国除赔本三百万两外，每年尚须付息得十五万亦大漏卮矣。"②李曰垓、李增、周钟岳、丁彦、吴琨、李坤等商议拟电稿与同乡京官共同商议抵拒之法。周钟岳因此事屡向学使辞差，决意赴京请愿，因学使的极力挽留而未能赴京。李增则于宣统三年四月间成行，与到京参加各省谘议局联合会的云南谘议局副

---

① 周钟岳. 惺庵日记［M］. 宣统二年日记稿本，腊月十二日条，藏云南省图书馆历史文献部.

② 周钟岳. 惺庵日记［M］. 宣统二年日记稿本，腊月二十日条，藏云南省图书馆历史文献部.

议长段宇清同时进京。在京联合同乡京官杨覲东、李坤、舒翰材等人及参加资政院会议的顾视高、张之霖等人在京活动请愿。外务部与英方议决的结果是赔款赎约，以中方赔款150万认赎，由外务部先垫出，再由滇省分十年还部。李增诸人知道后，啧有烦言，对政府此举拒不承认，认为："由部帮垫赔偿，自是外部顾持大局，惟云南穷困已极，若要从百姓着想，万做不到，亦无人能担承，俟地方税、国家税分定，从那款提出作赔，方是合法。"①诸人将情况发电滇中同人商筹办法，矿务调查会诸同人也表示拒不承认。滇督李经羲致电外部，说明滇人态度，认为："颇以此事为棘手！"②但此时的清廷已经被四川保路运动弄得焦头烂额，根本无心力处理此事，最后成为悬而未决的问题。而段宇清、李增诸人则对清廷在对滇事上的颟顸而产生不满，所以在辛亥革命发生时很快转向民国。

第四节　绅耆与争回铁路利权运动

与保矿运动同时进行的保路运动同样由与督抚联系紧密的上层绅士领导，筹办铁路公司，与英国争夺铺路权的过程中，省垣上层绅士曾联合留日学生一同进行。铁路公司的员绅们在经过数年的经营最终还是未能筑起一里铁路，因而受到留日学生的百般指责，而后人也站在留日学生一方，对绅士们收回路权的活动持否定态度。其实，铁路公司营运的失败，原因是多方面的，对绅士的活动不能一概否定。

一、滇蜀铁路公司的成立及运营

清末全国上下掀起了保护铁路利权的运动，各省相继成立铁路公司，与帝国主义国家争夺铁路的铺设权。从1903年至1907年，共成立了16个铁路公司。云南逼处英国和法国，危机意识尤强。法国获取了滇越铁路的铺设权后，云南官绅学界尤其是在籍绅士们响应全国形势，奔走呼号，上书当道。"据云南在籍

---

① 段宇清. 梦奎书札：寄谘议局第八次书［M］//李根源. 永昌府文征·文录. 卷二十三. 杨文虎, 陆卫先, 校注. 昆明：云南美术出版社, 2001：2810.
② 滇人不承认矿约赎款［N］. 申报, 辛亥八月二十六日.

绅士翰林院编修陈荣昌，庶吉士罗瑞图、李坤，主事倪惟诚、张忠、胡寿荣，道员解秉和、李光翰、王鸿图、马启祥、汤曜，知府何绍堂等禀称，铁路之利中外所争，然自办则利归诸己，人办则利属诸人，滇越铁路其往事矣，一旦告成，自滇通蜀之路，势将接踵而来，若不及早筹维，自行开办必贻后悔，即湖南广东等省亦属前车。伏思川汉铁路曾经四川总督奏准开办，滇省事同一律。"①

当时滇省绅士提出修筑铁路首先是从应对层面上考虑的，直接意图是与帝国主义争路权。在法国获取滇越铁路后，滇省士绅们针锋相对，提出修筑滇蜀铁路。一方面可以免去法国的进一步觊觎，另一方面从商业上考虑，修通滇川使之一头与滇越相连，一头与川汉相连，云南便能直达长江流域，商务必臻发达。云南总督丁振铎应绅士要求拟折上奏。清廷于光绪三十一年（1905）四月十二日朱批着照所请，获准设立。不久，丁振铎根据滇省绅士拟定的集股章程，于光绪三十一年（1905）六月十四日上奏清廷，商部于八月二十日批复，认为该章程多与商律不符，窒碍难行，驳咨滇督改订。丁振铎复根据川汉铁路章程重为厘定，上奏后，商部于三十二年二月二十九日改订，直到十一月十八日，邮传部奏定批准施行。此间因铁路公司又获准并修腾越铁路一段，集股章程屡有增订，邮传部一并批准施行。

公司集股章程系仿川汉铁路公司章程修订而成，集股分六种，认购之股、盐捐之股、粮捐之股、官本之股、公利之股、彩票之股。公司性质则名为官督商办，实则与官办无异，这点从《滇蜀腾越铁路总公司简明章程》对公司的组织建构和人员义务权限的规定中可看出。章程规定公司设有总理、会办、总董、会计、文案、稽查、监印等职。总理之职权即"握掌本公司用人行政之总机关而经理一切重要事务"。其范围无所不包，即掌握着公司的人事任免及奖惩权和公司诸事的决策权，举凡"筹画资本、保护财产及种种关系铁路各方面之行为胥为主持"，而总理的任用则操诸总督之手，由布政使刘春霖和按察使陈灿共同担任。会办一职仅是会同总理办理本公司一切事务，总董职责主要是负责提倡集股，并联合副董、分董劝集和催收股东如期缴纳股金。除总理以外的其他职

---

① 杨觐东. 滇事危言初集·路政类：卷二 请设滇蜀铁路公司折 [M] //西南史地文献（总）第115册：第三辑第40卷. 兰州：兰州大学出版社，2003：111.

务都由滇省绅士担任，同样也都由总督和总理委任。

云南留日学生一开始就很关注本省绅士们收回铁路利权的活动，他们思想激进，和绅士们既合作又批判，对铁路公司的活动和经营情况时时给予意见，如对于滇蜀铁路公司集股章程和组织方式都深表不满。他们认为集股章程不太完善，因该章程系仿川汉铁路公司集股章程而来，川汉铁路公司出现的种种弊端，也不可避免会重演。两年后，当公司招股不利，所筹到的路款主要是粮捐和盐捐，而且为数尚少，无法按期鸠工建筑时，留日学生更撰文指出招股不利系由集股章程不善所致。认为川汉铁路公司开办有年而毫无起色，路款又被剥蚀，系由于铁路集股章程不善，官办操作弊端甚多。而滇蜀铁路公司又是仿照川汉铁路公司旧例，所以出现如此现状在所难免。进而提出根据商律整顿公司组织，坚持商办，明确股东的权利义务，以期集股踊跃。①

五年后，公司员绅以资本不足，人才缺乏，难期克日竣工，而外患日亟，刻不容缓，希望由邮传部收回部办。留日学生的态度更为激烈，把公司经营不善与招股不利归之于公司的官办性质，指责说："乃滇省铁路公司自开办以来，只设有总办二，一官一绅，官总办以藩臬两司充之，绅总办以陈荣昌充之，外仅有董事数名，李坤、丁彦、王鸿图、杨覲东、施有奎、陈度、李临阳等（皆由大吏差委，非股东公举），无章程，无条理，既无责任，又无权限。不官不民，不绅不商，又占股东，又是董事，又是监查，又兼理事，日支薪水，无所事事。……"② 留日学生对滇蜀铁路公司的指责，从中也可透露出一个信息，留日学生希望滇绅按照西方近代股份公司的方式设立董事会，公司各职员由董事会选举产生，并且要求由具专门知识的人来管理公司。而滇省的士绅实际上是以传统的方式经营公司。一方面公司各职员是由官吏任命，通常是由较有名望的绅士就自己所知向当局推荐，在这里好的名声和高尚的道德是选择的依据；另一方面各职员也不可能具有专门知识。滇绅之所以未能采取近代西方股份制公司的组织方式与他们的知识背景不无关系，他们都是科举时代造就的士子，虽有一部分也曾到日本参观考察，但毕竟属于走马观花之类，对股份制公司仍

---

① 知一. 滇蜀铁路公司集股章程私议（五号）［M］//中国科学院历史研究所第三所. 云南杂志选辑. 北京：科学出版社，1958：487-492.
② 云南留日同乡会为滇省铁路主张自办意见书［M］//中国科学院历史研究所第三所. 云南杂志选辑. 北京：科学出版社，1958：604-606.

然还很隔膜。知识结构和观念形态决定了他们不可能按西方股份制模式经营公司。留日学生接受的是近代新学，对以西方股份制公司为经营方式的日本株式会社耳闻目睹。在评价滇蜀铁路公司时，他们往往引日本株式会社为例，将其作为比较的参照系。两相对比之后，他们自然对滇绅们的行为特别不满，进而把公司的经营不善和招股不利归诸公司组织不善，至于是否真是如此也不尽然。事实上，股款的大宗主要来源于盐捐和粮捐，而这两项属于"公股"性质，公股之利归地方共同所有，并非个人，无法确定谁是较大的股东。在认购之股项下，认股较多的王鸿图、李耀廷、丁彦等绅商都参与了公司的管理，只不过他们的认股更多的是从传统的热心地方公益上考虑的，营利动机倒在其次。

公司成立时，场面颇是热闹，光绪三十二年（1906）年春元夕后二日，滇蜀铁路公司开成立大会，公司以陈荣昌为总办，王鸿图为总董，陈坤、陈古逸为会办，汤曜为副董。开成立会时，陈荣昌登台演说陈述筑路之重要，早在上年陈荣昌到日本考察时就被留日同乡一致推举为主办之人，陈当时虽以责任綦重，难以担负为由拒绝，但后来还是引为己任。陈度和汤曜也分别演说："辞颇激切，……听者感动至深。"当场认股，总督丁振铎首先认了五千，抚宪司道各三四千不等。绅商王鸿图首认十万，李耀廷亦认十万。① 王鸿图是滇省绅商中对滇蜀铁路事业贡献甚多的少数人之一，他后来又认股三十万，分十年交清，并很快把第一第二期银六万两交到公司账上，根据公司"增订集股章程"中认股恳请给奖条，公司总理上奏朝廷奖给王鸿图以四五品京堂候补，王鸿图原来仅是花翎二品顶戴广东尽先补用道，虽是虚衔，却给王带来了好的声誉。例如后来李经羲督滇，杨觐东向李举荐人才，就把王鸿图列名在案，给予很高的评价，认为王"输财公益，雅好名誉，滇中富室，铁中铮铮"②。王鸿图对铁路事业确实很热心，于光绪三十三年四月自备资斧赴川粤沪汉江浙等处考查路工情形，并随地劝集股款，随后又赴东洋调查银行办法，实属难得。③ 可惜像王鸿图这样为桑梓急公好义的绅商实在很少。

---

① 于怀清. 克念书屋笔记［M］//昆明志编纂委员会编纂室. 昆明历史资料汇辑（清代部分）下册，昆明：昆明志编纂委员会编纂室，1963：480.
② 杨觐东. 滇事危言初集卷二·路政类：再复李仲仙言滇事书［M］//沈云龙. 近代中国史料丛刊：第八十六辑. 台北：文海出版社，1971：102.
③ 滇蜀腾越铁路及京汉铁路等调查卷［A］. 云南省档案馆，档案号：77-6-1480.

筹集经费、人事任命是公司成立后的首要工作。在最初的人事任命后又相续任命补用副将马启元，分省补用知州解秉仁、云南府学教谕李德征、举人杨琼等为分董。所委任之绅士则多是地方众望素孚之人，起提倡劝集股本的作用。滇蜀铁路事关滇川两省，公司员绅认为"两省亟宜联合一气，署四川永宁道赵藩在川多年，其才品望久为绅民所推许，公举为滇蜀铁路公司驻川总办以便就近调度，劝集股本"。任命赵藩为驻川总办，不久又委任李正荣为坐川总董会同赵藩在川省劝集股本。赵由幕府起家办事练达，善于理财，在川省为官多年官声极好，李则业商川省，与该省绅商素有联系。公司在选命人员上，把财力和声望作为主要条件，希望依托他们为公司招股广开方便之门。同时广延人才，公司需才孔亟，发电省外滇籍绅士和留日学生回电襄助。如光绪三十三年（1907）年底，公司总办陈荣昌分别致电北京和日本，希望在翰林院的顾视高、吴琨和在日本留学的席聘臣和学建筑的张含英速回滇襄办铁路事。① 对于席聘臣更是迭电催促，从光绪三十四年（1908）年初到八月，三次致电促归襄办路事，但席却因循延误。席聘臣是庚子辛丑恩科举人，后考送北京京师大学堂肄学师范，未几又游学日本东京帝国大学，公司电招其回滇时正在日本游学，不愿中途辍学当是他未应公司之招的原因。席毕业回国，参加清廷专为留学生设置的考试，考列优等，被奖励法政科进士，授予翰林院庶吉士，则个人的前途比修路重要。

在聘请技术人才方面，公司也广为筹划，多方寻求帮助，却几经波折，四处碰壁。当时全国兴起自筑铁路热潮，铁路技术人员极为紧缺，且因各省争聘工程师，工程师要价高昂，一才难求。如工程师罗国瑞，"在萍乡铁路为总工程司薪资尚不大，自浙绅延办杭州铁路为总工程司月薪遽增至八百金"。滇蜀铁路公司预聘其来滇，罗则要价千金，川资房租舆马等项在外，但公司表示"如必须此数方能应聘，滇亦照办"。可见铁路公司寻求工程师的急切心情，不过因其他原因罗国瑞最终还是未能来滇。

公司还发电外省滇籍官员帮忙打听聘请，如请在北京的袁嘉谷代为打听在美留学生中学习铁路工程学的情况，袁打听到有三位学工程学的学生，得知三位学生还未毕业，袁发电公司建议公司"似不妨作三年蓄艾之计，由大府函美

---

① 滇南腾越铁路公司延聘人才襄办路政案［M］. 云南省档案馆，档案号：106-4-4115。

公使聘定……不可再事因循，致落他人之后，迟误要工"①。毕竟缓不济急，听说直隶总督袁世凯旗下有工程师翟兆麟，公司员绅请总督丁振铎发电袁世凯请调翟入滇襄助被袁所拒，又转电与袁世凯关系较近之滇籍京官朱经田代为求情，无奈还是未能如愿。

在"各路延聘工程师迄无着落"的情况下，滇省决定自己派学生赴比利时留学，同时在比聘请工程师，并委丁忧在籍吏部主事陈度护送学生赴比，并购买测勘各种仪器。当考取陈秉仁等备取14名赴比学生后正要成行时，云南提学使叶尔恺以"访闻川省送往比国学生流弊甚多"为由而加以取消。②此事一直迁延到光绪三十四年（1908）三月份，才最终决定派陈度和吴珣二人往美国延聘工程师。吴珣早年弃科举从新学，"殚心于电学及英法文字语言"③，学成后任职滇省电报局，曾参与滇缅划界事务，尺寸必争，维护了国家主权，以积功荐四川直刺。吴珣以"明达稳练，精习英法洋文"④为公司派遣偕同陈度赴美延聘工程师，充当翻译。

二人四月由滇启程赴美，宣统元年九月十四日才回滇，用时一年多，聘请到两位美国工程师。时在公司任职的绅士于怀清对此事原委记之颇详："川滇铁路自丙午（光绪三十二年，1906）始事，……戊申岁（光绪三十四年，1908）以勘路事迫待决，英法既为我敌，祸在肘腋，岂能为助？有议聘日本或比利时人者，上宪不允。锡青帅属意美利坚留学生，或迳延美工程师，以其与滇秦越之隔，无可虑其蚀我疆土也。古抑（陈古逸）子瑜（吴珣）遂膺使命，放洋赴美，延致美籍朵列氏及黑克氏来滇任正副工程师。经十阅月，闻已勘定路线，滇川线由省垣经板桥、杨林、寻甸沿牛栏江而上，至昭通府，改沿洗鱼河经老鸦关、古石门道以入横江东岸，入川境至宜宾，则大江南岸也，都千三百余里，是为初定线路。庚戌岁（宣统二年，1910）小圃姻兄入觐，道经汉阳，议订路轨事亦已有着。乡人闻之，为之振奋。予代小斋赴公司集会议事，故知之稔悉

---

① 滇蜀腾越铁路总公司延聘工程师卷［A］. 云南省档案馆，档案号：106-5-3733.
② 滇蜀腾越铁路总公司延聘工程师卷［A］. 云南省档案馆，档案号：106-5-3733.
③ 顾视高. 吴子瑜先生墓表［M］//漱石斋文集. 民国年间铅印本，15.
④ 滇蜀腾越铁路总公司延聘工程师卷［A］. 云南省档案馆，档案号：106-5-3733.

如此。"① 滇省开办铁路公司自筑铁路实属首创，无成例可循，头绪纷繁，诸事出现徘徊反复，似为势所必然，惟也因此浪费了物力与财力。

在多方聘请技术人才的同时，公司员绅认为："惟测勘建筑管理等事在需人，又必须科学毕业者方可胜任，滇处边徼，此项科学素未预备，即出洋游学学习铁道专门者亦复寥寥无几，转瞬兴工，需材尤夥，若专恃外聘，万难广延多数……拟请先就省城开办铁道速成学堂一区，招选天资明敏通达文理算术学生百人如堂肄习。"于光绪三十三年（1907）十一月于省城成立了铁道学堂，附属于总公司，经费也由公司筹备，教员则聘留学日本的铁道卒业生言道一、周光煦诸人。因学堂是为公司造就急需人才，所以学期仅一年，在如此短时间内似难造就精通铁路的技术人才，可想见当时创办铁路事业的困难和急切心情。铁道学堂堂长综理堂中一切事务，凡教管各员均归节制。堂长一职委任滇蜀腾越铁路公司总办丁忧道员用，前署贵州提学使陈荣昌，因其"学术闳通，热心教育，堪任铁道学堂堂长之选"②。陈荣昌在当时云南颇有声望，从禀请总督成立公司到后来入京请清廷收回邮传部办，除于光绪三十二年（1906）五月到次年三月短期离滇赴贵州提学使任外，一直参与公司各项事务，对公司出力颇多。

筹款方面，公司成立时由官府拨款四百万两作为官股银，丁振铎又仿照四川章程饬文武地方官及盐官厘金各差分等按年认股，并制定了具体办法和拟定各级官员认股数量，于光绪三十三年正月初一起由藩司于廉俸项下照扣，显然系强征。总督丁振铎首先自认五千两为之倡，藩司每年认股肆仟两，臬司每年认股一仟两，粮道每年认股壹仟两，盐道每年认股贰仟两。云南著名的绅商王鸿图在滇省以同庆丰为总号，省外则遍设分号，一人认股伍拾两大票陆仟张，合银叁拾万两，每年交叁万两，分十年交清。此外派候补道缪国钧到东南洋各埠召集华商股份，并发动各省就职之滇籍官员和留日学生参与认股，但此数不过杯水车薪，集股的大宗主要还是通过米捐和盐捐之股。公司很快便陷入困境，集股并不那么顺利，当时的富商大贾集股比较积极的除了王鸿图、李文山、汤曜外，余则冷观静候，如商会总理马启元"担任分行劝股之事，数月以来，迄

---

① 于怀清. 克念书屋笔记 [M] //昆明志编纂委员会编纂室. 昆明历史资料汇辑（清代部分）下册. 昆明：昆明志编纂委员会编纂室 1963：480 – 481.
② 云贵总督部堂滇蜀腾越铁路筹设速成学堂及派学生留日深造案 [A]. 云南省档案馆，档案号：106 – 5 – 3770.

无成效,总公司公牍私函,迭次催促,马启元自定期限,许送草册,又复屡误期限",并上书督宪各行商认股窒碍之情,几经催劝才认得几万两,而且各行帮认而不交股款,直到民国成立也未报解分厘,可见当时滇省商人对自筑铁路并不积极。①

此外,"省城富室解秉仁,家号素封,……独不认股,越日招之亦不复来,……"②。不独商人抵制不认,就是绅士只认不交银的情况也比比皆是。"惟查光绪三十二年开办铁路股票以来虽承认优先股票,因不交现银,竟有何国钧认集二万股以上,二万股计算其银在一百万金,其家产不过值银十余万金,即倾家以尽义务,尚难敷及十分之一",推其心意则"希图暂时博此虚誉而已","其余所认之股,查探情节,大概亦与何国钧相同者居多"。③可想见当时认股情况是公司员绅或是留日学生都始料未及的。

铁路股款中以随粮认股为大宗,开始规定每纳粮一升认股二文,后来又加大力度,改为纳粮一升认股五分,把筹集路款的重点放在股款上,但是清政府于1906年开始实行鸦片禁政,对云南影响颇大,随粮捐股困难加大,对于此中情形,官绅和留日学生双方都有所认识,云贵总督李经羲在《再密陈滇路切要情形折》中谈及云南路政情形时说道:"顾自开办以来迄今五载,所收仅及百万不过全额二十分之一,而粮股一事,适承禁烟之际,民力凋敝,窒碍尤多,近年请减请缓请免者纷至沓来,言之惨痛……"④留日学生也同样意识到了随粮捐股的困难:"加以禁种罂粟,每年入境之银顿少二千万……农民终岁勤劳,所得者谷,以之易钱亦甚贱,而完粮完路股必以银,银乃至贵,又路股必须库平……"⑤可见清廷的禁政对滇省的筑路事业打击甚大,自筑铁路似难进行下去。

---

① 云南省各府厅州县官商绅民集捐滇南铁路股全案[A]. 云南省档案馆,档案号:106-4-3991。
② 陈荣昌上锡制军书(十二月廿三日)[M]//昆明志编纂委员会编纂室. 昆明历史资料汇辑(清代部分)下册. 昆明:昆明志编纂委员会编纂室,1963:483.
③ 陈荣昌上锡制军书(十二月廿三日)//昆明志编纂委员会编纂室. 昆明历史资料汇辑(清代部分)下册. 昆明:昆明志编纂委员会编纂室,1963:483.
④ 李经羲. 滇事危言初集·路政类. 卷二:再密陈滇路切要情形折[M]//西南史地文献(总)第115册. 3(40). 兰州:兰州大学出版社,2003:143.
⑤ 滇越铁路开车到省(十九号)[M]//中国科学院历史研究所第三所. 云南杂志选辑. 北京:科学出版社,1958:598.

在四川保路运动和两湖、粤及江浙的保路风潮汹涌澎湃之际，云南的绅士们却显得异常地安静，甚至在各省与清政府争办铁路修筑权的时候，云南却首先上书要求清政府收回邮传部承办，甚至还担心清廷不同意，以至于公司总办陈荣昌代表公司专程进京联络滇籍京官上书都察院要求代为奏请。新任滇督李经羲更是以去就相争要求滇路由邮传部承修，这一切看似一反常态实则自滇蜀腾越铁路公司成立以来运营不佳，无论从公司的资金上还是从技术上都存在先天性不足，这两方面虽是近代中国铁路事业发展过程中普遍存在的问题，但对于云南来说这一问题显得尤为突出。云南向来贫瘠，每年要接受四川等省的协款，时又在新政时期，各项措施均需款，对于耗资数千万的铁路实在是力所不逮，所以云南在各省之先要求清政府收回国办就不足为奇了。在铁路收回国有这个问题上，留日学生的反应特别激烈，他们认为铁路收归国有，清政府又国债如山，且财政紊乱，支绌万状，不可能有款修路，除借款外别无他途，加上清政府的软弱无能，向外人借款无疑又要散失利权，受外人百般勒索，则云南的收回利权运动终将归于失败。从此可以看出，留日学生对清政府完全失去信任，希望由滇省自己来修建；而滇绅经历了几年的艰难经营后，对依靠滇省的力量来修筑铁路失去信心，加之认为外患日亟，铁路修筑不可再缓，是以希望依靠政府承修。一方面反映出在籍绅士与留日学生对于清政府的态度不同，另一方面也说明留日学生陈义甚高，而忽略云南的实际情况。

二、与英国争路权的斗争

在与英国争夺腾缅铁路的修筑权方面，滇省上层绅士仍然起着领导和联络各方的作用，尤其是和留日学生有着较为亲密的合作。同时，铁路公司的部分员绅在斗争中也体现了近代化的一面。自法国获取了滇越铁路的修筑权后，英国也不甘示弱，向清政府提出了滇缅铁路的修筑权。滇蜀铁路公司成立之后，作为全省争回铁路利权的领导机关，公司的绅董们广泛联系，一方面与留日学生书电往返，联络留日学生共筹抵抗之计，另一方面与督抚筹商上书清廷与英领事接洽。与英国展开辩论，紧依中缅条约付款，折冲樽俎，双方的笔墨官司打了长达数年，往来照会文电数十通，英国终于在长期的争辩中知难而退，放弃了要索。在这一艰苦的过程中，公司的绅士们始终以条约为依据，懂得运用西方式的国际法原则，与英国展开有理有节的斗争，最终未让英国得逞，表现出了云南绅士向近代转化的一面，且大致与全国的总形势相一致。李恩涵指出这时中国的争回利权的斗争"是一种'文明排外'的运动，与庚子以前盲目排外的运动不同。这是中国官绅遵循西方式国际法的原则，当身处弱者地位的时候，对抗强者所采取的一些措施。它所采取的基本行动方式是和平的……它行动的根据，或为两国间的契约，或为人类最基本的正义观念，都在法理上无可辩驳。其所取的步骤，首在保全先有的各路利权，其次，则在运用各项必要的手段，经由协议的方式，做有代价的赎回或改进原订借款草约或正约的条件"①。

在法国获取滇越铁路修筑权后，英国看着眼红，要求清政府也同样给予英国滇缅铁路的修筑权，从光绪二十七年到光绪三十四年长达八年的时间，英国对滇缅铁路铺设权的要求不曾稍歇，光绪二十七年外务部发给云贵总督的电文中提道："有电订达，英争滇缅铁路，谓既允法修路不能阻英……"希望滇督查滇缅铁路相接的情况，但当时英"尚非克期催办"事情暂告一段落。两年后，光绪三十年，英国再次提出筑路要求，照会滇督"奉缅甸政府电拟由新街直达腾越修造一小铁路，先派一工师勘明能否造绘图呈核，如不能修铁路即修为官马大路……"云贵总督丁振铎当即电复滇省可以会勘并各出各费，但无议造铁路之权。②光绪三十一年（1905）四月间，英国总领事务谨慎照会云贵总督丁振铎，英方已派工程师雷厉率领帮办三人勘路，要求中方派人会勘，云南方面认为"且滇越已允法兴修，则英之提议腾缅，自难回谢"。于是云南派委员蒋继曾与之会勘。"旋于本年四月，印度政府派委英员头等工程师李勒（雷厉即李勒）率领帮办到腾，经石署道委员蒋继曾会同查勘"，此次会勘"但时雨水涨发，黎仅勘大概，遽折回缅"，英方打算九、十月间再来细测。未几，又于是年十一月二十日派黎礼率工务府人员多名再次过界分段测勘，并拟从速开工。云南当局认为："滇既准法修路，绅商会议款又未集，此时殊难阻英履勘，只得派

---

① 李恩涵. 中国近代之收回铁路利权运动（一九〇四至一九一一）[M]//"中华民国"史料研究中心. 中国现代史专题研究报告：第二辑. 台北："中华民国"史料研究中心，1977：22.
② 云南总督丁振铎复英领事函稿（光绪三十年十二月二十五日）[J]. 云南档案史料，1994（2）：28.

员会勘，执定各出各费一语，免生枝节。"① 一面电饬腾越关道关以墉配合勘测，最后确定了路线和各段费用；另一面札饬在省各绅积极筹维抵制之策。

当是时，滇省绅士陈荣昌、罗瑞图、李坤等正积极筹建滇蜀铁路公司，总督丁振铎上奏后，清廷于光绪三十一年（1905）四月十二日朱批获准设立。光绪三十二年（1906）春公司开大会正式成立。公司成立后便成为与英国争夺滇缅铁路修筑权的中枢机构。在这之前则主要是云南洋务局负责与英人的交涉。此后公司便会同洋务局一同办理铁路方面的交涉。光绪三十二年三月，滇省绅士联名向总督丁振铎上了一份关于兴办腾越铁路并确定滇省铁路范围以保利权的公呈。其中禀称："查滇蜀铁路现已奏准设公司筹款自办，现在腾越小铁路计程只三百余里不过滇蜀四分之一，只须将滇蜀股款先为提倡，余由绅商劝集，收效必速，以滇蜀植腾缅之基，即以腾缅为滇蜀之导，应请札饬滇蜀铁路总公司一手经理，改为滇蜀腾缅铁路总公司，以一事权，并请与英员会商办法，妥定条约，各筹各费、各修各界。"② 这份公呈显然是针对英国的要索而提出的。联名的绅士总共有 45 人，这 45 位绅士是：在籍翰林院编修陈荣昌，庶吉士罗瑞图、李坤，主事倪惟诚，浙江补用道丁彦，广东补用道李光翰、王鸿图，候补道马启祥，候选道汤曜，补用副将马启元，丁忧四川道员补用知府姜本礼，福建补用知府何绍堂，山东补用知府张树勋，分省补用知州吕德洋、张联森、李兆松、姚日章、解秉仁，山西留用知县王永和，分省补用知县徐兆松、杨蔚云、张舜琴、李德征、钱鸿遂、吴遥、段履富、陈箴、杨琼、李文治、赵镜潜、寸开泰，举人施有奎、陈汝昌、杨觐东、孙光庭、倪隆德、李学仁、刘乾义、杨寿昌、黄华、张鸿范、张璞、蒋谷、钱用中、秦光玉，列名的绅士大部分都任职滇蜀铁路公司。陈荣昌是公司总办，李坤是公司会办，王鸿图为总董，汤曜为副董，施有奎是公司的会计，杨觐东则是公司的文案，其他绅士先后都被公司委任为分董副董。丁振铎上奏清廷后，不久清廷批准所请。铁路公司随后在腾冲成立了腾越铁路公司及滇省铁路驻腾越下关分银行，委任在籍浙江候补道丁彦为腾越铁路公司总办兼分银行总办。

---

① 云贵总督致外务部、商部勘电（光绪三十一年十一月二十八日）[J]. 云南档案史料，1994（2）：31.
② 云南布政使刘春霖筹议会修腾缅小铁路情形的奏折（光绪三十二年六月十一日）[J]. 云南档案史料，1994（2）：33.

公司成立后与英人展开了艰苦的外交之战。英国为获得腾缅铁路的修筑权，耍尽各种手段，无所不用其极，滇省官绅则运用近代外交知识，步步为营，丝毫不给英国可乘之机，最终使英国知难而退。光绪三十二年（1906）七月二十七日驻滇英领事务谨顺照会滇督，提出腾越铁路拟由缅甸修造，与中国及滇省土司会办，并为此提出三条具体办法。公司同人认为英方此次照会"语语侵我主权"，要求与英务领事谈判。双方谈判于光绪三十二年（1906）八月初七日举行。滇省参与谈判的有公司总理按察使刘春霖，布政使陈灿，次洋务局办增厚，云南府太守秦树声，公司会办李坤、陈度，会计施有奎，文案处杨觐东。双方反复辩驳三小时，英方理屈词穷，悻悻而归。

在此次谈判中英国并没有取得任何进展，但并不就此善罢甘休。英国就像一只吸血的蚂蟥那样叮住就不肯轻易松手。不久，驻滇领事务谨顺函滇，拟派工程师雷历略勘腾越大理、楚雄一带道路，并定中历冬月十七日由新街起办，甚至威胁若滇不保护帮忙，英方自带兵过界保卫。英方甚至曲解原照会以为依据，声称光绪二十八年（1902）清廷外务部照会英使，凡在滇省允给法国之利益，应一体允给英商。法既得筑滇越铁路之权，英自然也应一体相待。光绪二十三年（1897）中缅条约和光绪二十七年、二十八年中英来往照会中关于腾缅铁路的内容始终成为双方争论的依据和焦点。中方据约力争，英方见不可移其志，只有变名游历。总督丁振铎在接到发自腾越关道的电文后，立刻转发给铁路公司商量对策。

英国态度强硬似有不得不罢休之意，事态紧急，公司同人四处活动争取声援，禀商滇省各官电请外务部向英使力争，电请驻英大臣向英政府直接交涉阻止。与此同时，发电留日学生界，向其说明情况，"事恐决裂，不可不防"，要求留日学生速筹对策。留日学生反应积极，于是年九月十五日发电北京外务部和商部，要求向驻京英使严为斥阻并陈明厉害。同日发电在广州的岑春煊请求其代为电奏清廷和外务部拒绝英方要求。见岑无反应，随后留日同乡会又公举留日学生吴琨等三人回国，打算向岑当面呈请。又于九月二十日再次电岑春煊进一步说明情况。如此三番五次，俨然视岑为挽救滇省危急的救星。不仅留日学生如此，公司员绅同样把希望寄托在岑春煊身上，也于十月十六日发电岑春煊。此时岑春煊已离两广总督任所，抵达上海。公司同人请求以其资历名望将滇情上渎天听,"鼎力旋转,保主权而固疆圉"①。

留日学生和公司员绅之所以把希望寄托于岑身上,实因是年七月清廷已"以岑春煊为云贵总督,调周馥为两广总督,丁振铎为闽浙总督"②。岑春煊还未莅任,滇省员绅已迫不及待地请岑为滇出力,固然是当时的情况紧急,希望争取更多的声援,但也表现了滇绅和留日学生对丁振铎的极不信任。岑春煊接到滇电后回电"煊未莅滇,相距过远,一切内容莫从遥度",显然有推脱之意。公司同人并不气馁,又于十一月初八日再次发电岑,恳请岑早日莅任挽回危急,落款为总公司绅董李坤、丁彦、王鸿图、杨觐东、施有奎,加上三迤代表三百人及土司。前者为公司的主要员绅,后者则包括全滇的绅商士庶,连土司都列名其中,如此强大阵容,表现出滇省对岑的殷殷期望,甚至在电文中还特意提到了岑的父亲岑毓英,这位在滇任职大半生的老总督对滇省士民来说实在感情至深,在此提及是想增强说服力。可惜岑于七月就被任命为云贵总督,迁延耽误至此时未有动静,显然是无意任滇督,自然更不会管滇事。胡思敬《国闻备乘》里说:"丙午秋,春煊由两广调云贵,怏怏留上海半年,坚不赴任。奏参丁振铎疲玩启戎心,疆事不可收拾。朝廷不得已,令锡良让四川予之。"③ 岑春煊是不会赴滇督任了,但也抹不开情面,只做个顺水人情,不疼不痒地发电外务部力阻。

对于岑春煊的电报,外务部仍然没有反应。公司员绅发电日本滇同乡会,希望同乡会诸君速赴外部呈请力阻英方过界,并声明如果外部仍漠视,便呈请都察院代奏。日本留日学生随后派代表顾视高到北京禀陈外务部和邮传部,并运动在京滇籍官员共同向外务部禀陈阻英过界勘路。在强大的舆论攻势下,外务部终于做出反应,照会英方,声明各勘各界,但没有得到英方的照覆。在公司绅董争取外援的同时,省内绅士也联合全省各界千余人共同联名禀请督宪,禀请立阻。这时派往腾越分公司总办丁彦也积极在与英驻腾领事奥交涉。但显

---

① 三迤绅商士民至岑春煊请设法劝阻英人过界勘路以保主权电(光绪三十二年十月十六日)[J].云南档案史料,1994(2):38.
② (清)朱寿朋.光绪朝东华录(第5册):光绪三十二年七月条[M].张静庐,点校.北京:中华书局,1958:101.
③ 胡思敬.国闻备乘·岑云阶粗莽[M]//庄建平.稗海精粹·晚清民初政坛百态.成都:四川人民出版社,1999:17.

然英国最终还是于光绪三十二年（1906）十二月间过界，不过也只能是以游历为名，并未实现其勘路的初志，滇省绅士及留日学生的联合斗争在一定程度上还是取得胜利了！后来新授总督锡良上任后，继续与英方反复交涉，此时英方已属强弩之末，最终也没有取得滇缅铁路的筑路权，尽管滇省也没有筑起一里铁路。

三、关于赎回滇越铁路和修滇桂之议

自筑铁路的目的更主要是与外国争利权，维护国家利益，而经济上的考虑倒是其次，是完全在应对的层面。所以当滇越铁路快要修通到省垣昆明的时候，滇省绅士和留日学生普遍有云南将亡之忧，至有"滇越铁路失而云南必亡"之谓。① 于是赎滇越铁路之声腾诸众口，风飘云腾，异口同声，甚至有移滇蜀之款做赎滇越铁路之说。不想法国喊出天价，要价四千万两，而其铺设资金不过一千五百两。② 对于如此巨款，滇省显然拿不出来，但留日学生出于民族义愤，一味主张赎路，所提筹集赎款办法多是不切实际之论，如："请政府于他处铁道利金挹注若干，发库款补助若干，再一面广向国内外富商大绅募集股款，不足者发地方公债，或募集爱国公债，再不足，然后于税源上设法征收。"③ 甚至还有"举修筑滇川铁路之款，以为赎回滇越铁路之需"④ 之论。当时全国都在修筑铁路，各自为政，所谓挹他省铁道利金注滇省，显然是不实之论。至于所提其他办法，公司员绅也早做过尝试，实际情况并不好。而留日学生认为："苟稍知爱国者，则倾资破产，剥肤竭髓，当在不惜。"⑤ 认为只要对绅商士庶晓以民族大义，凡爱国者就会倾筐倒箧，赎款自然就能筹足这样的逻辑，无疑流于书

---

① 滇越铁路赎回之时机及其计划［M］//中国科学院历史研究所第三所. 云南杂志选辑. 北京：科学出版社，1958：483.
② 杨觐东. 滇事危言二集·路政类：复刘雨山方伯夫子筹赎滇越铁路书［M］//沈云龙. 近代中国史料丛刊：第八十六辑. 台北：文海出版社，1971：63.
③ 华生. 滇越铁路问题［M］//中国科学院历史研究所第三所. 云南杂志选辑. 北京：科学出版社，1958：593.
④ 无己. 滇越铁路赎回之时机及其计划［M］//中国科学院历史研究所第三所. 云南杂志选辑. 科学出版社，1958：480.
⑤ 云南留学越南学生上邮传部外务部恳收赎滇越铁路禀稿（十五）［M］//中国科学院历史研究所第三所. 云南杂志选辑. 北京：科学出版社，1958：568.

生论道之属，对公司筹款的困难情形缺乏了解和认识。尽管如此，但在留日学生声势浩大的宣传下，公司员绅还是积极为赎路筹款。于宣统二年（1910）开赎滇越铁路救亡之国民义务捐大会，号召绅商捐钱。积极捐钱的绅商还是滇蜀铁路公司成立时极力认股的那几个，如王鸿图捐了十万两，李耀廷捐了三万两，丁彦捐了二万两，其余陈荣昌、顺成号、朱永兴等百余人总共捐认二十余万两，效果并不佳。此外公司并号召省外滇籍官员捐款。最后捐到的赎路款不过几十万两而已，相对于法国要求的赎路款数无疑是杯水车薪，无济于事。

对于赎路的看法，承乏公司文案的杨觐东别有洞见，对赎路的不切实际认识清晰，并上三策，其中已露出请部拨款筑路的端倪。当时杨觐东在众口一词的赎路声中，提出迥异于时人的看法，承受压力颇大。"犯众讳，排众议，独悍然以为非计"①。上书公司总理刘春霖后，心里惴惴不安。不过杨觐东的建议还是被采纳，"得覆云所示修滇蜀铁路说小圃深以为然，赎路之事不复提矣"②！

留日学生的赎路计划既然不能施行，滇蜀铁路公司员绅针对滇越铁路无款可赎，而铁路又修抵省城，复有新的动议，一方面争取由部拨款修滇蜀，另一方面为抵制法国的侵逼而提出修滇桂之议。公司员绅们从军事商业两方面陈明利害，以及云南与两粤川黔的利害关系，认为："筑蜀桂两路以抵制滇越，异日滇越铁路之购赎，法人必不居奇而易成，赎回滇越铁路则英人要索滇缅铁路之交涉不烦言而自解决，是急修蜀桂两路即为促赎滇越铁路之机关，解决滇缅路事之实力。"③新任滇督李经羲还在京城时就针对滇事连奏五疏，其中"亦申明目前议赎之误"与杨觐东之论"竟若合符节"④。李经羲即上奏清廷："饬部臣迅将滇蜀收归国有，赶速测勘，并先将滇桂设法筹办，庶滇路有挽回之机，法

---

① 杨觐东. 滇事危言二集·路政类：再复李仲仙制军言滇事书［M］//沈云龙. 近代中国史料丛刊：第八十六辑. 台北：文海出版社，1971：88.
② 杨觐东. 滇事危言二集·路政类：复刘雨山方伯夫子筹赎滇越铁路书［M］//沈云龙. 近代中国史料丛刊：第八十六辑. 台北：文海出版社，1971：66.
③ 杨觐东. 滇事危言二集·路政类：呈都察院请代奏恳筹滇省路款折［M］//沈云龙. 近代中国史料丛刊：第八十六辑. 台北：文海出版社，1971：70.
④ 杨觐东. 滇事危言二集·路政类：再复李仲仙制军言滇事书［M］//沈云龙. 近代中国史料丛刊：第八十六辑. 台北：文海出版社，1971：88.

路有可赎回之日。"① 上奏后发下部议，结果是"臣等再四图维，觉滇桂最宜先修，与该督所见相同，自应准如原奏，以便切实举行。至路款一项，宜由臣部筹措，不宜由本省捐集。但部款近极支绌，舍借款外实无他项可提"。② 后来发生的事是公司员绅或是清廷的官员们都没有料到的，四川保路运动风起云涌，武昌起义的枪声打响，革命形势一日千里，清王朝的丧钟也敲响了，借款修路之事自然无果而终。

民国成立，修滇蜀、滇桂铁路之事重提，当时的省议会对公司帐目进行追查，发现公司账目十分混乱，路款几被借用挪空，从宣统二年到三年这个期间，公司员绅几乎都向公司借过款，其中包括吴琨、李增、丁彦、顾视高、汤曜等人，有的还不止一次向公司借款。甚至素孚声望的陈荣昌、李坤都厕身其中，实在出人意料。③ 据省议会的调查，借款人主要把股款移入宝华锑矿公司和锡务公司作私人股本，前后共计30余万元。原来顾视高和陈荣昌在宣统元年曾发起创立宝华锑业公司，铁路公司员绅都挪用股款投资到锑业公司中，并以锑业公司股票作抵。此事曝光后，经过报纸的炒作，在社会上闹得沸沸扬扬，绅士们挽回滇省路权的活动也被涂上了不光彩的一笔。自此以后，铁路公司员绅们的活动便总是以负面的形象留在历史上，包括后来的研究者也总是以公司的经营腐败为辞，对绅士们的活动给予否定的评价。

由陈荣昌、顾视高、丁彦等省垣绅士紧跟全国保路运动形势，发动和领导了云南收回铁路利权运动，历经数年，围绕着滇缅、滇蜀、滇贵、滇越铁路的铺设运营主权，与英法帝国主义开展斗争，并最终使英法知难而退，保护了滇省主权。这方面公司员绅的功绩不可磨灭。云南最终未能修起一里铁路，更主要的原因在于在当时的历史条件下，要以一省的力量来修筑一条耗资几千万的铁路，特别是对于云南这样一个受协款的贫穷的边疆省份，更显得力不从心。由陈荣昌、李坤、王鸿图、杨觐东等人发起组织的滇蜀铁路公司，苦心经营、举步维艰，终因迈不出资金短缺、技术人才匮乏这两道坎而偃旗息鼓。绅士们

---

① 李经羲. 再密陈滇路切要情形折. 杨觐东辑. 滇事危言初集·路政类. 卷二//西南史地文献（总）. 第115册. 第三辑. 第40卷. 兰州：兰州大学出版社，2003：143.
② 云贵总督李经羲请借外债折（宣统二年二月二十日）. 清实录·宣统政纪卷（32）. 第6-7页[M]//宓汝成. 中国近代铁路史资料. 北京：中华书局，1963：1162.
③ 追缴铁路股款意见书[N]. 天南新报，1913-03-21.

在全国保路运动形势的激荡下，不假思索地投入到这场修铁路的热潮中，并未意识到事情的困难程度，加之受他们的传统知识背景的制约，不可能以现代化的企业组织形式来组织公司，在决策上就不可避免出现反复因循。缺乏高效率的决策，必然造成物力人力资源的浪费，最终影响公司的运营。招股也更主要的是出于救亡情绪，而非营利动机，所以不能吸引更多以营利为直接目的的绅商的加入，只有少数热心公益的绅商如王鸿图、李耀廷、丁彦等能积极入股，从而影响了招股的效果。总之，收回利权运动的结果虽然难如人意，但其中的原因是多方面的，不能把绅士的作用完全否定。而其过失，则值得后人反省检讨，以为借鉴。

第二章

因应变局　分化组合

重九起义，革命党人通过暴力推翻了清朝的云南地方政府，却未改变地方权利结构，省垣绅士及清末官僚通过分化组合仍然盘踞地方权势中心，革命派与其形成了很好的合作关系。在解决地方纠纷时也要倚重于有声望的地方绅士。而绅士在面临如此剧变时也有多种心态和表现。

第一节　新政府中的"旧人"

云南省都督蔡锷在总结云南起义的成功经验时说："滇省此次反正，纯由陆军主动，故势力雄厚，不旬日而全省底定。其主要人员，多有政治知识与经验，故一切善后布置，俱能井井有条，秩序上之整严，实为南北各省之冠。"① 此语不虚，就当时各省光复后的情况看，云南光复后的形势是较为稳定的。后来论者多把原因归于革命派力量强大所致。② 的确，滇省光复是在新军将领周密的策划下而进行的，并经过了一夜半天的激烈战斗，死伤军士数百人，战斗不可谓不激烈。"立宪派士绅没有与闻"③，但实际上战斗结束后，清朝各官员多得以保全，死者仅军械局统制钟麟同、协统王振畿、潘司世增数人，其余官吏或

---

① 蔡锷. 滇省光复始末记［M］//李根源. 永昌府文征·纪载：卷二十七. 杨文虎，陆卫先校注. 昆明：云南美术出版社，2001：3778.
② 刘世龙《辛亥各省军政府权力结构论析》(《西南师范大学学报》1986 年第 3 期) 一文中认为云南的革命党人把军政大权牢牢控制在自己手中，因此政局稳定。
③ 贺跃夫. 晚清士绅与近代社会变迁——兼与日本士族比较［M］. 广州：广东人民出版社，1994：243.

转而成为民国政府的官员，或遣送回籍。如巡警道郭灿、臬司杨福璋、劝业道袁玉麟、盐法道毛玉麟、云南府知府周沆、审判厅丞王耒、检察厅长张一鹏、实任大理提督刘锐恒等数十人。各地官员参与反正，为起义将领特电保护的不在少数，如楚雄府崇谦、广南府桂馥、顺宁府琦璘等。尤其是蔡锷和李根源二人对旧官员多采取保护的态度。如迤东道魏家骅，二人深佩其学行，强之出，不应，护送之回籍。连在云南屡兴大狱的提学司叶尔恺，李根源也极力保护，为起义将领所不能理解："提学司叶尔恺媚上凌下，摧残学界，与地方结怨最深，为讲武堂生捕获，群欲致之死，李根源终保全之，人多谓其过于姑息云。"① 在蔡、李的保护下，清朝官吏存活一片不说，还给予重要位置，甚为时人所不能理解，"唐尔锟、张毅、周沆、刘显治、熊范舆、耿葆奎，咸拟杀之，以快人心。乃张、刘、熊则为锷保护，唐、周、耿则为根源保护，且俱擢任要职，殊未解也。邵馨德、叶如桐、江蕴琛、李训鋐、谢宇俊等，皆滇吏中贪酷之尤，当事均保护不杀，尤所不解"。②

关于李根源对旧官吏采取保护态度的原因，在《雪生年录》中有所透露，李提道清末时受到北洋派系靳云鹏、钟麟同、王振畿、曲同丰等人的排挤，诸人向李经羲进谗言，使李经羲对李根源有所怀疑，因督署文案魏家骅及熊范舆、刘显治为其转圜，"故李督虽疑之而犹优容之"③。所以，在革命后，李根源也投桃报李，对清末时交往融洽的官吏加以保护和优待。而熊范舆和刘显治兼非滇人，在革命后省自为界的观念盛行，各省大都只用本省人，滇人在外省做官的人纷纷回来，军府很难安排，仕途相当拥挤，熊、刘二人依然能担任要职，和李根源以及蔡锷的维护关系匪浅。实际上，滇人对于二人都无好感，1913年袁世凯委任熊范舆担任云南国税筹备处处长时，媒体就披露因蔡锷同其有同门之谊的缘故而向袁世凯举荐，终因滇人的一致反对而未能就任。

起义成功的第二天即1911年11月1日，于昆明五华山两级师范学堂所在地组织的"大中华国云南军都督府"中对旧官吏给予相当位置。不仅对宦滇外籍

---

① 孙仲瑛. 重九战记 [M] // 李根源. 永昌府文征·纪载：卷二十七. 杨文虎，陆卫先，校注. 昆明：云南美术出版社，2001：3781.
② 孙仲瑛. 重九战记 [M] // 李根源. 永昌府文征·纪载：卷二十七. 杨文虎，陆卫先，校注. 昆明：云南美术出版社，2001：3781.
③ 李根源. 雪生年录：卷一 [M] // 沈云龙. 近代中国史料丛刊：第二辑. 台北：文海出版社，1966：40.

官员如此，对于清末就在地方事务中起重要作用的绅士更是极力延引给予重要位置。因革命诸将领和省垣的绅耆关系甚好，有的甚至父辈祖辈就是省垣著名的绅耆，所以一般来说对绅耆都采取保护合作的态度。起义诸人大多是留学日本陆军士官生，在留学前是云南高等学堂的学生。如李根源、罗佩金、李曰垓、唐继尧、殷承瓛、庾恩旸、赵伸，留学日本前就和高等学堂的总教习陈荣昌和副办孙光庭及教习蒋谷、秦光玉等结下师生之谊。唐继尧的父亲唐学曾更与陈荣昌是同学。而罗佩金的祖父罗瑞图本身就是省垣著名的绅士，又系老翰林，主讲五华书院十九年之久，在清末凡有关地方兴革大事都由其牵头倡议。尽管罗瑞图属较为保守者，对其孙大逆不道的行为向来言之痛心。改革后，坚决反对剪发，对新政府相当抵触，罗佩金也只能尽量回避不见，不敢有丝毫触犯。黄德润则是对云南革命贡献颇多的黄毓英的父亲，为革命派诸人所尊重。黄德润清末在蜀做官，辛亥后回滇，不仅被革命派聘为军都督府高等顾问，而且还任司法司长、司法筹备处处长等职。黄德润的地位实际比清季时还高。

　　在诸位起义革命将领中，要数李根源与诸绅耆的交往最为密切。无论从师生关系还是从共同爱好上来说，李根源与诸绅耆都结下了天然的联系。在军政府成立之初，李极力延揽昔日与其有关系之绅耆进军政府。李根源出生于行武之家，父亲李大茂原系腾越镇中营千总、管带腾越镇右营操兵，光绪末年清廷废营制，李大茂遂以裁缺归家。李大茂很喜爱读书，"在军在家，观书不辍"，这对幼年的李根源不无影响。年长后入迤西著名书院——来凤书院就读，师从于迤西名儒赵会楼。赵氏授学尤注重躬行践履，不重帖括而重经史之学，所授之书，也非限于制艺之类，囊括各种经史舆地之书，因而李根源的旧学功底还算深厚，这使其以后乐于交接绅耆打下了基础。从23岁那年李根源开始留心乡邦文献，并开始对金石有特别嗜好，阅读了阮纂《云南通志》《滇系》《滇南诗略》《滇南文略》《滇诗嗣音集》《重光集》《南诏野史》《小腼纪年》《滇云历年传》，及有关滇中掌故诸书，此外还阅读了《山海经》《尔雅》《说文解字》《金石萃编》《佩文斋书画谱》等书。

　　从日本陆军士官学校学习回滇，被当时云贵护理总督沈秉堃调为云南陆军讲武学堂监督，李根源与时在昆明的诸位绅耆有广泛的交游。"小圃、少元两师皆在昆明，时聆教训，黄鹿泉太守（膺）庚子旧识也，遂于金石掌故之学尝亲炙之，施聚五先生、李厚安（坤）、施少云（汝钦）日常往来受益亦多。"① 宣统二年年底，赵藩从四川乞养回滇，暂寓昆明，李根源于是"执贽列弟子籍"。李根源刊书刻书成癖，甚至经常"征衣典尽资雕剞"②，与绅耆声应气求，埙篪相应。辛亥年，李根源出资刊刻了《南园漫录》《孙南村诗集》《李中溪全集》《胡二峰残集》《张愈光诗文选》《杨宏山集》《廿我斋遗集》《滇中琐记》《罔措斋联集成》等先贤遗著。其中不少是在老辈那里得到的稿本，如《南园漫录》系袁嘉谷从内府钞出，交席聘臣带回滇，又交与孙光庭阅看，李根源因得见此书，"以为当世孤本，欲梓以行"③。《李中溪全集》得自陈荣昌处，《张愈光诗文选》和《杨宏山集》则得自赵藩处。并出资为杨琼刊刻《滇中琐记》《寄苍楼诗文集》。

从当时的军政府组织结构看，军政府中容纳了不少满清官员和地方士绅。军政府建置为一院三部，即设参议院、参谋部、军务部、军政部。参议院直隶军都督，为参议军事政治之机关（后改为参议处）。议长初为军政部总长李根源兼，后改为李增，副议长为李文治。参议官无定额，悉由都督选任，"择前清官吏中之卓有政声者充之。以备都督政务之顾问，而令政务部行之"④。初为23人，名单为：席聘臣、游万昆、吕志伊、何秀桢、蒋谷、陈价、李华、华封祝、陈文瀚、刘钧、袁玉锡、孙光庭、郭燮熙、李文治、冯桂、李燮羲、郭灿、刘锐恒、吴琨、孙仲瑛、刘显治、耿葆奎、马观政。实际上设置此参议处与其说是为了备顾问，不如说给予旧官吏以适当的安置，凭借其声望，减少新政府的改革阻力，"省垣甫定，即设顾问参议官，以收老成硕彦，故阻力消而改革易"⑤。

参议处设置几个月，军政府并未把任何议案交予该处顾问讨论，但仍然给

---

① 李根源. 雪生年录：卷一 [M] //沈云龙. 近代中国史料丛刊：第二辑. 台北：文海出版社，1966：9.
② 孙光庭. 书画题跋十二则 [M] //东斋诗文钞. 卷二. 曲石精庐1924年铅印本，1924：32.
③ 李根源. 曲石文录. 卷一：重刻南园漫录序 [M] //沈云龙. 近代中国史料丛刊续编：第三辑. 台北：文海出版社，1974：2.
④ 刘存厚. 云南光复阵中日志 [M] //谢本书，荆德新，等. 云南辛亥革命资料. 昆明：云南人民出版社，1981：33.
⑤ 赵式铭编纂，蔡锷订正. 云南光复纪要 [M] //中国人民政治协商会议云南省委员会文史资料研究委员会. 云南文史资料选辑：第3辑，昆明：云南人民出版社，1963：166.

予他们很高的月薪,以至于滇人士把参议处戏称为"养老院",备受舆论指责,有人以《养老院可以取销矣》为题,指责参议员有参议之名而无参议之实,浪费公款,希望军政府能破除情面,将其裁撤。① 面对舆论不断的讥讽,参议员也难安于位。副议长李文治两次上辞呈后,军府百般慰留,始终不同意其离开,无奈之下,李文治干脆闭门不出,声称:"万端具陈,前启惟兹隐未最足伐情,强令羁縻,了无意绪,即缴箱钥,鉴此决心屏息私门以待,擅离之罪不获成命,罔敢回颜,惟执事裁之,无任惶恐待罪之至。"② 继李文治辞职之后,孙光庭也上辞呈,军府仍未准允,孙氏遂再上辞呈,坚决辞职,辞呈直接说明参议处名实不符,难以腼颜备位。参议员们虽相继辞职,但直到民国二年二月份参议处才最终被裁撤。

参谋部和军政部属于军事行政机关,该两部总长、次长为起义将领当任。军政部负责全省民政、财政、外交、学政、实业、巡警、审判、民团等事宜。军政部总长为李根源,次长为李曰垓。李根源任总长,极力延引旧官吏和士绅当任军政部要职。军政部下设民政司、财政司、外交司、学政司、实业司等五司,各司长及次子都为旧官僚和士绅当任。民政司司长初为杨福璋,寻改为王玉麟。杨革命前系云南按察使。王玉麟(1856—1924),字仲瑜,光绪辛卯科(1891)举人,云南安宁人,革命前任贵州按察使。副司长为孙光庭,革命前为云南图书馆馆长、学务公所议绅。财政司司长陈价,革命前曾在贵州做官,为李经羲奏请回滇襄办新政;副司长席聘臣革命前任山东学务公所专门科长。外交司司长周沆革命前为云南知府;副司长陈度革命前为云南造币分厂总办。学政司司长李华革命前为云南两级师范学堂教员,副司长陈文瀚革命前同样是两级师范学堂教员,都曾留学日本弘文学院习速成师范。实业司司长吴琨革命前任滇蜀腾越铁路公司总办、学务公所议绅、云南谘议局议员;副司长丁彦革命前任滇蜀腾越铁路公司驻腾越分公司总办、云南谘议局议员。

此外,设秘书处,掌军政府文牍草拟,秘书长为周钟岳当任,周钟岳革命前为学务公所普通科科长,深得学使叶尔恺器重,此时同时兼任登庸局局长。连在清末一直以性格孤高清傲著名的施有奎此时也被延引任云南银行总理。施

---

① 时评·滇海春秋·养老院可以取销矣 [N]. 天南日报,1912-8-31.
② 参议处议长李文治覆呈 [N]. 天南日报,1912-11-13.

有奎为光绪丙子科解元,不乐仕进,以儒而商,时滇抚林绍年、督抚魏光焘欲引其襄助新政,请施氏的好友陈荣昌前往劝说,施仍然坚持不出,林绍年感慨道:"聚五高不可攀,今办事实难,我不请者非来营,谋所请者又不肯出,奈何!"① 后来陈荣昌牵头办滇蜀腾越铁路公司修筑铁路,又请施有奎充会计。施有奎先是辞却,陈氏"固言之,先生沉吟半响,曰此地方紧要之事,惟不受薪水乃可"。于是,施有奎入公司充任会计兼银行副办。不久云南大清银行监督余晋芳②又聘请施为银行协理。云南光复后,"滇政府下令以先生为银行总理,先生欲勿允,总办余晋芳谓先生曰:'先生允则银行尚有根据,不允则银行无望矣。'"施有奎不得已勉从之。"先生负时望重,办事沉毅,对于内诸人挺身以干济之,银行款分厘未被政府提取。"③ 可见,革命派在老辈面前也要敬让三分。

除了省一级的机构中安置了大量满清旧官吏和地方绅士,地方一级的行政组织中情况大致相同。原来云南地方区划上分为四巡道:迤东道、迤西道、临开广道、迤南道。军政府裁迤东道,其他各道仍旧,并添设巡按使,任赵藩为迤西巡按使兼迤西道,临开广巡按使为唐尔锟,道尹为何国钧,普元镇巡按使为刘钧兼迤南道尹。赵藩为滇省著名士绅,素著声望,其余原来都为在滇官吏。

教育领域向是绅耆们所掌握的重要资源,革命后,掌管全省教育的行政机关学政司司长、副司长皆为绅士占据外,下设各行政部门负责人及省垣各中等以上学校校长等职务都由清末新政学务中掌权的绅士继续执掌,并成为民国教育界的老前辈,份量举足轻重。革命后,教育行政方面无大变化,原来的学务公所改为学政公所,人员变化不大,仍是学务公所原班人马。如:秦光玉仍掌

---

① 陈贻孙. 施文晏年谱 [M] //施有奎. 施文晏文集. 民国年间手抄本.
② 余晋芳(1861—1938),字子青,晚号春晖老人,麻城南乡人。27 岁中举,33 岁取进士,选翰林院庶吉士。散馆改户部主事,分广东司行走,兼贵州司帮稿。1897 年春,丁父忧回籍,主讲黄州河东书院。1902 年擢贵州司主稿,兼银库值班、则例馆协修、北档房帮办。1906 年放云南清理财政监理官兼云南造币厂总办、云南大清银行监督、云南矿务局会办。辛亥革命后任云南都督府咨议。1912 年春入都清理积案,后返乡,习中医应诊。曾任麻城县中心小学校长、县劝学所长。1934 年总纂《麻城县志》,以光绪八年《麻城县志》为本,前后分编。《前编》断限于 1911 年,《续编》起于武昌首义,讫于 1934 年。其亲自审核勘全稿,撰写例言、序言及疆域等编章。历时一年,成书16 本、32 卷,1935 年秋出版。1938 年病逝。遗著有《春晖堂文略》《筛吟馆诗存》《医学初阶》等。
③ 陈贻孙. 施文晏年谱 [M] //施有奎. 施文晏文集. 民国年间手抄本.

图书科,钱用中原掌实业科,此时改掌普通科;会计科科长则属李文清,李原为学务公所普通科副科长;学政公所把原专门实业二科合并为一科名曰"专门实业科",科长属之吴暹,吴暹原为实业科副科长。

对于谘议局,革命将领也采取合作态度。虽然在光复过程中,谘议局各议绅并未与闻,但部分议员对清政府在矿务、界务上的软弱态度已是严重不满,为了维护云南地方利益,与清政府形成对立之势。如副议长段宇清在清末借参加全国谘议局联合会之机到北京运动,请愿清廷废除七府矿约和解决英占片马问题,写给云南谘议局的信中对清政府中央屡屡表示不满,如在川事风潮中参加签名保护蒲殿竣和罗伦等人。光复次日,军政府司令部即致函谘议局,希望谘议局议员能"出而维持,互相赞助",表示"惟是破坏之责,锷等已尽,而建设之任专在诸公"①。显示了新军领导人等在建设新政府方面需要绅士们的帮助。谘议局也积极地和军政府合作,随即对亟待解决的诸问题拟就意见,上呈军政府。其中如取消各属路股、削减议员薪金、饬发安民告示等,对稳定局面起了相当重要的作用。当改谘议局为临时省议会时,留有议员20余人,选举李增为议长、万鸿恩为副议长,原副议长段宇清派赴湖北作为参与组织中央的云南代表。

不过媒体对于临时省议会没有经由人民选举而由军府任命啧有烦言,发文评论道:"议会为监督政府代表人民舆论之机关,实居重要之地位,故议员必经人民选举斯足以代表全体,孚众望而副盛名……独怪今之临时议会,其议员由军政府委派,而人民无选举权,会议一事仅奉承军府命令,议会无监督权,开会时只少数议员会议,人民无旁听权,若夫新闻记者更不得妄列末席一闻此少数议员之名言伟论,无从笔记一二揭诸报纸以宣告我人民,是之谓吾滇之议会,是之谓吾滇之临时议会。"②

云南辛亥起义固然是由新军军官经过缜密的策划而发动的,但起义后的政局稳定却和新政府不抱成见,延揽众多绅士入军政府,让绅士的利益得以保留有重大关系。对于绅士来说,选择和军政府合作,也使其切身利益得到了保障,因此合作对于双方都是有益的。陈志让指出:"使军政府合法有道的势力是主张

---

① 军府致本局函九月初十日午刻(公元1911年11月1日)[M]//谢本书,荆德新,宋文熙等. 云南辛亥革命资料. 昆明:云南人民出版社,1981:51.
② 滇乘·异哉滇南之临时议会[N]. 滇南公报,1912-03-30.

或同情革命的绅士,他们暂时代替了北京作为合法有道的裁判人。但他们不敢担任最高裁判人的职能,那是冒天下之大不韪,有篡夺的嫌疑。他们合的法是文明的法,有的道是传统的道。换言之他们参加或同情革命,使革命过程中对绅士阶级的财产生命,破坏得少一些,尊重得多一些。"①

谘议局的议员不仅大部分留作临时省议会的议员,其余也大多得到很好的位置,而且当时委任临时省议会议员出任县长成为普遍现象,引起了媒体抨击,有人著文,从三权分立的角度,抨击议员放弃责任:"共和国家之主权,属于国民全体,而议会即为代表人民全体之意思机关,为议员者,既受人民之委托,要必矢慎矢忠,勿怠勿荒,发一言,行一事,皆以利国福民为前提,而无丝毫之利禄心,及功名心,以掺杂乎其间,而后始足以言代表而无愧。省议会者,一省立法最高机关也,省议员者,上以监督政府,下以代表人民,当此建设伊始,百端待理,凡一省政治之良窳,利弊之兴革,出纳之当否,措施之得失,莫不于议员焉是赖,其责任顾不重哉。乃吾滇议会议员,竟有目光如豆,志切干禄,并不知自己所居之机关,为何等地位,自己所负之责任,为何等綦重,自己之人格为何等高尚,往往妄干仕途升斗,以夸耀于乡里,即其中所称为佼佼者,如张世勋、张之霖辈,皆一麾出守,即将人民委托之重任,置诸脑后,而禀辞,而拜客,高坐肩舆,已忽忽赴任矣。……"② 临时议员杨觐东也以此事质问军府,说道:"委任议员为官吏之根据;查各国议员非满任后不得为官吏,当选举法未颁布,各省临时议会虽未合于正式省议会之组织,亦暂时立法机构也,会中议员虽未尽出民选,然则侧身其中即不能不认为立法之人也,考立法司法行政三权并立久成万国通例,以立法之议员任期未满,及未经辞职以前,而无端委任为官吏,是破坏立法机关也,滇省临时议会议员任期因无规定明文,按诸法理,自当以正式议会成立时为满任,即改组临时议会亦当以所组织者成立后为满任,去年,张议员世勋无端委任为开化府,继又委秦议员康龄为东川府,又委敖议员英贤为澄江府,姚议员廷和为镇南州,彭议员坤年为定远县,此继彼续,冀北为空,于是一般舆论遂有军政府收买议员之说。"③

---

① 陈志让. 军绅政权——近代中国的军阀时期 [M]. 北京:生活·读书·新知三联书店,1980:18.
② 蔚时. 省议员之价值 [N]. 天南日报,1912 - 09 - 11.
③ 杨毅廷质问书(续)[N]. 滇南公报,1912 - 04 - 30.

有意思的是杨毅廷说别人时痛快淋漓，可轮到自己则是另当别论，向政府发出质问书不久之后，竟然也被政府委任出掌迤西道，记者遂抓住不放，立刻发表评论说："满清时代御史之欲外放者只须参上几本，不待营运动而效力自生，前临时省议会议员杨毅廷上质问书于军府，遂得迤西道，继而议员陈善勉强效颦，现闻亦委署通海县，虽其官阶较低，然终不为无效，议员之有猎官热，曷不依样画葫芦。"①

议员们也争相以出任官职为正途，在军政府刚建立的时候，曾经设立一甄录处以吸纳人才，有议员条陈甄录处，以求采择录用，结果甄录处以其已为议员不用甄录而没有吸纳，后来文官考试，该员又去报名，结果名落孙山，引来众人嗤笑，称："堂堂议会中之人物，程度原来如是也！"实在是自取其辱。议员寸馥清被军府委署永北直隶同知，面对两难选择，寸馥清权衡利弊，还是决定放弃议员资格而就官吏之职。媒体对于临时省议会议员们的猎官热现象加以分析，认为："夫既曰临时，则后来之地位未可知，既曰委任，则民望之孚否未可知，将来正会成立，临时议员势必取消，能否长此以终，殊难逆料，安得不预占地步以觅一啖饭之所，此议员之所以欲为官吏也。"② 无论如何，进入民国以后，具有旧学功名的绅士们都能够有很宽广的出路。

清朝大厦一朝倾覆，原有之秩序亦随之打乱，民国建立伊始，百废待兴，旧有之制度既不能一仍其旧，但新制度又一时难以确立，正在这新旧递嬗的时期，军政府的用人选人标准无一定之规则可循，当时军政府用人一度成为各方关注的焦点，临时省议会的议员一再提及此事，而且媒体也多次发表相关评论，各方的认知大概均以学识经验资格为准，无论是哪一条无疑都有益于清季的官吏和绅耆，因此持论一向激烈的《滇南公报》发文表示不满，说道："昔日亡清用人动曰以资格，今日民国用人亦动曰以经验，经验从资格而来，经验多者其资格较深，是非亡国大夫不可，嗟夫，诸葛出自草庐，伊尹来自畎亩，是亦从经验得来者乎？胶执成见以决弃取，新国何贵有此，呜呼，经验乎！经验乎！吾今而后知新国之人才即亡国之奴隶。"③

临时省议会议员杨觐东发出质问书，极力维护以学识经验资格这一用人标

---

① 质问书之效力 [N]. 滇南公报, 1912 – 06 – 17.
② 警·评论·论议员之猎官热 [N]. 滇南公报, 1912 – 05 – 17.
③ 泪丝血片 [N]. 滇南公报, 1912 – 05 – 11.

准，对军政府用人的混乱发出质问，要求军政府解释用人所持标准为何，质问书说道："用人之标准，高宗之于傅说，以梦为标准，文王之于太公，以卜为标准，夫梦卜形求乃历史上偶然发生之事，不足为常式，其普通用人之法无古今中外，大率以学问品谊才能经验数者为标准，循是则治否则乱，且亡满清之用人也强半以纳粟多寡，资格深浅为标准，自奕劻当国，载择洵涛辈分拥部权，不名誉之标准，遂离奇指不胜屈，滇自反正，扫满清用人之秽历史，一以大公无我为主，但标准所树，未能尽识，将以学问为标准欤，何以有军政部至五司以迄造币厂，银行之属，仍多用非所学，学非所用，甚且以速成法政未毕业之学员高居上位，而法学士反出其下，将以经验为标准欤，何以满清时居官无一差之练习，居乡无一长之表见，亦有骤列要津者，将以才能为标准欤，何以事权之属，历时半载，碌无展布，舆论沸腾者不乏其人，将以旧时资格为标准欤，何以同一品秩，此为司长，彼屈末秩，并有品秩较崇而竟遭摈弃者，将以勋劳为标准欤，论功行赏，即下士拔之上僚亦属应得，乃何以反正时绝无涓涘效忠民国，今并巍巍然立于道府之上，而居之不疑，或曰组织时人才缺乏，供不敷求，加以仓卒而成，急不暇择，是固然矣，然独不宜改良以求进步而长此终古乎，此请详细答复者二。"① 很明显，杨毅廷之意其实是要求军府严格以学识经验资格去取，其偏向旧官僚和绅耆之意非常明显，反对新学后进拥居高位。

在重视经验和资格的情况下，很多在清末有着良好官声的绅耆便毫不困难地占据了要津，如宋嘉俊即是因官声好而被军政府延揽。宋嘉俊是戊戌进士，由刑部主事改官四川，历任江津县知县、屏山知县，在江津县任内颇著政声，"卸任后，民建生祠，奉长生禄位"。革命后回滇，"政府闻其清名，檄长昆阳县"，后改任磨黑二井场知事。② 吴良桐清末一直在四川做官，四川保路运动起，全省骚乱，时吴良桐为江津县知县，为了避免变乱，主动反正，并饬令城乡团警维护地方秩序。后来南北议和，川局安定，吴良桐遂辞官回省，"蜀人留之不得，为树'去思'之碑"③。云南都督蔡锷听说吴已回滇，召入军政府为民

---

① 杨毅廷质问书（续）[N]. 滇南公报，1912-04-26.
② 民国云南通志馆. 续云南通志长编：第八十一卷 人物 [M] 昆明：云南省志编纂委员会办公室，1985：815.
③ 民国云南通志馆. 续云南通志长编：第八十一卷 人物 [M]. 昆明：云南省志编纂委员会办公室，1985：745.

政部曹事，未几出为临开广观察使。陈钧中进士后留学日本考察政治，回国以湖北知县任用，长期在湖北做官，辛亥革命后还滇，"蔡锷征为参事，旋升为内务司长"①。覃宝珩革命前为广西横江道盐税总办，辛亥国变，"时蔡松坡主滇政，电调回滇，任以军都督府秘书，赞画机要"②。

正是在标准未定之际，人情关系成为获取位置的重要砝码，报纸曾披露军府各部门以位置与旧人纷起冲突。辛亥革命后，省自为界的观念盛行，各省多持排外主义，用人都以本省人为先，时游宦于外省的滇人纷纷回滇，政府可为安排的职位有限，仕途相当拥挤，但对于绅耆来说，因为彼此之间的同门、师生等关系而互为奥援，谋一位置并不困难，当时熊廷权从四川归滇，杨覲东就极力建议军府任其为参事，但军府难以安排，遂委任为丽江知府，"君（指杨覲东）与巡按使赵君藩、师长李君根源电文互争至数百言，卒莫能挽，乃怅怅西行"③。熊廷权虽未能如愿，但也出任了丽江知府，位置并不低。又如赵藩的弟子赵式铭辛亥革命发生之前在四川任《成都日报》编纂。赵氏在清末时仕途蹭蹬，久困场屋，始终不能得一举人功名，最终也只中一个乡试副榜。但赵藩对其甚是推许，多次为其铺路搭桥，当得知弟子参加举贡会考以直隶州州判分发四川时，专门写信给在四川任布政使的故旧王人文，向王举荐赵，"奖饰备至，有政界、报界、学界，随处俱宜之语"④。王人文以苦无位置相拒绝。赵藩又写信给任四川官印局总办兼领《成都日报》的故旧黄德润，黄聘其担任成都日报编纂。辛亥革命发生后，赵式铭由蜀归滇，赵藩和同学周钟岳先后向都督蔡锷推荐。当蔡锷辟他为军政府编修时，他不无感慨地说："竭二十年才力，仅得一双料副榜，今一蹴而跻于翰林之清秩亦云幸也。"⑤ 编修一职主要掌文案，专为蔡锷起草文件，赵式铭说："余至即下榻府中光复楼，蔡亦文士，然不恤撰属，所需祝颂祷禳之文，往往先佩鹭羽，玉具宝星，严服以待，余应时立办，其他

---

① 民国云南通志馆. 续云南通志长编：第八十一卷 人物 [M]. 昆明：云南省志编纂委员会办公室，1985：743.
② 民国云南通志馆. 续云南通志长编：第八十一卷 人物 [M]. 昆明：云南省志编纂委员会办公室，1985：744.
③ 熊廷权. 杨毅廷五月报政录叙 [M] //唾玉堂文集：卷一. 1946年铅印本，1946：7.
④ 赵式铭. 孥父行年六十记 [M]. 手抄本，藏云南省图书馆历史文献部.
⑤ 赵式铭. 孥父行年六十记 [M]. 手抄本，藏云南省图书馆历史文献部.

秘书诸君噉名而已。"① 而且此职月俸也不低，每月六十圆，除了生活费外，赵尚有余款，用此余款偿还了此前为父亲治办丧事所欠下的债务。如此看来，赵式铭在清末与民国的境遇真是有霄壤之别！

绅耆之间的相互援引，使其在改革后拥挤的仕途中能得以一席位置，而且这种情况甚是普遍，例如，被军政府派往武昌充任代表的段宇清当时致信李根源，向其推荐同乡，信里说道："抑又闻之，辅世长民莫如德，老成硕彦经验实多，公为腾永杰出，左右更不可无人，赵月村先生（赵藩）敦请出山，足见我公虚怀。今吾乡尚有老成，其文章经济与洞达边情有与月村先生相伯仲者，首则称吴绍春先生（即吴式钦），次则有吴子和先生（即吴煦），兹羁留上海，吾滇正在需才，何妨电请子和回滇，共襄新政。……弟实为人才起见，非有阿私援引于其间也。再同乡李春曦字竹樵，精明廉干，勤慎耐劳，今由浙回滇，命其面谒麾下，如蒙录用，必不致有负委任。"②

相比之下，没有任何关系的人游宦回滇则处境难免尴尬，宦游省外的人归滇无位置可得的情况不时见诸报端，记录了这一人情冷暖，如一则标题为《宦游归来之可怜》的新闻报道了一个游宦黔省的人回滇没有位置可谋的尴尬处境。而另一则评论则说："自反正后，满清之一班举人进士其善于排吹者上而司长厂长、参事，下而科长科员，无不唾手可得，否则大都赋闲无事，欲求一瓯饭所而不能，呜呼，同一卷折出身之举人进士而有幸不幸如此亦可慨矣！"③ 其实，记者也没有看出其中的奥妙，是否能在新政府谋到一个位置关键在于和当政诸人关系亲疏。

经过了一段时间的探索，军府决定开设文官考试，并颁布了《云南文官试验暂行规则》，规定文官试验分高等和普通两种，高等文官试验，考验合格者，给付证书，以备府厅州县行政官员及司法官之选；普通文官试验合格者，给付证书，以备各府厅州县佐治员，并各司局书记官录事及各项办公人员之用。对高等文官受验资格做了如下规定：（一）中外法政学堂高等专门毕业者；（二）中外中学校毕业，及与中学校程度相等之学校毕业，曾入大学专门共有五年以

---

① 赵式铭. 弢父行年六十记 [M]. 手抄本, 藏云南省图书馆历史文献部.
② 段宇清. 梦奎书札：上谘议局第三书 [M] // 李根源. 永昌府文征·文录. 卷二十三, 杨文虎, 陆卫先校注. 昆明：云南美术出版社, 2001：2816.
③ 狭·举人进士亦有幸与不幸 [N]. 滇南公报, 1912 - 07 - 20.

上之程度者；（三）在中外一年以上之速成法政毕业，充直省法政学校教员，或办地方公益事务三年以上，著有成绩者；（四）旧时七品以上官吏，著有政声，毫无劣迹者。① 有为官经历的条件与其他三条新式学堂经历并列成为受验条件之一。但在实际的操纵过程中，新政府更看重有为官经验者。例如，杨觐东在委任为迤西道后，需要很多随员，便在考取文官的人员中选择，其中有原来任四川知府的杨金凯和任四川直隶州的杨兆龙，均被认为吏治外交富有经验。杨金凯后来在军府秘书覃宝珩的推荐下出任了永昌县知事。

其实，制定规则的人和掌握话语权的人都是军府各部的司长以及居要职者，而这些人本来就是有名望的绅耆，如外交司陈度、实业司吴琨、杨觐东等，偏重于学识资格经验当然就在所难免。当时有人就要求军政府既然规定人官试验，那应该把现任官员一律加以试验，军府则表示为难，说道："此前用人仅凭耳目所及，虽自问吾心无愧，究属探索之势，故举行考试。至于请将在任在差各员一律考试则未免不明治体。"② 确保当权者的地位不受到威胁。

绅耆不仅在新政府中占据要津，而且由于在文史方面的修养，革命派的光复历史由他们主持纂修。民国元年（1912）11月，军府拟修撰一部光复史，成立编纂总局，专门负责修史事宜。开始拟聘时任军府高等顾问官的赵藩任编纂局总理，因革命派认为赵藩"学识渊博，雅擅三长，允宜延充编纂局总理，所有该局一切事宜均由总理筹划办理"③。但不知因何缘故，设局修史一事一直到民国二年年初才得以落实。赵藩因被选为国会议员即将北上，就把此事交与弟子周钟岳负责。

周钟岳当时为教育司司长，志局总纂属于兼职。周钟岳复聘同门赵式铭襄赞，加上张肇兴（字景中，1872—1918，光绪庚子、辛丑并科解元，太和县人）、郭燮熙（字理初，1868—1943，光绪戊子举人，镇南人）、刘润畴（字伯皋，生卒年不详，光绪庚子、辛丑并科副贡，昆明人）为编纂，分任撰述。经过八个多月蒇事，分为甲乙两种，甲种仿湘军志，都十篇，定名为《云南光复

---

① 云南文官试验暂行规则. 云南政治公报. 第五期 [M] //中国人民政治协商会议云南省委员会文史资料研究委员会. 云南文史资料选辑：第17辑, 昆明：云南人民出版社, 1982：249.
② 军政部答覆质问书 [N]. 滇南公报, 1912-05-11.
③ 光复史编纂得人 [N]. 天南新报, 1912-11-14.

纪要》，乙种仿日俄战争史，都若干章，细目若干节，定名为《云南光复史汇稿》。汇稿主要是资料汇编，因所征集的资料较多，无法全部收入甲部纪要，舍弃又觉可惜，可趁此次编纂之便，将采辑所得汇为长编，实足以备将来纂修国史者之参考，故别编光复史汇稿一书，以与光复纪要互相参证。① 纪要十篇分别为：《光复起源篇》《光复上篇》《光复下篇》《军事纪要篇》《建设篇》《迤西篇》《迤南篇》《援川篇》《援黔篇》《西征篇》。据赵式铭说开始负责编纂的只有张肇兴和他自己，刘润畴后来才加入编纂，主要负责《云南光复史汇稿》，郭燮熙则最后才加入，仅写了《援黔篇》。② 但实际上，周钟岳、赵式铭、郭燮熙三人都写了《建设篇》，此外郭燮熙还负责了《迤南篇》的编纂。张肇兴则负责了《迤西篇》《援蜀篇》。关于光复史的编纂过程，周钟岳曾有过简单的叙述：

  查云南光复史，编纂之先，预定六月蒇事。以一个月为采访期间，征集官府文书及各界著述；以一个月为汇录期间，由编纂官将采集文书悉心浏览，分类抄录；以二个月为编纂期间，由各编纂官依据所得史料，分门撰述，复由总纂核定；以一个月为校阅期间，史书脱稿后，缮呈军府，先行油印多本，分布各界，详加校阅，如有疏漏舛误，请即于稿本签注，掷还本局更正；以一个月为修正期间，即将各界交还史稿，视所签注，果符事实，即照为厘订，以成实录。曾由钟岳缮成清折，并拟具修史体例，呈请军都督审定。及二月一日开局，当经呈请军都督令各机关及各属县，将光复事实，广为搜采，汇送本局，以资参考。嗣因各处投稿者寥寥无多，复于三月初旬于各报登载广告，征求光复在事人员投稿及私家著述，此后以光复事实径投本局。及奉军府转发者，先后亦数十起，虽采辑尚未完全，而事实则已略具，且时期已迫，未能久延。爰于四月一日着手编纂，所有史材，悉依据都督府秘书处所存文电及各机关各界来稿，并借助于稽勋局所汇表册。至六月下旬，计编成光复史稿：《光复起源篇》一册、《光复篇》一册、《迤南篇》一册、《迤西篇》一册、《援蜀篇》一册、《援黔篇》

---

① 云南光复史闻编为云南光复纪要及光复汇稿两书，业经脱稿，兹得其编辑凡例数则先录之以供众览 [N]. 共和滇报，1913-08-15.
② 赵式铭. 殁父行年六十记 [M]. 手抄本，藏云南省图书馆历史文献部.

一册、《援藏篇》二册、《军事变迁篇》一册、《建设篇》一册。当初编史稿时，意在文简事赅，故抉择较严。嗣因所得文电，佳者颇多，虽未能尽入正编，太增篇幅，惟趁此次编纂之便，将采辑所得，汇为长编，实足以备将来纂修国史者之参考。故于七月内别编光复史汇稿一书，以与前编之本，相互参证；复取各界所投云南光复在事人员小传，汇为《云南光复诸人事略》一册。各书甫经脱稿，而修史期限已满，遂将史稿缮成清本，呈送军府鉴核，并将史局如期撤销。计自着手编纂迄于史稿告成，以三数人之心力，三四月之时间，而任此重大之事业，又加以投稿之无多，疏舛挂漏，诚所难免。……至此次史稿编录之间，悉有依据，间或参以见闻，亦取有征信者录之，毫不羼以私意。若显违公论，自昧良心，以曲笔为阿谀，以微文为讥刺，此则钟岳与诸编纂官所堪共信绝无者也。①

史稿修成后，命运颇厄，先是送与蔡锷修改，"将付手民矣，会蔡公奉调入京"，蔡将书稿交回周钟岳保管。唐继尧督滇，向周索阅未还，历经事变，周钟岳、郭燮熙等都以为书稿已佚失。

第二节　赵藩与滇西风波

昆明光复，军政府成立即通电各州县要求响应，各州县没有经过多少困难便相续宣告反正，唯迤西政局较为扰攘，在解决迤西的纷争中，赵藩甚为军政府所倚重，而赵藩的态度成为影响迤西政局的关键因素。

云南旧时把全省行政区划为四道，分别为迤东、迤西、迤南、临开广四道，而大理府隶属于迤西道，大理府的反正是在陆军将领和当地士绅合作下完成的，虽然是刀无血刃，且夕之间即实现，但随后却出现纷乱的局面，以赵藩为首的自治机关员绅运筹帷幄，使局面得以很快稳定下来。赵藩的儿子赵宗瀚当时在父亲身边，在为其父撰写的行状中说"然此百日危城之中，府君筹御外侮，消

---

① 周钟岳. 惺庵回顾录 [M] //中国人民政治协商会议云南省委员会文史资料研究委员会. 云南文史资料选辑：第41辑. 昆明：云南人民出版社，1991：98.

弭内患，手治文电，率一夜数起，衣不解带，寝不安席"①，反映了赵藩在消弭滇西的乱局中辛劳备至。

先是大理于11月1日接到省垣光复的通电，但太和县令胡懋芬和知府周安元企图隐瞒电报，伪称省城被土匪占据，总督李经羲调驻大理陆军三十八协入省垣援助。三十八协协统曲同丰系北洋军官，曾留学日本，入日本陆军士官学校。1910年云南编成陆军第十九镇。曲同丰经段祺瑞推荐入滇，任十九镇三十七协七十四标统带，旋升任该镇三十八协统领（下辖七十五、七十六标），实授陆军协统都统，驻大理。② 曲同丰猜到省垣已反正，与二营管带孙绍骞（字玉峰）商议决定响应。11月2日，曲调兵入大理城内候命，要求周安元调集各官绅开会商讨对策。随后周安元听从曲的要求，召集各官绅会议于府署，"议参两会绅士范宗莹、杨尚培等齐诣府署，提督李福兴、参将李桂芳、巡防管带赵勋泰、军需委员吴绍麟、中学堂监由云龙均先后至"③。周安元意识到事态严重，隐瞒不住，即把真的电文拿出来，以实情相告，请众绅决断，"绅士范绣章（宗莹）等均为地方求保治安，愿服从钧谕"④。绅士周宗麟、赵绍周、李文源也发言表示赞成，随后诸人一致表示同意。曲同丰"邀众出，集军士门右，宣布反正电文，众欢然"。并宣称："此次省军起义，乃政治革命，我辈军人，食民脂膏，有保护人民生命财产义务，今已议决，官绅军民一体反正，共维治安。"旋即"分兵五队，派守四城及中央"，反正一举取得成功。⑤ 4日，曲同丰邀集在事诸人续议于府署，决定于大理成立自治总机关部，由迤西绅士组成，以联络迤西各属，"使省垣一气，而后治安可报"。于5日在考棚投票选员办理，曲同丰得票最多，但曲拒绝。当时赵藩正在大理，众绅士乃举赵藩为总理，由云龙、李福兴为协理，范宗莹为参事长，张肇兴、李文源、周宗麟、王巨卿为参事，分任团务、民政、财政、军事四科，周雯、张汝厚、张锡铭、赵荣章、洪桂馨

---

① 赵宗瀚. 樾村赵府君行状 [M]. 民国年间印，第12页.
② 陈长河. 皖系干将曲同丰 [J]. 民国春秋，2001（5）.
③ 张肇兴. 迤西篇 [M] //谢本书，荆德新，宋文熙等. 云南辛亥革命资料. 昆明：云南人民出版社，1981：476.
④ 李鹤春. 寿仙日记 [M] //大理市文史资料：第7辑. 大理：中国人民政治协商会议云南省大理市委员会文史研究会（内部发行），1990：27.
⑤ 张肇兴. 迤西篇 [M] //谢本书，荆德新，宋文熙等. 云南辛亥革命资料. 昆明：云南人民出版社，1981：476.

为庶务、文牍各职员，以考棚为临时办公所。即日宣告成立，电告省垣。

大理自治机关部的任事诸士绅大部分是清末新政时期城镇乡自治局的议长或议绅，如范宗莹是县自治局的议长，赵绍周、李文源、周雯则是议绅，王巨卿是城自治局的议长。赵藩在家乡籍名甚早，青年时逢大理杜文秀起义，和族叔一起创办团练，抵御叛乱，此时成为众望所归，自是情理之中。就在大理绅士推举其为自治机关部总理之时，军政府委任赵藩署理迤西道，兼营务处，并统西防巡防各营的电文也传至大理，军政府俨然把迤西事务悉授予赵藩处理。赵藩为军政府所倚重，李根源的推荐是关键因素。对此，由云龙在事隔多年有所回忆，说道：当时省城重九光复，李根源有私信给赵藩，将委他任迤西道，而自治总理一职，先以点缀颜面。"实则赵官派太重，人民很反对，因此虽以虚名推举，并未就职"①等语，虽不能尽信，但其中李根源的推荐却是事实。

先是腾冲张文光起义消息传到大理，但并不确切，大理认为腾冲发生变乱。因腾冲与缅甸接壤，曲同丰怕引起外交纠纷，发电军政府道："腾事糜烂，函宜调慑"，希望李根源能亲自到迤西一趟，解决腾冲事务。李根源回电推荐赵藩以代，电文说："伟兄致根源电，悉腾防关系重大，动涉外交，何堪糜烂。根源本拟亲往，奈省事正待整理，因思樾老近在榆城，老成硕望，夙佩热忱，救民水火之中，自必引为己任。"②并让曲同丰拨一营给赵藩统率，电文中对赵的推崇跃然纸上。同时发电给赵藩，劝其就任，"致藩电极谦恭，锷、承瓛等称学生，根源称受业"③。

赵接受此职后，辞总理职，众绅推举由云龙接任。赵藩虽多次表示出而任职乃不得已，实违反其初心，但为了桑梓免遭动乱蹂躏，希望能使局势稳定下来，也就乐于效力了。段宇清曾致函李根源向李推荐人才，信中说道："抑又闻之，辅世长民莫如德，老成硕彦经验实多，公为腾永杰出，左右更不可无人，

---

① 由云龙. 迤西各属光复记［M］//中国科学院历史研究所第三所. 云南贵州辛亥革命资料. 北京：科学出版社，1959：88.
② 赵藩. 赵藩遗稿［M］//中国人民政治协商会议云南省委员会文史资料研究委员会. 云南文史资料选辑：第15辑，昆明：云南人民出版社，1981：187.
③ 孙仲瑛. 重九战记［M］//李根源. 永昌府文征·纪载：卷二十七. 杨文虎，陆卫先，校注. 昆明：云南美术出版社，2001：3780.

赵樾村先生敦请出山，足见我公虚怀。"① 既而向李根源推荐同乡中老成而文章经济与洞达边情有与樾村先生相伯仲者二人。李根源有没有采纳不得而知，唯可见赵藩的出而任事，与李根源的推荐关系匪浅。

大理光复虽较为和平，但之后却乱象丛生，此间统领曲同丰出走，稳定的局势趋于紧张，全凭自治局的诸位绅士尤其是赵藩的维护，才使政局稳定下来。先是因反正之初，七十六标统带涂定邦突然失踪，曲同丰打算调驻保山的第三营教练官郭龄昌回大理接替，郭此前也因在保山与管带罗长庚发生冲突而带兵出逃，正巧曲调其回大理，行至大理附近被两名持枪者击毙，曲调查得知系第一营管带蒋辅丞指使手下所为，便将蒋击毙。蒋辅丞的部下一营左队二排排长钟湘藻伺机变乱，一时枪声四起，曲惊吓逃走，直赴昆明，机关部派人追而未得。各陆防营兵顿失管束，一时局势混乱不堪。各自治局局绅四出抚慰军人，参事王巨卿及乡绅赵绍周、胡其炘到二营"以土音说士兵，二营兵多土著而明大义者，颇不欲破坏桑梓，闻巨卿等言，愿助乡兵与钟党相持，共保桑梓"。而"赵巡按亦呼其乡人之充兵者至，晓以大义，戒勿动"，经过绅士的劝说，二营士兵听从指挥，而一营陆军左队二排排长钟湘藻较难约束，于是一、二营成对峙之势。赵藩召集机关部各员绅召开军官绅商联合会，机关部承诺代办陆军临时筹饷所，陆军则答应维持地方秩序。赵藩一方面电保二营管带孙绍骞为协统，以维持现状，约束陆军；另一方面派绅士周霞往说钟湘藻令其归附，钟开始不服，又经自治机关员绅的"甘语慰之"，钟始就范，于是大理乱局稍稍平息。②

一波刚平一波又起，就在迤西自治机关部平抚陆军的变乱后，各地受腾永军攻打的电报又频频传来，在平息腾榆冲突事件中，军政府完全信任赵藩，而却因赵藩的态度，使腾榆冲突更加纷扰，最终因李根源出面居间调和才使纷乱平息。

腾越已在省垣前三日光复，领导人系张文光。张文光者，字绍三，在清末加入同盟会，与同盟会员杨振鸿、刘弼臣及干崖土司刀安仁往来密切，鼓吹革命。辛亥年八月间，武昌起义的消息传至腾越后，张文光决定纠合在腾越各同

---

① 段宇清. 梦奎书札·寄李印泉师长函［M］//李根源. 永昌府文征·文录. 卷二十三. 杨文虎，陆卫先，校注. 昆明：云南美术出版社，2001：2822.
② 张肇兴. 迤西篇［M］//谢本书，荆德新，宋文熙等. 云南辛亥革命资料. 昆明：云南人民出版社，1981：479.

盟会员举义。于九月初七日（10月28日）一举成功，成立"滇第一军都督府"，公推张文光为滇西都督。腾越军政府成立后立刻扩编军队，"六七日间搜款数十万，增兵二三十营"，准备"由腾而永而榆，得榆为根据地，以进规全滇"，委陈云龙为前军都指挥，钱泰丰为前军副指挥，统领国民军一部，向永昌、大理方向发展。因电线被驻永昌的第三营教练官郭龄昌毁坏（保山在省垣光复后，县令即响应反正，但郭龄昌有异志，适与管带罗长庚发生冲突，"而自率队出走渡沧江，断其桥，斫电线至黄连铺"），腾冲与大理之间消息阻断，致使腾冲派往大理的军队与大理方面发生冲突，纷扰至数月。

关于腾榆双方冲突的情况，迷雾重重，双方各执一词，孰是孰非，实难分清。此中虽有因为电线被砍断、信息阻隔的原因，但也存在双方争权的因素。大理方面奉省垣军政府为正统，而把先于昆明三日光复的腾越军政府视为异端。赵藩致张文光电文的用词就极不客气，视其为匪类。致省垣军政府的电文表明心迹道："藩以力保完土，自与腾永分窜踞扰主义相妨，衔怨肆谤，闻之寒心；然为罪为功，军府有察核，全滇有公论，此自不计。"① 省垣军政府对赵藩自然是非常信任，委任赵藩为迤西安抚使，节制西防国民军，兼摄迤西道，统新军并添募防军，意味着张文光将受其节制。在致电省垣军政府的电文中赵藩极言张文光政权不听管束，使蔡锷等对腾越政权产生恶感，但李根源因系腾冲人，不愿与腾越决裂，极力做调人。为了让张文光悦服，李根源特意发电张文光说："惟赵樾老此次巡按西陲，实为滇人所共举，且当此建设之初，外交尤宜留意，赵于内政外交均极娴熟。"并为赵藩在此前给张文光电文中词语不逊解释，"其致兄等之电，语气直率，想系军戈旁午之际，失于俭点，当非赵之本心，祈为曲谅。"② 张虽然表示谅解，并愿意将权柄交予赵藩，可是其手下之人就不那么容易接受。

辛亥九月十二日腾越军占领保山后，陈云龙即兵分三路向大理行进：一由顺宁州抵蒙化；一由云龙、丽江出明乔，一直下永平趋合江；而自率中路兵，以刘竹云为先锋，与左右两路夹攻大理。刘竹云很快攻陷永平，进窥蒙化，陈

---

① 赵藩. 赵藩遗稿［M］//中国人民政治协商会议云南省委员会文史资料研究委员会. 云南文史资料选辑：第15辑，昆明：云南人民出版社，1981：184.
② 滇事先复录. 中国人民政治协商会议云南省委员会文史资料研究委员会. 云南文史资料选辑：第17辑，昆明：云南人民出版社，1982：64.

云龙也兵至漾濞，大理西南北三面受围。陈云龙派兵至大理城外的漾濞驻扎，前头部队刘竹云率军在合江驻扎。从陈云龙和张文光的往复电文看，因大理与保山之间电线不通，直到此时张文光还不清楚大理是否反正，致电陈云龙询问，而陈云龙根据暗探得到的情报，认为大理情迹可疑。大理自治机关则致电军政府指腾永方面陈云龙军为土匪，并说陈云龙"声言率队入关，分三路并进，并以悖谬之条件，要约榆军谓：不认省派官吏，令榆军封缴军械，另候陈云龙编制，并令陆防官兵，不带械出关迎接，全省各州县陈云龙均要巡视一周"①。得电后省军政府气愤非常，让榆军出兵痛击，双方遂于十月五日在合江发生冲突。而事后陈云龙曾电张文光说明情况，电文却称："云龙率师东下，原翼匡助反正，保卫各地方。我军甫抵漾濞，即派何大林、刘玉兴赴榆送信，并张贴军政府宣言，不图赵藩、孙绍骞居心诡诈，计在妒功，将何、刘二人擅杀。并派军堵住下关天生桥各处，及我军先锋至合江平坡，该处赵、孙等，又派张奇前来行刺拿获。……乃赵、孙贪功之心牢不可破，必欲诬我辈而甘心。又派周华国、马明远等诈来欢迎入关交涉，行达四十里桥，榆军埋伏四起，烧断桥梁，截我辎重，将我代表杨大森、祝从龙、陈定州、王桂清、杨春华等捆去。开炮轰击，我军亦用炮还击，幸两无大伤。榆军如此野蛮，合江之战势逼处此，非我军多事。"② 张文光接到陈云龙电后，专电大理自治机关部询问详情，而大理方面却有另一种说法，声称"乃陈云龙、刘竹云假义军之名，心怀叵测，事权不一，民心惶惑，怨声时有所闻。敝处屡次寄达诸君函电，均为扣留，其居心已不堪问。迭奉省城军政府电饬，兴兵痛剿，以安闾阎，而息嗟怨"③，希望张文光把陈调回。对于陈云龙所说的大理代表周霞等人一节，大理方面则称：派周霞（字华国）、杨峦、马冀、李漳四人往合江和陈云龙交涉，告知大理已反正，望其勿带兵前进，可陈云龙不见。周霞等乃往见刘竹云，"告以情理，阻其前进，

---

① 滇事先复录 [M] //中国人民政治协商会议云南省委员会文史资料研究委员会. 云南文史资料选辑：第 17 辑，昆明：云南人民出版社，1982：70.
② 滇事先复录 [M] //中国人民政治协商会议云南省委员会文史资料研究委员会. 云南文史资料选辑：第 17 辑，昆明：云南人民出版社，1982：69.
③ 滇事先复录 [M] //中国人民政治协商会议云南省委员会文史资料研究委员会. 云南文史资料选辑：第 17 辑，昆明：云南人民出版社，1982：70.

竹云欲杀之，李漳等以计免……讬言回关备牛酒犒师，乃驰返榆"①。双方各执一词，黑白莫辨。陈云龙成众矢之的，大理方面对其恨之入骨，欲甘其心而食之。省军政府也准备悬赏缉拿。后来李根源极力为陈云龙说话，省军政府遂不计咎往。

合江之战后，张文光把陈、刘二人调回保山。其实此次冲突双方均负有责任，关于大理致省军政府电文中说陈云龙迫机关部投降命令八条一节，民国元年（1912）八月间张文光曾对此事进行了调查，查出大理寄省军政府关于陈云龙要挟大理机关部的命令系机关部伪造之文，并令刻工蔡春廷摹刻印衔，以便激怒军政府下令"以重厚兵力对待腾军"。但军政府事后并未追究责任，只以此事"系孙联长权宜解围，与王巨卿无涉，若兴大狱，必干众怒，军事嫌疑，应遵总统令取销"②，从而轻描淡写、避重就轻而过。可知军政府实有偏袒大理之意图。

合江之战后，双方冲突并未停息，又发生十月十三日顺宁鼠街之战，仍然是各执一词。而此时省军政府已委派李根源为第二师师长兼国民军总司令，节制文武官吏，西巡以解决腾榆争端。本来早在九月十八日，当大理方面风闻腾冲起义时，曲同丰害怕事情闹大，影响到外交，发电省垣军政府，希望李根源能西行一趟，但李以"省事正待整理"而未能西行，把解决腾越事端交与赵藩，谁知事情越来越严重，最后在各方的催促下李根源乃有此行。李于十月二日从昆明出发，一路上与大理机关部电文往返，"经与樾老诸公反复剖解，一切疑误，咸涣然冰释。将来西事，必无意见"③。腾越方面也派出代表要求和解，特别请出李根源的父亲李大茂充当和议代表。在腾冲李家是当地的望族，李大茂很有威望，是当地著名的绅士。张文光请李大茂和绅士张鲁香、张蔚臣、李昆田、刘品三、杨贡城为代表到大理调停。李大茂于辛亥十月十四日写信给李根

---

① 张肇兴. 迤西篇［M］//谢本书，荆德新，宋文熙等. 云南辛亥革命资料. 昆明：云南人民出版社，1981：483.
② 滇事先复录［M］//中国人民政治协商会议云南省委员会文史资料研究委员会. 云南文史资料选辑：第17辑，昆明：云南人民出版社，1982：189.
③ 西事汇略［M］//谢本书，荆德新，宋文熙等. 云南辛亥革命资料. 昆明：云南人民出版社，1981：512.

源说明腾榆之间冲突的原委，希望李根源代张文光向省中解释。①

省军政府得知李大茂将任代表出面调停，于辛亥十月二十一日（1911年12月11日）发电给李根源，对此表示欣慰。电文说："我军起义，志在脱专制淫威，求人民幸福，并非黩武穷兵。腾永军光复各属，吾辈方深庆幸，乃陈云龙率兵东向，经此间屡电劝阻，该匪反肆野心，诚恐蹂躏生民，始檄榆军迎击，事非得已，心实测然。兹得尊大人出而调停，意在罢兵息民，将使迤西生灵得安衽席，非独我辈所深望，即榆军亦必有同情。已电嘱榆军派员到漾濞迎接，并饬沿途竭力保护，一俟尊翁到榆协商，即可和平了结，使生民早一日得休兵革，即吾辈早一日得卸仔肩。"②而李根源认为："父子之际，以公事相见，名义不顺，自古无之。"请赵藩代为发电李大茂力辞代表，暂住永昌，请另派代表。③李大茂接到电报后，随即驻留永昌，并于二十四日由永昌启程回腾。回去之前还专门派人持亲笔信致李根源处，叮嘱解决西事宜注意八条事项，其中第一条就要求李根源"尊重赵樾老意见，随事请命后行"④；李根源也紧依父言，到大理后，"举凡政务及兴革建置事宜必咨禀樾村师行之，故政令所颁，悉协人心"⑤。

腾越方面所派之代表在李根源未到大理时已从保山先行至大理，和谈很顺利，腾榆冲突顿时消解。李根源此行的目的在于解决滇西光复政府的问题和重新设置迤西各地建置。到榆不久，大理机关部总理由云龙、协理李福兴和参事等就将经手事项分别交给巡按使赵藩及司令部，各职员即日遣散，大理总机关部宣告裁撤。李根源分别给在事诸人委予新职，或奖励或升迁，由云龙升任永昌府知府，李福兴为参议院参议官。奖参事范宗莹等以同协都督以下职衔。调孙绍骞为国民军统领，令驻维西。处理好大理的善后问题后，在腾越张文光的一再催促下，李根源与赵藩并辔西行，到腾越解决滇西军政府问题。

---

① 滇事先复录 [M] //中国人民政治协商会议云南省委员会文史资料研究委员会. 云南文史资料选辑：第17辑，昆明：云南人民出版社，1982：189.
② 蔡锷致李根源电稿 [M] //中国科学院历史研究所第三所. 云南贵州辛亥革命资料. 北京：科学出版社，1959：66.
③ 西事汇略 [M] //谢本书，荆德新，宋文熙等. 云南辛亥革命资料. 昆明：云南人民出版社，1981：501.
④ 李根源. 雪生年录 [M] //沈云龙. 近代中国史料丛刊：第二辑. 台北：文海出版社，1966：44.
⑤ 李根源. 雪生年录 [M] //沈云龙. 近代中国史料丛刊：第二辑. 台北：文海出版社，1966：45.

师徒二人于民国元年二月一日至腾冲。至腾后，在处理政事之余，不忘征文考献，树碑立祠，纪念乡贤，以标榜文事为乐，在腾冲留下了大量的石刻题辞。赵藩的书法久负盛名，李根源在《云南金石十五首》中写道："呈贡孙铸、景东刘岷、永昌刘树堂、昆明李坤、石屏袁嘉谷，均以书名于时，要以赵、陈两师为魁硕。故近世碑刻数十百石，出两先生手者为众。"① 这里"赵、陈两师"指赵藩、陈荣昌。这时李根源借此机会，请赵藩为家宅和祖先题辞或写碑铭。如：赵藩为李根源家叠园题匾"得未曾有"（民国元年用正楷书），为其十世祖李镇雄题诗并刻石（《题明李指挥镇雄墓诗刻石》，李镇雄于明崇祯十年由千户赴京引见，改授督指挥佥事练兵卫总管。明清鼎革之际，追随永历帝奔缅至蛮，失散不及从，隐于曲石，示子孙勿求仕进。于清康熙七年卒。民国元年二月用正楷书法刻于腾冲县大佛寺李氏墓）；又为李之祖父祖母写了墓碣和墓志铭（《清旌表节孝李母黄恭人墓碣》和《清龙陵营千总李公鸣銮殿琼墓志》）。

腾冲为明朝末帝永历帝避难之地，一批忠臣跟随而至，永历帝殉国后，腾冲成为众多明朝遗民的栖息之地。赵李为祭祀明朝功臣和遗民而修建了明贤崇报祠和二公祠。明贤祠所祀者，分开创、殉难、遗逸、贞烈几项，分别祭祀明朝几十人，从沐英、王骥、李定国到腾越镇总兵蒋宗汉、徐联魁、刘光焕，龙陵营参将李珍国、杜文秀部将李国纶等。李根源请其在高等学堂时的老师孙光庭撰写祠记，说明建祠目的在于表彰忠义，垂范后世。文中说："……腾冲之声明文物实自有明肇其盛，而其力征经营之功不可没。洎永历帝奔缅，忠义从亡者，实多致命于斯，其他贤达遗逸之老于斯，贞女烈妇之殉于斯，皆足以廉顽立懦，今禋祀弗备，姓氏就湮，讵非生斯长斯者之责欤！"② 其中明朝礼部尚书雷跃龙、工部侍郎胡璇二人隐居腾冲时留下了很多碑刻，李根源一并查找，或是重刻，或是考订。二公祠所祀者乃刘草堂、邓武桥。

赵李师徒二人在腾冲滞留两个月的时间，在腾冲绅士的陪同下，游览了腾冲各名山名胜，足迹所至，题诗题字，与腾越绅士诗酬唱和，颇得一时之欢，留下了众多的诗句和摩崖石刻。三月初五日游览腾冲叠水岩瀑布，赵藩留下了

---

① 李根源. 曲室诗录：卷三［M］//王明达. 李根源纪念文集：论李根源与赵藩的文交. 昆明：云南美术出版社，2005：194.
② 孙光庭. 腾冲明贤崇报祠记［M］//李根源. 永昌府文征·文录. 卷二十五. 杨文虎，陆卫先，校注. 昆明：云南美术出版社，2001：2865.

诗《游叠水岩瀑布，写诗柬李根源》，诗云："两山谽谺开山门，乱石拗阻江流奔。夺门而出江力大，在远已震寺车辊。循山右转面峡立，天河斗落银海翻。擘棉输软雪逊白，举似仓卒穷于言。雨飞珠洒百步外，树老苔绣千年根。春寒野阴跨马出，异境一览清心魂。客言犹惜我未见，目眩五色宜晴暾。我披鹤氅意亦足，岂必云锦裁天孙。回鞭泥饮云鹤寺，粉榆谊古乡人敦。巨虾隽味快颐朵，峡中特产罗盘飧。天晴身暇游尚再，来藉芳草倾金尊。"并题联道："江作瀑能飞，造物好奇弄兹大狡狯；台因山得势，老夫揽胜会此小徘徊。"① 之后又应腾冲绅士的邀请游览了腾冲侨乡和顺乡元龙阁，并题诗留壁。"村落依山傍水开，几家门外石成台。团团午日树阴合，习习春风花气来。此境幽深入图画，其间卓荦起人才。新诗题上元龙阁，不剧巉岩损绿苔。"② 三月十九日赵李二人应腾绅曹佩瑶、张云斋、杨名标、蔡义斋诸人之请游览腾冲名山宝峰山，赵藩留下了《城里看山见寺楼》《游天应寺》《赠曹老人琨》等诗。游览时，把明永历进士张文耀所写关于宝峰寺的诗刻石。

腾越之事解决后，李根源于三月廿六日先赵藩离腾，未几，赵藩接到家信，得知老父病重，即电省政府乞养。临别赠诗云："感谢此邦僚旧谊，名山觞咏几回同。"③ 随即于四月初七日出腾冲。

李根源处理完政事便于七月十日解任，随后于七月十二日赴邓川拜访杨琼。李根源与杨琼同游德源故城、弥苴阁、云弄湖。之后李到剑川访赵藩及其父赵联元。住赵宅双湖草堂十日，在赵藩的陪同下，李根源、杨琼等人游览了剑川名胜金华山、满贤林等地。杨琼有《偕印泉师长游金华山柬赵橄村巡按》记其事，诗云："金华长忆老蝯仙，萍梗分离四十年，橄语远传巴蜀外，诗情近恋洱河边，如今正好携芒屩，奈我无才擘锦笺，如此湖山顿相聚，也应一笑续前缘。"④ 杨琼与赵藩相识于同治癸酉年（1873），二人在昆明参加乡试时相识，

---

① 赵藩. 游叠水岩瀑布，写诗柬李根源［M］李根源. 永昌府文征·诗录：卷二十七. 杨文虎，陆卫先，校注. 昆明：云南美术出版社，2001：1547.
② 赵藩. 村落依山傍水开［M］//李根源. 永昌府文征·诗录：卷二十七. 杨文虎，陆卫先，校注. 昆明：云南美术出版社，2001：1548.
③ 赵藩. 四月初三腾冲官绅公饯于来凤山寺［M］//李根源. 永昌府文征·诗录：卷二十七. 杨文虎，陆卫先，校注. 昆明：云南美术出版社，2001：1551.
④ 杨琼. 寄苍楼诗文钞：卷七［M］//民国二年（1913）铅印本，1913：5.

"步履过从甚洽",但"其后踪迹不常合并,或数岁一见,间以书问通款曲"①,辛亥大理反正后,赵藩任迤西道,主持迤西事务,延聘杨琼任中学校长,二人情谊甚笃。此时与李根源同游大理名山胜水,诗酬唱和,留下大量诗篇。

其间李根源曾因西藏事往丽江数日,归来后又陪赵藩游鹤庆和宾川。游鹤庆时,有丁彦等人同游。游览菩提寺、龙潭千感灵寺、石宝山,谒付颖川祠等处,流连数日后又往宾川登览鸡足山。同游者有杨迥楼、卢滇生、缪延之、欧阳莲君、赵澄甫、陈右铭及宾川牧杨赞东诸人。杨琼曾记其事说:"鸡足山之游,印泉、樾村、延之、滇生四人由鹤庆经前山行,余与欧阳莲君由邓川经后山行,三日至金华庵宿。"②

众人住鸡足山悉檀寺半月,遍览全山名胜。赵藩和李根源并纂成《鸡足山志补》四卷。云南鸡足山是闻名中外的佛教名山。自明代以来,曾有数种《鸡足山志》面世。最早的是明代的徐霞客《鸡足山志》,明末清初鸡足山高僧大错和尚增修,清云贵总督范承勋重修,大理人高奣映再修,共四修。但赵藩认为:"《鸡足山志》创修者江阴徐氏弘祖,增修者丹徒钱氏邦艺。其原书今皆不存。今行世本,曰沈阳范氏承勋重修。以余观之,殆一沿钱氏之旧,不过于诗文增入数篇,而冠以己叙,暨诸大吏之叙耳。钱志面目犹是。惟'徐志'无征,差幸'霞客游记'之末,附录'鸡足山志目'与'志略',为得其体例大概而已。昔人致慨于新志出则旧志亡,不其然哉?"有慨于此,"民国壬子秋七月,余与腾冲李君印泉,既解兵柄,挟僚友为鸡山之游,住悉檀寺者旬余,筇屐所至,援古证今,十得八九。而山中文献,志外所佚,或载往籍,或遗僧寮,犹往往而有。印泉谓宜辑为志补,余深韪之。爰首钞徐氏'志目''志略',则可与钱志互证者。次人物,次金石,次榜联,次书画,次文艺,则钱志所未载者。厘为四卷,付之胥吏"③。

其实,赵藩对"徐志"与"钱志"已不存的判断并不正确。后来方国瑜、由云龙、方树梅都曾见到二人的志。赵也未提到"高志",有学者曾把赵李二人

---

① 赵藩. 寄苍楼诗文钞序 [M] //杨琼. 寄苍楼诗文钞. 民国二年(1913)铅印本,1913:5.
② 杨琼. 寄苍楼诗文钞:卷七 [M]. 民国二年(1913)铅印本,1913:6.
③ 赵藩. 鸡足山志补序 [M] //侯冲,段晓林. 赵藩纪念文集:赵藩、李根源辑《鸡足山志补》补论. 昆明:云南美术出版社,2004:162.

所辑的"志补"与"高志"相比较，发现很多相同的内容，从而对赵李二人所辑的这部"志补"的价值总体评价不高，但也肯定了其在部分内容上确实增补了前人所无的内容。①

因蔡锷迭电催促李赵回昆明，李根源、赵藩、杨琼等人才恋恋不舍地离开了大理。从大理到昆明的路上，李赵二人游明贤祠，畅谈历史，吟诗作赋，以资消遣。过楚雄祭杨文襄公祠，过禄丰则祭王文毅公祠，到安宁则祭杨文襄公先墓。留宿安宁云涛寺时，李与赵挑灯夜话，相当惬意。到昆明后，李根源也不急于从事公务，而是往昆明郊外碧鸡山华亭寺暂住，不仅出资千元修葺废旧之寺院，莳花种草，而且特别辟出院中一屋，设为七贤祠，祀乡贤郭舟屋、杨文襄、担当和尚、钱南园、师荔扉、刘寄庵、黄矩卿七人。并邀赵藩、杨琼、卢铸、缪嘉寿、段树廷诸人来住，"凡太华寺、罗汉壁及碧鸡四周无不游览殆遍"②。几天后，又游览了昆明诸寺庵。到黑龙潭祭薛尔望墓，薛尔望乃明末诸生，当明朝灭亡时，率全家投黑龙潭殉明，传为佳话。游金殿、邛竹寺、虚凝庵、金井庵、铁峰庵，建三公祠于昆明吴井桥，祀明朝开创云南的三位大将：傅友德、沐英、蓝玉三公。

经过解决迤西之乱和之后的畅游山水，李赵二人的感情迅速升温，为以后进一步的交往打下了良好的基础。

第三节　出与隐——鼎革之际的选择兼及绅耆对辛亥革命的认知

举凡改朝换代之际，受儒家忠孝仁义思想熏陶的士子总要经历艰难的抉择，是为遗民避世不出还是做识时务的俊杰，颇费一番踯躅。辛亥革命，民国肇造，出与隐的问题一度也成为绅耆们讨论关注的焦点。然而辛亥革命毕竟不同于以往之改朝换代，清朝士子的思想已经历近代以来西学思潮的冲击，固有的一家

---

① 侯冲、段晓林. 赵藩、李根源辑《鸡足山志补》补论 [M] //张勇. 赵藩纪念文集. 昆明：云南美术出版社，2004：170.
② 李根源. 雪生年录 [M] //沈云龙. 近代中国史料丛刊：第二辑. 台北：文海出版社，1966：54.

一姓的帝制思想已经松动甚至备受怀疑，因而当士子做出出与隐的选择时，情况会变得更为复杂，本书大体把其分为四种类型。（一）不仕新朝，甘老林泉。其中情况又有不同，有的是因为其政治理想遭到破灭，而选择退隐；有的则是对民国的抵触，但这一情况属于少数。（二）勉强出仕。有的绅耆于出处大节亦一时不能释怀，但往往考虑到为了"桑梓利益"不必拘于硁硁之志，从而愿意出任巨艰。（三）认为辛亥革命与历代易姓革命不同，不存在名节问题，坦然面对新朝。（四）反应平淡。有的绅耆根本对辛亥革命反应平淡，自然也就不难面对新朝。

在第一类型中，以陈荣昌的选择较为复杂，在鼎革的关键时刻，其不仅有自己的政治主张而且想借助岑春煊之力实现他的政治意图，遭到失败后，才做出退隐选择。但在这个过程中，亲友故旧的鼓励仍是重要因素。

辛亥革命发生时，陈荣昌正在山东提学使任上，曾先后两次写信给岑春煊，从这两封信，可以看出陈在此时的心理感受与应对措施。

陈荣昌与岑春煊之间情谊深厚，陈荣昌自称受岑家"两世知遇之恩"。源于陈幼年丧父，赖母亲苦节养大，几不能继续举业，幸先后遇到几个恩人，对他帮助颇大，最后才得以登科榜，举进士。在帮助他的人中，岑春煊的父亲岑毓英即是一个。岑毓英当时是云贵总督，对从云南东川入昆明参加童试的陈荣昌的才华很是欣赏，领入府中，温言相加，令其此后和自己的儿子一同受学。甚至还有意招之为乘龙快婿，因陈已经有婚约在先而作罢，可见岑毓英对陈的喜爱至深。陈在岑府中读书时结识了岑的诸位儿子，而与岑的三子岑春煊关系最密。当然，陈荣昌对岑的知遇之恩也知恩图报，尤其对岑春煊更是感激之情与推崇之意二者皆有，在岑宦海弄舟之际，时时充当谋士，为岑出谋划策。

四川保路运动发生后，清廷决定起用在"丁未政潮"中被开缺的岑春煊。时岑已经在上海蛰居四年了，也打算借此机会重出江湖，可是在川路风潮的一系列问题上与清廷的态度不协，加上四川总督赵尔丰和督办川汉铁路大臣端方及湖广总督瑞澂害怕被岑夺权而从中百般阻挠挑拨，致使他未能入蜀。岑到了武昌致电内阁请求"开去差使"，还要求清廷下罪己诏。无奈之下清廷同意岑春煊"暂缓赴川"，岑回到上海继续观望。十月十日武昌起义爆发，清廷慌忙应对，起用已被开缺回籍两年之久的袁世凯，任用他为湖广总督，督师南下剿抚。与此同时，任命岑春煊为四川总督，岑对这一任命再三辞却，清政府一再电恳其勿再固辞。四川保路同志会也宣言："目前各衙门告示，除将军（玉昆）、岑宫保而外，我川人均可置之无睹焉可耳。"① 岑推辞不过，10月23日勉强受川督。但同时提出扩编军队为十营、增拨枪炮子弹、发银一百万两等条件。清政府无法实际兑现。29日，岑因筹划兵饷均不就手，以病情加重为由再次辞职。②

就在岑春煊与清廷谈条件之际，陈荣昌于10月27日写信给岑氏，极力劝说其入蜀平乱，分析利弊得失，信中写道："顷者，武汉失守，水道梗绝，不能溯江而上，其势必由陕入蜀，及今拜督蜀之命，召集旧部，编制新军，由陕而进，必数月乃得至，既至则上吁朝廷，下收人心，服者抚之，不服者剿之，又必数月乃能大定。蜀定之后，若武汉既平，国之福也！若犹未平，则蜀据上游得建瓴之势，移师东征，收复武汉，亦唯公是赖矣。"③ 认为如果岑出马，既可以平定蜀乱又可以蜀为屏障进而收复武汉，一举两得。但如果岑高卧不起，遁居上海，"在朝廷为失其倚，在蜀人为失其望，在公为失其机会，设有不幸，革命日益炽，其祸日益蔓延，顺流东下，则江河动摇，遵陆北驰则京师震撼"。到这时就只能坐以待毙了。劝岑把握机会，如果岑"俯纳刍荛，奋袂而起，昌虽怯懦，亦请投笔以从，惟公指挥之，临款感激，伏惟垂察不宣"，表示愿意与岑一同担此重任。陈荣昌的信没有打动岑，岑还是高卧不出，毕竟岑没有掌握兵权，清政府早已选择了袁世凯。

陈荣昌于12月6日再次修书致岑。这时袁世凯已被委任为内阁总理，形势向有利于袁世凯的方向发展，而袁是岑素来的政敌，正是袁世凯使岑在"丁未政潮"中失足落水。站在岑春煊的一边，陈荣昌一向对袁世凯口诛笔伐。看到袁世凯权势日炽，陈荣昌更迫不及待要为岑出谋划策。从信中可以看出岑春煊曾就陈荣昌的上一封信给予回复，告知无饷无兵的苦衷。这时陈的态度已经改变，所谓时移势移，陈荣昌为岑春煊出了一个更大胆的计谋，要岑"指麾民军，促进共和"④（以下皆引自"上岑云阶书"不一一注释）。言下之意是要岑调转方向，倒向民军对付北方袁世凯的军队，认为"称兵向阙，忠臣不为，然此乃寻常之论，不可以限非常之人"。之所以这样建议，陈荣昌已经意识到共和乃不可阻挡之历史潮流，而当时"为大清一代之重臣，又能开中国千古之创局者，

---

① 戴执礼. 四川保路运动史料［M］. 北京：科学出版社，1959：444.
② 郭卫东. 论岑春煊［J］. 近代史研究，1988（2）.
③ 陈荣昌. 上岑云阶宫保书［M］//虚斋文集. 卷二. 昆明：明夷村舍民国七年（1918）铅印本，1918：46.
④ 陈荣昌. 上岑云阶书［M］//方树梅. 陈虚斋先生年谱手稿.

天下公论只推两人。公与袁项城而已,其魄力才气皆相埒,非他人所及,项城自命维新之巨擘,今入内阁乃专守旧,抱君主立宪宗旨,不顾生灵性命,搂方之众,出死力与南军争衡,无论事必不成,成亦一代之伟人耳,不能开千古未有之局,识者憾焉。公所见又与项城等,而佐成君主立宪,项城得尽力,公不得尽力"。因此陈希望岑春煊能出来促进共和,和袁世凯争功,成就千古之伟业。陈荣昌自己也曾奏请朝廷宣告共和,但"朝廷不报,东抚孙公又无武略,不能有为,荣昌乃行"。进而把希望寄托在他推崇备至的岑春煊身上。在陈荣昌看来,"南军虽得民心,而将帅雄略无与项城敌者,兵连祸结将无以时,既相持日久,终决雄雌,南军胜则不利于大清,北军胜则不利于中国"。只有岑春煊出来,才既能实现共和又能保住清室祖宗之礼祀不辍。洋洋数千字的信,道出了陈荣昌对时局的看法和主张。面对变乱,绅士心态的千姿百态,远不是立宪共和或是新旧所能范围,比如陈荣昌赞成共和,却不赞成由革命党来实现共和,更希望由既是前清旧臣又是他推重的人来实现共和。

信写好后,陈荣昌并没有立刻发出,似乎有所顾虑或是对事态的发展做进一步的观望。后来山东政局不稳,山东巡抚孙宝琦又未采用他的建议,于是他离开山东奔赴上海,在1911年年底到达上海,住在岑春煊的外国友人家(哈同花园)中。在1910年陈荣昌入觐,路过上海拜访岑春煊时,岑向园主哈同夫妇介绍了陈,二人在园中流连数日,颇得一时之欢。这时陈荣昌住在园中,与岑春煊的接触必然很多,陈把前信加上附言寄给岑。在附言里,陈又进一步对时局进行了分析,认为:"民军虽影响十一省而无威望者统一之,未易成功,得云帅出而指麾,奏绩必速,庶不致兵连祸结,涂炭生灵。"而且实现共和制度可以使他们"亦无事二姓之嫌",因为"共和政体以民为主,以法律为主,无异姓而王者"。希望岑春煊辅而成之,并一再表示,如果岑北伐,自己愿投笔从戎。岑春煊在1912年1月10日和15日两天分别致电袁世凯和北京各贵族王公,在致袁世凯电中抨击袁世凯反对民国成立、撤回议和代表的背信弃义举动,希望袁氏"恪守唐使(绍仪)议定条款,从速取决国会,早定大计",而"今日国民多数,均以共和为目的,朝廷既有诏国会决政体之谕,自应采取多数"。① 在致北京各王公贵族电中则要求北京方面"宣示中外,令国民组织共和政治,俾天

---

① 岑春煊致袁世凯电[M]//上海社会科学院历史研究所.辛亥革命在上海资料选辑.上海:上海人民出版社,1981:1042.

下知禅让美德，实出自朝廷本怀。人民感念至德，必筹安富尊荣之典，上酬皇太后、皇上，而宗支王公与八旗亦蒙安全之福"①。"这两纸文电标志着岑春煊已完成了从支持立宪到拥护共和的艰难蹒跚的转变过程。无须讳言，这一转变是顺应了时代大势的……"② 从陈荣昌的信、陈到上海的时间，以及岑公开发表支持共和言论的时间，可以推知陈的信发挥了作用，陈氏对岑的态度转变的影响是明显的。只是陈荣昌还是低估袁世凯，对岑的期望则过高，岑虽然出来表态赞成共和，可毕竟没有如他所言能指麾民军北伐，对付袁世凯。

陈荣昌到上海不久就参与章炳麟发起的"中华民国联合会"。该会于1912年1月3日在江苏教育总会开成立会，到会200余人，选章炳麟为会长，程德全为副会长。各省会员互选参议员，云南选中陈荣昌为参议员。该会以"联合全国，扶助完全共和政府之成立"为宗旨。在民国初年，党禁解除，结社言论较清末自由，各种类型的党会应运而生，有数百个之多，上海尤多。陈荣昌时在上海自然也难免被罗致入党，但至少可以说明陈荣昌当时还是想有所作为的。而且章炳麟发起的这个组织也是为了在建国问题上与同盟会的急进主义立异，而陈荣昌参加这样的组织也是与他对革命党不以为然的态度相一致的。

有意思的是，1912年5月，山东都督周自齐迭电陈荣昌，请他出来主持山东的学务，陈荣昌以病相辞，周自齐没有轻易允准，甚至"以学务人心关系之重，又代大总统及全省学子敦促就道"，无奈之下，陈荣昌修书一封述以忠节大义，表示不再为官，要"为大清之遗民，为中国之良民"。这句话成了陈荣昌的名言，此后报纸纷纷登载，为他的高风亮节称颂不已。如1916年报纸纷纷传闻陈荣昌将任清史馆馆长，这样评价："昆明陈小圃先生以品行言则为吾滇之泰斗，以前清遗老言则为海内之鲁灵光……先生尝言：某为清朝之遗民，为民国之良民，可以两言而决，若官之一字，誓死不敢犯云。"③ 陈荣昌因为守节而得到世人推崇，可见陈荣昌保守之形象是后人强加给他的，时人并不这样认为。其实就是从陈荣昌所言"为大清之遗民，为中国之良民"分析，陈并不仇视民国，只是不愿再做官而已，这也是时人对其称颂的原因。陈荣昌还把信给当时

---

① 岑春煊致清贵族公电［M］//上海社会科学院历史研究所. 辛亥革命在上海资料选辑. 上海：上海人民出版社，1981：1043.
② 郭卫东. 论岑春煊［J］. 近代史研究，1988（2）.
③ 陈小圃先生之清风亮节［N］. 义声报，1916－10－12.

也避地上海的学生杨次典看，很有嘤其鸣矣，求其友声之意。杨次典评价道："复周都督书于君国之间，公私之辨，剖析至明，足使借口新学说以饰其贪位，慕禄之心，拜爵新朝之耻者无所置辨，盖有世道之文也。至于此后不作官则饥寒困顿皆意中事，吾师节母之子也，当太夫人秉节立孤之日，饔飧不继，然千辛万苦卒能达其初志，后此所经历之困苦不过太夫人中年所经历之困苦而止矣。诗曰：'夙兴夜寐，无忝尔所生'，愿吾师以此自状。"① 而陈荣昌也认为杨次典的评价是"痛切予心"，并以之作为警醒自己之言。

给周自齐的信是陈公开表明愿意甘老林泉的标志，也是陈被人接受为遗民的开始，但联系几个月前给岑春煊的信，在信中陈荣昌分明慷慨激昂要投笔从戎，跟随岑春煊促进共和，可共和实现后，陈荣昌却又做高姿态，前后变化明显，判若两人。在此前的信中明明表示实现共和"无事二姓之嫌"，甚至因为袁世凯无意实行共和而说服岑春煊投向民军讨伐袁氏，推其原因，一是因为此前在山东进言于孙宝琦未被采纳，故而不愿再入山东做事。陈在诗里反映了这种心态："正言相告谁能听，直道而行只见挤，庆父犹存终乱鲁，郦父若往定烹齐，萧墙早料虎出柙，藻梲何如鬼曳泥，惟恨西南乡路断，不然吾已过清溪（洞名，在入滇首驿）。"② 二是在陈的亲友中，颇不乏劝陈退隐的声音，陈就是在亲友的鼓励下，更加坚定退隐决心的。陈荣昌的哥哥陈汝昌在陈辞周自齐聘请之前，曾来信劝步夷齐之后尘。从陈荣昌当时的诗中，可看出乃兄对其影响，在《壬子四月既辞复任山东提学之令，感而成诗寄呈少庚二首》中写道："阿兄勉我意偏真，要向夷齐步后尘，元亮诗成题甲子，灵均命苦降庚寅，满朝紫绶今无主，归里黄冠古有人，一饿千秋洵快论（少庚书来有不让夷齐一饿千古之语），丈夫何事不能贫。"③ 夷齐不食周粟最后饿死的故事一直是儒家经典里津津乐道的。因为此时如果选择退隐势必面临生活无着的窘境，但也更能显示节操的高尚。陈汝昌让弟弟做夷齐，用意深厚，也在一定程度上增强了陈拒绝入鲁的决心。

---

① 陈荣昌. 复山东周都督书[M]//虚斋文集：卷二. 1918年铅印本, 1918: 51.
② 陈荣昌. 客有劝予返山东者书此示之[M]//虚斋诗稿：卷十四. 民国初年铅印本, 第44页.
③ 陈荣昌. 壬子四月既辞复任山东提学之令, 感而成诗寄呈少庚二首[M]//虚斋诗稿：卷十四. 第48页.

不只其兄劝其退隐，兰友王玉麟和施有奎都纷纷来信劝其速归。王玉麟约陈荣昌一同到乡下居住，希望像陶渊明那样过隐士生活。王玉麟是陈荣昌五华书院的同学，二人交情甚笃。在五华书院时二人"在学业上却互争长短。光绪七年的科试中，王玉麟的试帖诗全部摹拟'陶体'，得到学使卢鉴的赏识，取为第一名，陈荣昌居第二。日后，陈氏回忆起这段往事的时候，还自认'为仲瑜所屈'"①。后来陈荣昌仕途显要，而王玉麟却仕途坎坷，未能金榜题名，以举人身份一直在乡以游幕为生。陈乡居期间，二人过从甚密。1900年陈荣昌为滇督所托，办理团练事宜，还邀请王玉麟襄助。王玉麟因为云南巡抚林绍年向朝廷保奏而得分发贵州，累官至贵州臬司。辛亥革命后回滇，被革命派延揽入云南军政府，为民政司司长，但任职未久就屡次辞职。报纸对其辞职原因有所推测，说道："盖其退隐之志早萌芽于回滇之日，初不欲以桑榆暮境而当劳怨之冲，徒以为前清名宦历任繁富各缺不少尽义务，于民国则不利之处所在多有，为公亦所以为私也！"②记者的分析实属空穴来风，事出有因：王玉麟在进入民国、出仕新朝时，深感新旧瓜葛难以割断，所以断然退隐，并写信邀约契友陈荣昌一同退隐。

此外，王玉麟的退隐似乎还与谢宇俊多少有些关系。谢宇俊，生卒年不详，字幼侯，号潜圃，贵州普安人。官永昌府知府，镇康设治，宇俊功也。入民国未仕，流寓昆明，著有《顽山诗文集》若干卷。谢宇俊曾说："辛亥革命予成怪民，莫敢置喙。仲瑜果于是非抗首排难。癸丑年（1913）归耕明夷河。"③清末谢宇俊任永昌府知府时与英领事烈敦关系亲密，杨觐东曾写信给新任云贵总督李经羲讨论滇事，在陈说滇省存在的弊病时，其中一条就说："无耻绅民贪利甘为汉奸，而不肖官吏并倚为升官发财美缺优差之奥援"④，在不肖官吏中谢宇俊就是其一。谢宇俊让其子拜烈敦为义父，借以为升官之奥援，受到杨觐东的非

---

① 万揆一. 王玉麟生平简述［M］//安宁市文史资料选辑：第9辑，第41页.
② 李曰垓暂不接事［N］. 滇南公报，1912－07－08.
③ 谢宇俊. 悠然楼诗稿序［M］//王玉麟. 悠然楼诗稿. 民国十三年（1924）铅印本，1924：1.
④ 杨觐东. 滇事危言二集·路政类：再复李仲仙制军言滇事书［M］//沈云龙. 近代中国史料丛刊：第八十六辑. 台北：文海出版社，1971：75.

议。革命派孙仲瑛也曾认为谢宇俊是滇吏中最贪酷者。① 更为重要的是，谢宇俊还镇压过革命党，所以辛亥革命之后，谢宇俊难以为各方所容，无奈以退隐为抽身之计。王玉麟有感于亲家的境遇，遂于任事不久也一同退隐。

王玉麟写信给陈荣昌招其回乡、相约归隐之际，陈正准备随岑春煊去福建，随营效力。当时福建省政局不稳，岑春煊受袁世凯委派带兵入闽驱逐彭寿松。正要成行之际，陈荣昌收到王仲瑜的信，心情甚是矛盾。诗里写道："王子方招隐，岑公正出师，千人雄似虎，独客伏如雌，去去一邱卧，茫茫三径资，踯躅不成寐，渐负北山移。"② 但面对对自己有两世知遇之恩的岑春煊，还是抹不开情面，就自我开解此行乃是为苍生着想，在诗里说："此行岂得已，无乃为苍生。"③

从福建回到上海仍住哈同花园中，在滇中亲友故旧的一再催促下，陈荣昌终于决定回滇，甘老林泉，并为自己取号曰"困叟"，以示退隐之志。为此致信好友加姻亲施有奎征求意见，施有奎来信对陈的决定交口称赞，并建议陈改号"野老"。④ 施有奎在信中说道："民国肇造，大权下移，名曰共和，实则交乱，睹斯时局，忧心孔□，先生高蹈远引，不与乱同事。当道伟人，征车屡顾，先生坚卧不起，何其洁也！"⑤ 可以看出施有奎对陈荣昌的退隐决定称赞的原因是对民国的抵触，实则此点并不是陈退隐的真正原因。施有奎虽对民国颇有微辞，但就实际情形看，他革命后也出任云南银行行长，直到护国运动后才退隐家中。施有奎和陈荣昌在丙午乡试时结识，一见如故，结为终身契友，后来进而结为两世姻亲，施有奎把妹妹嫁给了陈荣昌之兄陈汝昌。而陈荣昌的儿子又娶了施有奎之女，两家关系甚为亲密。施有奎中乡试解元，第二年春赴京参加会试，落第回滇便弃儒从商。在陈荣昌未入仕以前，经常以银两相接济。1879年陈荣昌入都考试的盘缠就为施有奎所赠予。得到姻亲施有奎的交口称赞，陈荣昌退隐之志更加坚定。

施有奎信中所说的"当道伟人，征车屡顾，先生坚卧不起，何其洁也！"是

---

① 孙仲瑛. 重九战记［M］//李根源. 永昌府文征·纪载：卷二十七. 杨文虎，陆卫先，校注. 昆明：云南美术出版社，2001：3781.
② 陈荣昌. 得少庚仲瑜书感成二首［M］//虚斋诗稿：卷十五. 民国年间印，第6页.
③ 陈荣昌. 从岑西林赴闽［M］//虚斋诗稿：卷十五. 民国年间印，第5页.
④ 施有奎. 与陈小圃启.［M］//存古轩文集. 手抄本，藏云南图书馆历史文献部.
⑤ 施有奎. 与陈小圃启.［M］//存古轩文集. 手抄本，藏云南图书馆历史文献部.

指滇中军政府屡次发电上海,请陈荣昌回滇襄助。滇省议会将陈荣昌和王人文二人选为候补参议员。陈荣昌高卧不出,这时李根源恰好在上海,应滇中要求请陈荣昌出山,并给陈路资五百元,请其回滇,"师却金不受,谓根源曰:'如不强我以事,我当归隐明夷河终老此余年。'"① 而李根源也颇表示理解,陈很是感激,"予侨于外,食力糊口而已,乡人欲招归任事,非吾志也,独印泉劝我归,不强我以事,此知我者……"② 得到李根源和蔡锷允诺不强以任事后,1912年年底,陈荣昌起身回滇。回滇途中又专门绕道广州拜访了原来翰苑的老友丁仁长。在翰林院时,陈荣昌与丁仁长相交最契,陈对丁仁长推崇备至,表示:"吾所心折而欲师事者,独一伯厚。"③

丁仁长(1861—1926),字伯厚,号潜客,番禺人,1882年进士,授编修,任贵州、顺天乡试正考官,后因丁父艰归里,为粤督谭钟麟聘主越华书院,1900年,各省废书院,设学堂,与吴道镕等就广州府学,创办教忠学堂。"辛亥后,绝口不言时事",曾寓居香港,参与编修《番禺县续志》,任总纂之职。1925年赴天津谒逊帝溥仪,次年病逝天津。④ 丁仁长以孝著称于时,态度也较为保守,清末反对宪政,辛亥革命后则绝口不言时事,以教书自给。

陈荣昌这时造访丁仁长,二人颇有白云苍狗、沧海桑田之感,丁仁长鼓励陈荣昌息影林泉,并赠陈荣昌一别号曰"遁农"。如果说之前,陈荣昌对于退隐还有所犹豫的话,那么拜访丁仁长之后,这一决定变得越发坚定。然而颇值玩味的是,二人在民国时期的际遇却完全不同,陈荣昌虽退隐,影响力却依然存在,在社会上享有声誉,仍是媒体不时关注的对象,而丁仁长却相当没落,致使死后,其身世都极少为人所知,或许也与二人性格有相当大的关系。

另外,从陈荣昌对张舜琴殉节一事的评价亦可看出其前后态度的变化。

张舜琴(1845—1911),字竹轩,光绪丙子举人,云南石屏人。考了四次会试都不第,授昆明训导,连任18年,升顺宁府教授,不久调省垣,历充育才、经正书院监院,学务公所议绅,女子师范学校校长等职,清末一直从事教育。

---

① 李根源. 雪生年录[M]//沈云龙. 近代中国史料丛刊:第二辑,台北:文海出版社 1966:56.
② 陈荣昌. 虚斋诗稿:卷十五[M]. 民国年间印本. 第19页.
③ 陈荣昌. 与丁伯厚书[M]//虚斋文集:卷二. 昆明:明夷村舍民国七年(1918)铅印本,1918:31.
④ 彭海铃. 汪兆镛与近代粤澳文化[M]. 广州:广东人民出版社,2004:110-111.

云南重九起义发生后第七天，张竹轩竟为清殉节，仰药以死，并自写挽联曰："惭对君亲师，尚留此白发数茎，为广文先生写照；伤心前今后，谁禁我青山一卧，任造化小儿安排。"①

张舜琴的死对滇中士子的冲击不小，前后有数人为其立传，写碑铭，对其死发表观感，连远在山东的陈荣昌听说后，也悲痛异常。陈荣昌还是博士弟子员时曾师事张氏，此后又和张氏同在滇中从事教育，共事甚久，得知消息后，赋诗记之，对其行为表示惋惜，诗云：

  辛亥重九日，滇难中夜发，号为国民军，督帅不能遏，都护格斗死，长吏半逃匿，先生老儒官，本无守土责，愤懑填其膺，仰药自裁决，见危而授命，岂谓非大节，或疑失之迂，此义固当析，武汉军兴来，响应遍都邑，春秋大复仇，挟持诚有说，所期在共和，大言尤赫赫，朝廷许政党，不敢明为贼，两军相与持，尚苦滥厮杀，况乃闲散吏，又不隶兵藉，抚此七尺躯，百思无死法，坐视非所宜，解纷究何术，计惟上告君，请勿私其国，天下可为公，狂言待圣择，听则息吾民，不敢罢吾职，徒以一身殉，反为众口呾，陆冯两大僚，疆寄未宜失，舍命吾所取，垢瘢忍吹索，先生乃天民，进退甚宽绰，叩阍未有路，避地诋无策，方今天子幼，文母固盛德，岂肯残生灵，致蹈衰世迹，位如尧舜让，命异汤武革，陵谷虽迁变，庙社仍血食，胡弗忍须臾，上下睹和辑，闻变遽戕生，哀哉古愚直，平生辱知爱，相视心莫逆，悲风天末来，涕泗为横集。②

陈荣昌甚至认为张舜琴的举动失之愚直，过于鲁莽。认为清祚虽亡，但清室仍存，清室可效尧舜让位之举，与易姓革命不同。显然，这时的陈荣昌对殉节一事不以为然。

然而，12年后，张舜琴的弟弟准备归葬乃兄于石屏，请陈荣昌撰墓表，陈氏欣然应允。对张舜琴的看法与12年前变化明显，不仅称赞之意溢于言表，而且引为同道，"荣昌自国变归来，不得见先生，距自今闭门却扫，守硁硁之志以

---

① 袁嘉谷. 袁嘉谷文集：第1卷·张竹轩先生神道碑［M］. 昆明：云南人民出版社，2001：478.
② 陈荣昌. 闻张竹轩先生殉难感赋［M］//虚斋诗稿：卷十四. 民国年间印本，第47页.

待毙者，正欲留面目他日见先生地下也"①。从陈荣昌对张舜琴先后不同的评价可以看出其对辛亥革命态度的变化。可以说明他并不是一开始就选择退隐，而是有一个过程，而这个过程又这么曲折，亦可见对士子来说，辛亥革命与以前的易姓革命相比更加难以应对。

陈荣昌回到昆明后，就和王玉麟一同定居昆明附近的安宁县，过起了田园生活，被报纸称为"安宁两隐士"，并和另外几名隐士一起过着耕读的生活，精神生活相当愉快和宽松，他们或莳花种树，或课读子孙，或吟诗唱和，写字鬻书。

从以上的分析可知，陈荣昌辛亥革命之际的选择过程相当曲折，既因为实现共和之人不是其属意之人，又因为陈的亲友故旧都在劝其退隐，最终使陈做出了退隐的选择。但实际上，陈虽退隐，并不抵触民国，只是表示其不愿做官的高洁之志。而且虽然确实也在安宁生活了数年，但从未和昆明隔断联系，当政者不时会登门拜访，对其生活关怀备至。陈荣昌也参与各种活动，进步党成立，列名进步党参赞之职，还是辑刻云南丛书的名誉总纂，护国运动时又任军政府参赞，在给龙济光的信中其也列名其中，等等。由此可见，对其身份界定不能操之简单。

陈荣昌自己选择退隐，其高足蒋谷改革时"志在藏身"，陈则劝其就任秘书一职，认为"秘书一秩，实等于糊口卖文。藉微僚以韬晦，庶绝迹于要津"。因此蒋谷辞去法制局局长、团务局长、政务厅内务科佥事等职，而仅任军府秘书一职，后来又因陈荣昌的推荐出任图书馆馆长一职。陈氏称赞蒋谷："二十余载，君能践言。嗟余老矣，屈指及门，若隐若见，决不沉沦，惟北袁南顾，与子鼎足而成三人。"② 蒋谷（？—1933），字怀若，昆明人，光绪辛丑恩正并科举人，赴日本学速成师范。蒋谷是经正书院时的学生，乃陈最欣赏之弟子，陈氏多次表示"从我游者，子实祭酒"，清末一直跟随陈荣昌，无论提学贵州还是山东，总是紧随其后。陈荣昌在乡期间办学务，荐其任高等学堂史学教员，并荐其赴日本学速成师范。陈荣昌考察日本与诸位学生一道回国。一路上陈氏仅

---

① 陈荣昌. 张竹轩先生墓表 [M] //方树梅纂辑，李春龙、刘景毛、江燕点校. 滇南碑传集. 昆明：云南民族出版社，2003：630.
② 陈荣昌. 蒋怀若老友墓志铭 [M] //方树梅. 续滇南碑传集校补. 云南省社会科学院文献研究所，云南省地方志编纂委员会办公室校补. 昆明：云南民族出版社，1993：369.

让蒋谷陪同住大酒店，而其余人等则住一般客栈，可见陈对蒋的爱护之切。①蒋从日本回滇后，"归长昆明劝学所附办简易师范。设县城及五乡小学百数十校，教员即取材于此"②。蒋谷对陈荣昌的劝诫也谨记心头，进入民国没有参与政治，但蒋谷也谈不上抵触民国。

张学智的情况与陈荣昌、王玉麟差不多，同样选择退隐，但显然要落寞多了。张学智（1870—1946），字愚若，昆明人，戊戌科进士，选充翰林院庶吉士。后丁母忧回滇，先后主讲楚雄龙泉书院、普洱宏远书院和昆明五华书院。守制期满返京，继续在翰林院供职。光绪二十九年（1903），分发浙江，先后任瑞安、金华、平湖、嘉兴等县知县，在嘉兴县知县任上为浙江巡抚增子固所器重，委为增子固所设之议政厅参事，并调其入省垣杭州，时"各州县条陈时事，增子固中丞常派员送寓委以审定"。之后又多次得增子固保荐，评语中有"襟抱殊俗，声施灿然；廉退不竞，威惠交孚；理繁治剧，纲举目张"等语③。法部成立，礼部上书戴鸿慈保奏入法部未果行，遂留在增子固幕府中为幕僚办文案事。

辛亥革命爆发，浙江反正，张学智避乱上海，与一同避居上海的滇中故人诗酬唱和，排解郁闷之情。从这时张学智所赋诗，可以看出其情绪相当低落，颇有亡国之感，而且面对这样的变革，为自己无力改变而感到懊恼不已。张氏与友人杨次典有很多的诗酬唱和，二人对于辛亥革命感触很多，亦产生很多共鸣。杨次典即杨兆麟，云南人，癸卯探花，清末也在浙江任官，辛亥革命发生时，为嘉兴知县，嘉兴反正，其避地上海，和张学智很有共鸣。张学智在《叠前韵和次典》诗中云："蓬莱先后庆弹冠，一载鸳湖共暖寒，弭变自惭臣力竭，去官同荷帝恩宽，仓皇避乱移家远，患难相依度岁残，海上故人殊落落，何时

---

① 陈的另一学生秦光玉则不如蒋谷之为陈氏所推重。在其《东游日记》中记录了和陈、蒋诸人一同由日本回滇的情形："光绪三十一年乙巳十一月十九日午后一点钟抵海防，……小圃师及怀若住大酒店，余与逈楼、南彬、景中、树屏、瀛洲住广恒兴打住。"十一月二十一到达越南时，当晚"小圃师与怀若仍住大酒店，余与逈楼诸君住巴维学堂"。

② 民国云南通志馆. 续云南通志长编·第八十一卷 人物 [M]. 昆明：云南省志编纂委员会办公室，1985：792.

③ 张学智. 六十八岁生日述怀 [M]//张学智. 若园诗稿续集：卷二. 民国二十三年（1934）铅印本，1934：6.

携手访袁安（谓袁树五）。"① 表现出对变乱的无可奈何，心情相当沮丧，并因此而怀念好友袁嘉谷。在另一首和杨次典的诗中亦表现了无力挽救时局的无奈之情。诗云："棘地荆天可奈何，年来身世感蹉跎，乱中亲故音书少，愁里光阴诗句多，借箸有心筹国是，洗兵无计挽天河，大江流水滔滔去，千古兴亡转眼过。"② 在孤寂无奈之余，特别怀念故人，在一首怀念袁嘉谷的诗中亦可看出张学智对时局既异常忧虑，又无可如何，只能退隐的想法。诗云："七载一官仍故我，遭时乱离更安可，昔日期许今何如，读罢君诗默然坐，中国大势已岌岌，茕恤一身遇坎坷，昨闻朝政议更张，宵旰勤劳百端琐，十九训条告太庙，四千年国脱关锁，议和议战两未决，君主民主衵谁左，慎培佳种莳好花，莫造恶因成孽果，我今避地复避世，踪迹乃如不系舸，忘机鸥鸟肯随波，处堂燕雀不知火，众醉未醉醒未醒，不问苍生问谁那，平生怀抱自千秋，宁计流俗是非簸，狂风怒潮有时息，归耕决效丈人荷，入山山深入林密，此身不再风尘堕，重和君诗寄与君，海上雪花飞朵朵。"③ 表示其对前途一片茫然，而且决定退隐林泉。张学智与袁嘉谷是经正书院的同学，后同入翰苑，一同在浙江做官，辛亥革命时一同避地上海，"饱阅沧海桑田白云苍狗之变幻"，过从甚密，感情甚笃。

张学智在上海滞留三年，因好友陈度迭信相招，才于1914年归滇。"我归颇有今昔感，晤君一笑百虑蠲，不问人世几兴废，沧桑过眼如云烟。"④ 在翠湖购地建房，亲自设计，培植花木、垒石筑山、凿池蓄水，建成若园。决心"藏身人海名俱隐，纵目书城愿岂奢，更向三层楼上望，山林城市尽无遮"⑤。张学智虽过起隐居生活，但与陈度、袁嘉谷、由云龙、宋嘉俊的联系频繁，与诸人比邻而居，时常登山临水，饮酒赋诗。张学智没有陈荣昌的声望和地位，所以

---

① 张学智. 叠前韵和次典 [M] //张学智. 若园诗稿：卷二. 云南开智公司. 民国十七年（1928）铅印本，1928：3.
② 张学智. 次韵和杨次典 [M] //若园诗稿：卷二. 云南开智公司. 民国十七年（1928）铅印本，1928：3.
③ 张学智. 戊戌夏袁树五同学都中赋诗留别已十余年矣，偶读《卧雪堂诗草》复睹前作，不胜今昔之感，因依韵和之 [M] //若园诗稿：卷二. 民国十七年（1928）铅印本，1928：2-3.
④ 张学智. 题陈古抑爱景斋诗古文词集 [M] //若园诗稿：卷三. 民国十七年（1928）铅印本，1928：1.
⑤ 张学智. 若园落成喜赋 [M] //若园诗稿：卷二. 民国十七年（1928）铅印本. 1928：6.

他退隐后较少被滇中媒体关注。不过1917年时，张学智也被督军公署聘为名誉顾问，亦可见在经过一段时间的转变后，其对于民国也开始慢慢接受了。

第二种情况，半推半就，再为冯妇型。

这一类士子面对民国时有些犹抱琵琶半遮面的感觉。他们对于出处大节考验一时不能释怀，但往往为了更为长远和实际的考虑，从而愿意出仕；他们往往表现出不得已为之的勉强态度。一方面他们有传统士子那样澄清天下的抱负和责任感，另一方面对于忠孝大节又难以割舍，内心世界特别矛盾。不过这种内心的挣扎也只是短期的，一旦进入民国，也就心存倘然了。这一类型以席聘臣和赵藩较为典型。席聘臣是庚子辛丑恩科举人，选送京师大学堂，后赴日本，入第一高等学校，升东京帝国大学，毕业归国，考列最优等，奖法政科进士，授翰林院庶吉士。于宣统三年由日本留学归国，山东提学使的陈荣昌延揽入学务公所任专门课长，未几又被李经羲调入滇中襄助学务。回滇不久就发生了昆明"重九起义"，革命派延聘其入军政府，他对此颇是踟蹰，认为于个人出处不好交代，打算做遗民，然而他父亲却鼓励他出世："身居桑梓，目睹桑梓糜烂可乎？维持一分使桑梓少一分之破坏，多一分之元气，胜于隐居多矣！"① 席聘臣听从了父亲的意见，出而任事，先后担任云南财政司副司长、审计分处处长、监督参政参事、中央参议院议员、财政会议代表、司法部首席秘书等职。

赵藩同样是从维护大局考虑，愿意出山，澄清天下。赵藩于1910年11月间自四川告养家居，1911年9月四川保路风潮扩展为抗粮抗捐，群众暴动接连发生，全省政局混乱，而赵藩的侧室还留在眉州，赵准备把其接回剑川。这时岑春煊、端方、赵尔丰迭电敦促他赴四川协助调解，滇督李经羲也迭电令其入省参加谘议局。赵藩不得已出而任事，至大理时，闻省垣反正消息，"拟即回里养亲"②，受众绅推戴，请其入刚成立的迤西自治总机关部，共同维持秩序。赵藩开始犹豫不决，请命于父亲赵联元，赵联元告以"宜预与当轴约，勉出卫桑梓，事平辞赏，归我初服，庶几其可"③。赵藩听从父亲的建议，答应出任自治机关总理。后来王人文评论赵藩："一如先生教，锄暴绥良，慰安反侧，西事大定，

---

① 席聘臣. 养浩然斋丛书 [M]. 手稿，藏云南省图书馆历史文献部.
② 赵宗瀚. 樾村赵府君行状 [M]. 民国年间印本. 第10页.
③ 王人文. 拙庵先生墓表 [M] // 方树梅. 滇南碑传集. 昆明：云南民族出版社，2003：684.

保全无算，踵约而行。于出处经权，得协于义。"不过无论是在赵藩以后的表述还是其弟子的表述中，赵藩此行都为"逼征而出"，表现出十分不愿意之态。未几，赵藩就致电省军政府一表心迹："滇军政府鉴：藩以蜀吏，乞养山居。滇督召赴会议，屡电敦促，强起一行至榆；适会改革，城市无惊，官民安业，军府宏略，钦幸莫名。榆郡各界公议，暂设机关，推挽襄理，重保治安，义关桑梓，不获固辞。旬日以后，人心大安，局势大定，即可裁撤。藩蒲柳早衰，簪裾久谢，得终膝下之光阴，聊备先朝之文献，无乖忠孝，游咏升平，军府之赐也。谨先披露，伏维矜察。赵藩叩删。"① 表明自己出而任事，完全是为桑梓着想，完事后，希望能回家整理先朝文献遂其初心。但当迤西出现混乱的局面时，在李根源的推荐下，军府委任赵藩人为迤西道兼安抚使，专门处理迤西纷争，赵藩仍当仁不让，引为己任。在解决了迤西事务以后，适逢老父生病，赵藩辞职回家养亲，然而数月后被选为参议院议员，赵藩再也没有当初的那种谨慎，而是意气风发地入京参政。

第三种情况认为辛亥革命与历代易姓革命不同，不必固执于忠孝大节。这样认为的绅耆，一般在清末时政治态度就比较激进，对清廷立宪的表现十分不满，尤其对清廷在对待云南问题上敷衍了事的态度产生不满，从而不同程度离异于清政府。

李增和段宇清在辛亥革命发生前一直在京为矿权、路权、边界等诸问题奔走呼号。清末为了废除隆兴矿约、争回矿权，滇省绅士成立矿务调查会，李增在这此事上态度尤为积极，为了使外务部废约，李增主动请缨赴京运动。时为云南谘议局副议长的段宇清因谘议局联合会的邀请入京，实则想借此机会联合各省谘议局为云南助力。两人均在宣统三年五月入京，在京活动期间，李增与段宇清与在京的顾视高、杨觐东、张之霖出力最多，但当屡屡碰壁，清廷总是敷衍了事时，诸人已经对清廷产生不满、牢骚满腹了。段宇清在写给滇省谘议局的信中就时常抱怨政府的拖沓懈怠。迨四川保路运动发生，川督赵尔丰逮捕川省议员罗伦、蒲殿竣等人，并得到清廷的支持。顾视高、李增、段宇清、张之霖等人得知后，更直接站在清廷的对立面，表示："是其意不止欲杀四川议

---

① 赵藩. 致滇军政府电稿［M］//中国人民政治协商会议云南省委员会文史资料研究委员会. 云南文史资料选辑：第15辑：赵藩遗稿，昆明：云南人民出版社，1981：182.

员,且欲杀全国议员,不止欲杀全国议员,且欲杀全国人民也。何也?议员者,全国人民之口舌也。杀一议员,即杀一省人民,杀一省议长议员,即不啻杀天下议长议员、天下人民。……吾国甫当立宪之始,即有此惊疑天下之政策,各局之不能不言者,为天下后世计,非为四川计也。"① 联合资政院其他议员抗议政府所为,要求保全四川议员。于此,李增、段宇清、顾视高诸人对清政府已经产生了强烈的对立情绪。因而在辛亥革命发生时,他们便顺势而转向民国而对清廷没有多少留恋了。

陈度于革命后被军政府延聘,先后任外交司司长和云南造币分厂厂长兼清理大清银行,皆充要职。对于民国,陈度甚至接受了革命派宣传的反满即为了恢复汉族统治的观念,在诗里写道:"人心久思汉,改革义旗挥,涛声大江怒,云瑞南天开,重阳风雨夕,枪声动春雷,还我旧河山,赤帜飑六街(辛亥革命军起,滇响应之,亦于九月初九日光复滇省)。"② 显得相当激进。而且认为:"历代之亡以有清为最善,其帝号犹在也,帝室犹存也。不过变统驭之权与政治之体,执国政者既非杀吾君而君吾民,岂易姓受命之可比哉!"③ 不仅自己这样认为,而且还写信给好友——时正避乱于上海的张学智,劝其回滇,并写诗寄怀,诗云:"江海涛声动天地,问君小住胡为乎?人间世上今何似,归来去兮邻不孤,新国讵谟知孰健,故乡事业要人扶,或须更结林泉约,十万可能买宅无?"④ 表现出对民国充满希望,并勉励张学智回滇干一番事业。

第四种类型,无所谓型。

这一类型士子,与第三类型士子一样,也是顺应革命,积极拥抱民国,但不同的是,他们对辛亥革命反应平平,对清廷的覆灭表现出冷漠的态度,关心的更多的是如何能消弭变乱,稳定秩序,以及自身利益有没有保障等实际问题,颇有投机之虞,大多数士子属于这一情况。他们中不乏清廷的高官。以下数例可以加深我们对无所谓型士子的认识。

袁嘉谷对于辛亥革命的态度要缓和得多,在变革发生时也表现得很镇定。

---

① 段宇清. 梦奎书札·寄谘议局第十函 [M] //李根源. 永昌府文征·文录. 卷二十三. 杨文虎,陆卫先,校注. 昆明:云南美术出版社,2001:2812.
② 陈度. 五十生日自述 [M] //泡影集:卷六. 民国十四年(1925)铅印本,1925:7.
③ 陈度. 不冷堂遗集序 [M] //泡影集. 卷八. 民国十四年(1925)铅印本,1925:6.
④ 陈度. 寄怀张愚若 [M] //泡影集:卷六. 民国十四年(1925)铅印本,1925:1.

辛亥革命时，袁嘉谷正提学浙江，八月武昌起义爆发时，袁嘉谷按常规巡视各处学务情况，当听到这个消息后，日记中仅做了如下记录："闻武昌失守信，为国家系心，不能成寐。"① 之后照常到各地视学。辛亥九月初三日的日记中记录道："见抚帅谈时事，无用兵之力，亦无用兵之理，何以为解！惟学界为余所主，告其勿废学而务事外也！"② 其关心的只是学务，看来并未把即将到来的革命狂飙放在心上。几天后，又听到上海已经失守，"觉杭城之中，满街愁惨，仍惟有镇定而已"③。在第二天浙江绅士召开的谘议局会上，"绅界到者数人，然均有难言之隐"。袁氏却"主张剪发，改中华国，用黄帝纪年，以消众谋"。但同时表示："此亦下策也！"④ 言下之意即为了防止变乱，造成破坏，可以主动赞成反正。在开会的第二天杭州反正，袁嘉谷让家眷先行至上海，自己留下处理手头之事。何去何从，一时也颇感为难，在日记中写道："嗟乎！望古遥集，吾谁适从哉！"⑤ 最后还是选择了离开，至上海与家眷团聚。在上海听说云南于辛亥九月初九日反正，"秩序尚佳，亦慰心也"⑥。关心的首先还是秩序是否安定的问题。在上海时，与张学智、老师陈荣昌相遇，一同度岁。

值此忧患之际，袁嘉谷甚至有心情为其次子丕佑完婚，亲家为舒良弼。舒良弼是光绪乙酉年举人（1885），会试屡试不第，后得奖内阁中书，辛亥革命发生前，一直在京供职，先后供职于内阁、礼部和海军部。辛亥革命发生时，舒良弼仓惶出逃，曾记录下了当时逃出京城的情形："九月外省汉灭满，京城要满灭汉，富贵权利中人放财外国银行，寄命六国饭店，出走天津。同乡张铁卿部郎、赵梦云太史、顾仰山太史、杨毅廷中翰已各送家眷到天津同寓英租界，十

---

① 袁嘉谷. 辛亥宣统三年日记［M］//袁嘉谷文集：卷三. 昆明：云南人民出版社，2001：548.
② 袁嘉谷. 辛亥宣统三年日记［M］//袁嘉谷文集：卷三. 昆明：云南人民出版社，2001：550.
③ 袁嘉谷. 辛亥宣统三年日记［M］//袁嘉谷文集：卷三. 昆明：云南人民出版社，2001：550.
④ 袁嘉谷. 辛亥宣统三年日记［M］//袁嘉谷文集：卷三. 昆明：云南人民出版社，2001：551.
⑤ 袁嘉谷. 辛亥宣统三年日记［M］//袁嘉谷文集：卷三. 昆明：云南人民出版社，2001：550.
⑥ 袁嘉谷. 辛亥宣统三年日记［M］//袁嘉谷文集：卷三. 昆明：云南人民出版社，2001：552.

九日早予送家眷到天津英租界寓次，早独搭车回京照常供职，彼此轮流往来照应。"① 对于清季士子在变乱时的反应于此可见一斑。袁嘉谷和舒良弼两家人都先后避地上海，相遇后，很耐人寻味的是，两家人竟于农历正月十六日备办酒食，宴会宾客，为子女完婚。在清祚告终之时，作为清朝的大臣，仍然有心情为儿女办婚宴，二人对清朝的感情之淡亦可想见。之后，两家人一同回滇，一到昆明，袁舒二人便专门谒见都督蔡锷，过后才各自回乡探亲。几个月后，袁嘉谷因被军政府聘为参议，回到省垣。1913年国会开，选为参议院议员。舒氏则在鹤庆与到迤西处理西事的赵藩、李根源往来密切，"朝夕得与讨论国计民生，到处调查地方利弊，越数日同赴松桂赶骡马会，又乘舆同游鸡足山寺院，登绝立足观望"②。舒氏还积极参加民国初年的议会政治，参与选举，不仅对进入民国完全没有障碍，而且很快融入民国政治，对清朝则似乎没有太多眷念。

袁嘉谷后来曾向弟子施章解释自己在辛亥鼎革时没有恪守忠孝大节而殉清的原因，说道："后复督学浙江，值辛亥革命，陈小圃师自山东函余内中有云：'余与老弟值此进退两难之际，于风教有关，老弟如何处置？'我则打定主意辞官回滇务农。因人心已去，一木难支，兼之我家有老母，清亡与宋明之亡不同，所以也不能死节。此乃由我的和平性格所致也。小圃先生当时还在上海，从岑春煊鼓吹北伐，期君为尧舜，上折子请宣统实行唐虞禅让之礼，因袁世凯弄权，使清帝不能全禅让之盛举。我则对不起满清，只有回家，已不敢于此进退两难之际，尚出出风头。"③ 值得注意的是，袁嘉谷除了认为是自己的平和性格使然外，还因为清亡不同于宋明之亡，不必殉节。这当然不能简单地判定为是袁嘉谷为自己的苟且强作解释，其实多少亦反映了当时很多士子的心态，这从士子对张舜琴殉清的评论中亦可以得到印证。（后面将详细论述）

周钟岳为人向来圆滑世故，且做事十分谨慎，从不明确表示态度，因其日记明确是写给后人看的，所以就是在日记中也很难看出其真实想法。宣统三年六月，周钟岳为提学使委派为云南代表参加中央教育会。在京除出席中央教育会外，和在京滇籍官员为界务、矿务、铁路等事奔走。辛亥八月底听说武昌失守事时，周氏搜检行李回滇。对武昌起义没有发表任何评论，倒是在以后写的

---

① 舒良弼. 梦觉纪略 [M] //民国十年（1921）印，1921：12.
② 舒良弼. 梦觉纪略 [M] //民国十年（1921）印，1921：14.
③ 李昌，整理. 施章遗稿. 袁树五先生谈话记 [J]. 云南文史丛刊，1991（4）：112.

回顾录中，增加顾视高、李增讨论此事的内容，在回顾录中写道："二十三日，予赴顾君仰山晚餐之约，因即辞行。李君灿高在座，谓行何猝也；鄂中方演新剧，可稍待观之。予谓此次之剧，恐全国将为一大舞台，滇中排演日久，吾辈早日旋滇，或亦凑一角色，无徒在台下观人也。相与一笑而散。"① 言下之意，不仅之前周钟岳对于革命党人的活动早有所知，而且准备回滇助一臂之力，态度颇为激进。

据其说回顾录是照录当日日记所记，但查对当日日记，并无此项内容，显系后来增入。而且从后来的记载看，其除了与李根源联系较多外，与其他革命党人并没有什么联系。到海防时，遇到友人才听说云南于九月九日已经反正的确切消息，周钟岳知道消息后并未发表任何看法，于农历九月二十二日晚到达昆明，不顾旅途疲惫，径直往军政府访李根源，显然是希图在新政府中谋一职位。李根源和周钟岳同为赵藩的学生，有同门之谊，遂把周氏引见给蔡锷。这是周钟岳第一次见蔡锷，并对其称羡不已："蔡公憪憪如书生，而豪隽之气，溢于眉宇。"② 蔡锷是在宣统初年来滇的，但周钟岳直到这时候才与蔡锷相识，可见除了李根源以外，周钟岳与革命派显然没有多少交往。不过因为李根源的关系，周钟岳入军政府后一身担数差。从周钟岳的举动来看，其对辛亥革命反应甚为平淡，最为关心的还是自己的切实利益问题。

辛亥革命发生时，赵式铭和熊廷权都在四川做官。赵式铭因为赵藩的缘故，得会泽人黄德润的器重，聘为《成都日报》编纂。当时黄德润官四川官印局总办兼领《成都日报》，与赵藩为故旧。四川发生保路运动，秩序紊乱，土匪乘机扰乱，公口林立。遭遇如此混乱局势，赵式铭与朋友保命要紧，在荒僻的小巷租了一间屋子避乱，"及乱作，兵匪窃大清银行，捣劝业场，焚掠东大街，枪声终宵不绝，时天寒，城门昼闭，薪炭道阻，余终日拥衾自温，不敢出门一步"。处境非常狼狈，尤其对革命派对待官吏的野蛮态度不满，以至对民国的建立颇有微辞，甚至认为还不及清朝入关后的情况。"昔清室入主，下诏各省文武均安厥职，俟一年后，听候分别录用，今既曰光复而仇视官吏，曾外族之不若也，

---

① 周钟岳. 惺庵回顾录 [M]//中国人民政治协商会议云南省委员会文史资料研究委员会. 云南文史资料选辑: 第41辑, 昆明: 云南人民出版社, 1991: 87.
② 周钟岳. 惺庵日记 [M]. 宣统三年日记稿本, 九月二十二日条, 藏云南省图书馆历史文献部.

开国规模于此可见。"① 赵式铭虽发了一些牢骚，但回滇后，又因为老师赵藩和同学周钟岳的先后推荐，蔡锷委其为编修，掌军府文案工作。自身利益得到了保障，赵氏也就顺利地接受了民国。而同在蜀中做官的熊廷权经历蜀乱而幸免于难，回滇较晚。在其回滇之前，杨觐东早已请军府辟其为参事，但军府另有安排，委其守丽江，其也欣然应命。无论如何，在重大的政治变革之后，熊廷权的切身利益得到了保障，对于清朝灭亡、民国建立没有太多的想法。

上述所举诸例较具代表性，此外，还有秦光玉、钱用中、吴良桐、宋嘉俊、萧瑞麟、覃宝珩、郭燮熙、张肇兴、陈文瀚、刘润畴等，都顺利地进入民国，再次官于民国。这应该是大多数士子所具有的情况。这从熊廷权所写的《岷归十三友雅集图序》中亦可以得到证明。该序为赵藩在民国十三年组织的一次招燕清季一同在蜀做官的十三位同乡的雅集所拍的照片而作，序中记录了13位清季在蜀做官的士子进入民国以后的仕履情况，辛亥革命后，他们"或复以当道推挽，再为冯妇，或不甘坐困复以职事，之粤、之黔、之京、之沪，或一再之蜀，以求有裨于时于国，而终不得当，乃惘惘归，归后不期而聚于省城"②。

辛亥鼎革，参加革命党反清的士子在总数上并不占多数，清亡后为清廷守节的士子同样属少数，大部分士子都是顺应时势，以积极姿态进入民国，这一现象非常耐人寻味。单是从清廷已散失向心力，众多绅士纷纷离异清廷这一解读显然不够。民国取代清朝本身所具有的远比以往朝代鼎革更为复杂的内容，使得清季士子进入民国亦有着更为宽绰的进退空间。无论从心理上，还是从社会政治环境上来说，士子都比较容易地进入新社会，找到位置并较快地融入民国生活。以至于真正为清朝殉节的士子实在凤毛麟角，云南士子对张舜琴殉清一事的评论亦可以作为他们之所以坦然面对新朝最好的注脚。

在辛亥革命发生的时候，云南士子中仅有二人为大清殉节者，其中一人为湖南人，在云南做官，名叫胡国瑞，辛亥革命发生时为大关厅同知，闻变后，跳井自杀。另一人为云南人，从事滇中教育四十年，先后担任昆明训导，太和训导，宁府教授，育材、五华、经正各书院监院，学务公所科长，议绅，以及女子师范校长等职。张舜琴在清末并不是一个思想保守者，袁嘉谷说当时"滇

---

① 赵式铭. 弢父行年六十记 [M]. 手抄本，藏云南省图书馆历史文献部.
② 熊廷权. 岷归十三友雅集图序 [M]// 唾玉堂文集：卷一. 民国三十五年（1946）铅印本，1946：8.

中风气闭塞，甲午以还，始稍稍习新图书，而乡人或目为怪异"。张舜琴监理书院"独扶掖而奖进之"，甚至外国教习"亦奉先生为正人君子而师之"。张舜琴殉清亦可见儒家纲纪思想在士子心中的地位，正如余英时先生在《方以智晚节考》一书中所提到的，20世纪初叶中国"传统"的解体首先发生在"硬体"方面，最明显的如两千多年皇帝制度的废除。其他如社会、经济制度方面也有不少显而易见的变化。但价值系统是"传统"的"软体"部分，依然存在，并且直接规范着人的思想和行为。①

由于张舜琴在士子中声望较高，所以其死引起了士子广泛关注，议论纷纷。议论虽是针对张舜琴之殉清而发，实则反映了士子自己对于辛亥革命和民国的认知。大部分士子皆认为张舜琴死得甚无谓，理由有三：（1）辛亥革命是排满而复汉，与齐襄复仇之义合，人情之所同也；（2）易专制为共和，无事二姓之嫌，虽出仕可也；（3）清帝虽退位，皇室无恙，天禄未终，君存与存，亦义之宜也。由此可见，在士子眼中辛亥鼎革与以往的异姓革命已不可同日而语，进退是可以很宽绰的。

秦光玉、袁嘉谷、陈荣昌、施有奎、陈度是张舜琴最为亲近之人，或为张的学生，或为女婿，或与张在师友之间，都先后以不同的方式发表了对张舜琴殉节的看法。诸人对张舜琴殉节一事皆报以了解之同情，同时亦透露出对其死的惋惜之情。唯施有奎稍与众人不同，他本来就对民国颇有微辞，在鼓励姻亲陈荣昌退隐时说："民国肇造，大权下移，名曰共和，实则交乱。"② 在议论张舜琴殉节一事时亦透露出来，他解释张之死的原因为："竹轩官虽卑，无守土之责，而以教谕为职务，一旦见变由庠序，（革命巨子余如李根源、唐继尧、罗佩金、谢汝翼　殷承瓛、李鸿祥等皆滇中秀才留学日本陆军毕业生）较明季秀才开门迎贼者，事尤奇，忿不欲生，还计清帝之在末，小人不乐成人之美，舍赧颜苟活者不问，而责竹轩之死非其时，是何心哉？"③

值得一提的是，陈荣昌对于张舜琴殉节一事的态度前后有所变化，在辛亥革命发生时，远在山东的陈荣昌听到张舜琴殉节，赋诗感叹，诗里写道："方今

---

① 余英时. 方以智晚节考[M]. 北京：生活·读书·新知三联书店，2004：9.
② 施有奎. 与陈小圃启.[M]//存古轩文集. 手抄本, 藏云南图书馆历史文献部.
③ 施有奎. 昆明县学教谕张君行状[M]//存古轩文集. 手抄本, 藏云南图书馆历史文献部.

天子幼，文母固盛德，岂肯残生灵，致蹈衰世迹，位如尧舜让，命异汤武革，陵谷虽迁变，庙社仍血食，胡弗忍须臾，上下睹和辑，闻变遽戕生，哀哉古愚直……"在陈荣昌看来民国代清而起是清帝禅让的结果，庙社仍有供奉，所以张舜琴之死甚无谓，过于愚直鲁莽。

而在12年后，当陈荣昌已经极力在构建自己遗民的身份时，他对张舜琴之死的看法已经发生了微妙的变化。1923年，张舜琴的弟弟准备归葬乃兄于石屏，请陈荣昌撰墓表，陈氏欣然应允。对张舜琴之死不仅称赞之意溢于言表，而且引为同道："荣昌自国变归来，不得见先生，距自今闭门却扫，守硁硁之志以待毙者，正欲留面目他日见先生地下也。"①

---

① 陈荣昌. 张竹轩先生墓表//方树梅. 滇南碑传集. 李春龙，刘景毛，江燕，点校. 昆明：云南民族出版社，2003：630.

第三章

老成独秀

革命派经过武力革命的方式推翻了清朝统治,却未能斩断晚清以来就盘踞地方的绅权势力,他们关系盘根错节,就是革命派都与他们有千丝万缕的联系。刚进入民国的几年间,无论是在地方事务中,还是波谲云诡的政坛,他们都能保持以往的影响力,在民初社会中担当主角。

第一节 绅耆与民初的政党、议会政治

一、应时入党

政党政治的基本形式是通过政党之间的竞争,谋取议会多数席位,组成政党内阁,以实现政党的政治诉求。于是政党成为一项新的政治资源,组党和加入政党成为政治参与的重要途径和方式。一时间涌现出数百个名目繁多的大小政党。为了壮大声势,组党者往往设法罗致地方士绅、名流入党。众多的旧学士绅,无论其对政党政治原理是否了解领悟,也因此获得了新的政治资源而得以继续参与政治。正如时人所言:"现在组织党者大半以势力结合,以感情结合,或以强迫结合,而本党之政纲若何,本党政纲对于现在社会之情形若何,本党政纲对于自己之意见若何,从未研究。"①

绅士们凭借前清时期累积起来的政治资本和社会声望,更容易得到组党者

---

① 民主党开成立大会李实生演说词[N]. 共和滇报. 1913-01-14 (3):"滇事一览".

的青睐拉拢，当时云南绅耆们就纷纷被罗致入党，有的甚至同时拥有多种党籍，如王人文拥有7党籍，李文治曾列名统一共和党发起人，后来统一共和党和同盟会合并，又成为国民党，但在国会议员的党派登记中却记为共和党。吴琨也是既列名统一共和党，又列名进步党。陈荣昌1912年滞留上海期间，曾参与章炳麟发起的中华民国联合会，在各省会员互选参议员时被选为云南参议员。后来中华民国联合会与张謇发起的"预备立宪公会"合并为统一党，于1912年3月2日成立于上海江苏教育总会。大会以投票方式选举该党理事、评议员，陈荣昌当选为理事之一。次年陈荣昌回滇，隐居安宁明夷河，可是进步党滇支部成立时，在参议名单中，仍有他的名字。虽然陈荣昌对政党的具体态度和看法不得其详，从其隐居避世，并未积极介入政治可知，组党者是看重他的名望而将其罗致入党。张玉法指出："一个人所隶的党籍多，并不代表他对政党运动尽力，只因他的名望人，地位重要，许多政党都拉拢他罢了。"① 由此可见，绅耆入党并不代表他们对政党的政治理论及活动感兴趣。受旧学熏陶的绅士不一定知道多少近代政党政治的原理规则，也很少维护党纲及目标的行动。

从赵藩、杨琼、李文治等人的情况，可以看出绅耆入党的原因。在时人眼中，赵藩、杨琼都是"吾滇有名宿儒"，只是因为与革命党人李根源的关系而挂籍同盟会。先是，光复后，迤西政局不稳，为了平息纷扰，李根源被军政府委派亲往迤西解决争端。李根源是同盟会滇支部的支部长，到迤西后，一方面设法解决争端，一方面积极发展党员，一度吸收了二千多人入党，以至于连党证也一时间无法应给，其发展的对象多半就是地方绅士和名流。当时赵藩和杨琼都在迤西，由李根源介绍入党，赵藩还被选为评议长，但赵藩和杨琼对于政党政治颇为隔膜，两人在很多场合坦言对政治学原理盲无所知，只是稍有经验而已。李文治因为声望甚高，被众多团体邀请入会，导致异常忙碌，不得不辞去一些不太重要的邀约。况且加入政党只是他众多公共事务中的一项而已。

因云南军政府都督蔡锷为统一共和党发起人的关系，在众多党派中，云南的绅士名流们加入该党的人数较多，如任军政府各部要职的李增、周钟岳、李文治、吴琨、孙光庭、王玉麟、陈度等，均被蔡锷罗致入党。孙光庭后来谈到自己列名党籍的由来时说："吾滇风气素朴，原无党会，去岁都督蔡公锷始设统

---

① 张玉法. 民国初年的政党 [M]. 长沙：岳麓书社，2004：35.

一共和党，旋改并为国民党。尔时，鄙人承乏民政司长，蔡公嘱为署名，谊不可却，此挂名党籍之由来也。"① 孙光庭所言入党缘由，当是较普遍的情况。统一共和党和国民党合并，原来列籍统一共和党的孙光庭、李增、王玉麟、陈度、李文治等又列名国民党籍。此外，王人文、袁嘉谷、顾视高、萧瑞麟、严天骏等亦列籍国民党。

绅耆们入党本不是基于党纲和目标而来，因而与党的关系比较松散。1913年7月，赣宁事起，袁世凯解散国民党，取消国民党国会议员的资格，收缴其证书、徽章。滇籍议员为了保住议员身份纷纷声明脱离国民党。当时萧瑞麟声明："本年六月即脱国民党，并无附乱各情，请查核维持议员。"张华澜亦声明："脱离国民党以五月内顺天时报为凭，请维持议员。"严天骏则认为："国民党议员全体取销不能不分良莠，特条陈分别办理之法。"② 报纸对警察追缴王人文的议员证书、徽章一事进行了详细报道："王于去年国民党改组时由他政团合并推为理事，开幕后曾经宣告脱离，处于超然地位。此次追缴徽章证书，王氏坚不遵缴，自认非国民党，无被追缴之理由。警官索取三次，王氏愤甚，谓并非欲充议员，六月曾辞职一次，院议不准，此次取消本无足惜，所不甘者，加以附和乱党之名耳云云。警官及侦队等欲强搜之，王氏益愤，将徽章证书掷地，曰：任尔取去。匆匆乘车赴站遄回天津寓所而去。"③ 孙光庭则写信给参议院议长，声明自己虽列籍国民党，但入都后看到党争剧烈，大不以为然，早有脱党之意，又见"贿买议员之恶潮沸腾，谓出此入彼也有贿，出此而不入彼也亦有贿，欲避瓜李之嫌，遂姑缓之"。非但与赣宁乱党全无瓜葛，而且"曾与袁君嘉谷约同蜀黔各同人通电本省，谓宜保全大局，切不可声言助乱，破坏共和，以期同我太平等语，此本院有案可稽者"。自己"此次确系受国民公意选举而来，绝非如政府所云为该党势力所左右者，原选都督蔡松坡君现在都，此可问以为确证者"。孙光庭的表白可见绅耆入党并非基于对政党的政纲、目标的服膺，遇事更加不肯与所属政党同舟共济。

针对民初政党的种种弊端，时人又有毁党造党之说，章士钊便是有力提倡者。他主张建立一个政见商榷会，后来被苏督程德全所接受，发起成立，希望

---

① 孙光庭除名后之不平鸣 [N]. 申报，1913-11-19 (6)："要闻二".
② 国会议员取销后之声明者 [N]. 申报，1913-11-17 (2)："要闻一".
③ 国民党追缴议员证记闻 [N]. 申报，1913-11-11 (3)："要闻一".

调和各党意见,就各党之政见互相商榷。云南政务厅长李鸿祥很快响应,在滇中也成立了政见商榷会,首先想到的还是一众绅耆,邀约入会。而绅耆也并不拒绝,应声加入。

1913年1月20日,政见商榷会假昆明陆军偕行社开成立大会,到会者一百余人。李鸿祥因发起此会而被选为正会长,袁嘉谷、赵藩为副会长,席聘臣则为政治主任,周钟岳为文事主任,由云龙、陈钧、李华、钱用中、吴良桐、张肇兴、郭燮熙、赵式铭、黄德润、陈价等为总务干事。是日,李鸿祥、赵藩、李文治、袁嘉谷都发表演讲,表达了对此会的看法。

绅耆受邀参加,主要是因其地位名望和实际经验,对民初的政治形式未必了解,对此,他们自身并不讳言。赵藩演说时就明白表示:"现行政策学理固要,经验亦不可少,鄙人于政治学原理原则未尝学问,惟经验一方面稍有见地。李厅长发起此会,研究施政方针,将来政务之发生随时开会讨论,我滇政务必日见改良进步。"① 李文治也说:"鄙人近年以来未尝从事政务,于政治原理亦未尝从事研究,然既列斯会,觉稍有鄙见,敢商榷于诸先生之前。鄙人窃谓聚多数之人而成一会,即合多数之人为一群,萃一群之心思才力以图政治之改良,则政无不举,萃一群之心思才力以谋民国之巩固,则国无不强。今日政见商榷会即是合群之意,《易》所谓同人于野,亦是此意。"赵藩在众多场合发言,都以经验丰富自诩,他既未出过洋,也未接触过新学,但在不断趋新的社会中依然能够保持其权势地位,多年来的政坛经验自然成为重要的政治资本。就是到过日本游学的李文治,对于民初实行的一套政治制度也相当隔膜。如此一来,民初虽然仿行西方的政治制度,因旧学出身之人继续处于权势中心,所以往往也只能徒具形式而已。

只有年辈较晚的袁嘉谷对民初的政治尚能了解一二,其演说"谓李厅长发起此会,鄙人甚为赞成,惟此会范围太广,鄙人试抽象言之。如临时约法其性质同于宪法,而约法之宗旨在扩张民权,虽然民权固矣,而国本易摇。现在正式国会不久成立,将来制定宪法虽由国会,而此会中不可不加一番研究"②。不过,袁嘉谷在这种场合说的话多是应景,其对政治从来不甚热心,以后也主要

---

① 乐观. 政见商榷会纪盛 [N]. 共和滇报,1913-01-25(3):"滇事一览".
② 乐观. 政见商榷会纪盛(续)[N]. 共和滇报,1913-01-27(3):"滇事一览".

是以从事学术研究为主。

二、充当议员

民初革命党人拟引进西方的民主制度，实行代议制度，设立国会。清末清政府已试行议会制度，有谘议局和资政院的招集，在选举谘议局议员和资政院议员时很明显以绅士为主要对象。而民初建立的国会，旧学功名的绅士仍然在这方面有着优先权。民国建立之初，议会之设经历了各省都督府代表联合会、临时参议院和正式国会等几个阶段。在前两个阶段，议员主要由各省谘议员和都督府所派，体现了革命派和立宪派的结合。武昌起义枪声打响后，各地纷纷响应，到11月份独立省份已有13省之多。但各省各自为政，不相统属，为谋求联合，1911年11月9日，湖北省军政府通电独立各省，请各省派代表赴武昌，筹组临时政府。

与此同时，江浙独立省份也在设法统一起义诸省联合行动。11月11日，江苏都督程德全、浙江都督汤寿潜，联电沪军都督陈其美，提议在上海设立临时会议机关，并附有集议方法：①各省旧时谘议局，各举代表一人；②各省现时都督府，各派代表一人，均常驻上海；③以江苏教育总会为招待所；④两省以上代表到会，即行开议，续到者随到随议。① 云南接到通电后派遣原谘议局副议长段宇清和革命派张一鹏和吕志伊与会。三人直到代表会议移宁后才到会，参加了大总统选举。段宇清在清末时对议会政治颇为热心，并为了云南的利益恪尽职守地运用自己代议士的身份与清廷抗争。此时云南虽派了段宇清、张一鹏、吕志伊三人作为云南方面的代表，但张一鹏本非云南人，对此也不尽热心，不久就屡以病辞职，而吕志伊又被选为司法部次长，所以主要还是由段宇清在发挥作用。

此间段氏与滇中保持密切联系，及时把各省都督府代表联合会的情况与军政府通气。在张氏辞职、吕氏就任司法部次长时，段立即致函蔡锷、李根源说明其中情委，要求续派代表，信里说道："总统举定以后，各省代表会议设参议院，每省议派议员三人，由各省都督府选派，参议员未到以前，由各省代表代

---

① 刘劲松．简论各省都督府代表联合会［J］．华东船舶工业学院学报（社会科学版），2001（3）．

理，当即通电各省，请速派员，想已早呈钧座。代表职务，政府一定委员，即可回省交差。唯时吕君已授法部次长，照临时政府组织大纲，行政官不能兼立法，张云抟（张一鹏）又苦病辞职。现南方虽定，北敌尚强，成败之机，颇难逆决。滇僻处天末，消息尤不灵通。参议院为立法机关，一切大政要由院通过，吕、张二君既经离院，清虽劣钝，不敢不勉为支撑。第额定每省三人，仅清代庖，于己身材力则有竭蹶之忧，于本省权利则有放弃之失。是以迭商吕君，电请促派员，清亦另电奉恳。"①

大总统选定后，于1912年1月1日正式就职，成立中华民国临时政府。从1月2日到1月28日各省代表会议代行"参议院"职权。1月28日成立了临时参议院，为立法机关，具有国会性质，议员由各省都督府派遣，以三人为限。滇省接到段宇清的电文，续派了张耀曾和席聘臣与会。逮《中华民国临时约法》制定后，改变了原来每省派三人的规定，复又规定参议员由各省选派五人当任，滇省军政府除前派出的段张席三人外，又增派顾视高充任。不料顾视高就任参议员遭到驻宁云南同盟会的非议，同盟会致电顾视高本人，阻止其赴宁与会，电文说道："阁下前在北京充资政院议员，新政茫茫然毫无表见，南京光复以后，资政院议员已纷纷辞职，而阁下犹忍心执笔起草奏请宣布宪法，欲以收拾已去之人心，巩将倒之君位，前在日本留学数年，区区豚尾极保全以为求媚虏廷之奇货，凡此种种皆阁下之荣誉而民国之深耻也，今滇中来电以阁下为中华民国参议员，务望自爱勿来南京否则必不利于阁下也。"② 与此同时，驻宁滇同乡会也发电滇军政府和各报馆，以顾视高在清末资政院的经历而否认其为参议员。在压力下，顾视高没有赴南京。

3月份，鄂、苏两省参议员以参议院在华俄道胜银行借款问题上的违法表决为由，向参议院提出辞职，声称南京参议院是由各省军政府委员组成的，无充当代议机构人民代表之资格，应由各省人民选出之省议会选派参议员另行组织参议院。想以此改变同盟会控制临时参议院的局面。此引起了一场参议院改选风波，由各省临时议会选举的参议员替换了原各省指派之代表、参议员。此时已就任总统的袁世凯下令各省由省议会选举参议员。滇省议会于五月份选举参

---

① 段宇清．梦奎书札：上蔡松坡、李印泉书［M］//李根源．永昌府文征·文录．卷二十三．杨文虎，陆卫先，校注．昆明：云南美术出版社，2001：2813．
② 顾视高不得为参议员［N］．滇南公报，1912-03-12．

议员,选举结果仍是席聘臣、张耀曾、段宇清、顾视高所得票数最多,另外选举了张华澜补足五人。还选举了候补参议员王人文和陈荣昌二人。①

在民国元年选举产生的第一届正式国会议员中,云南绅耆在参众两院议员中所占比例不小,特别是参议员基本上都是绅耆当选,兹将云南当选国会参众两院议员的情况表列如表1、表2②:

表1　云南参议院议员表

姓名	字号	籍贯	年龄	党派	学历	经历	当选票数	备注
王人文	采臣	大理	50	国民党	进士	四川布政使,护理川督,川滇边务大臣	49	1913年5月26日辞职
朱家宝	经田	宁县	52	共和党	进士	安徽巡抚	28	
李文治	南彬	太和	57	共和党	举人	谘议局议员	30	
吕志伊	天民	思茅	32	国民党	日本早稻田大学政经科	云南都督府秘书,南京临时政府司法次长	54	
袁嘉谷	树五	石屏	41	国民党	进士	翰林院编修	46	
孙光庭	少元	南宁	50	国民党	举人,内阁中书	学务处议绅,掌云南图书馆	48	
陈善	敬夫	盐丰	38	共和党	法政专门学堂	谘议局议员	29	
杨琼	迥楼	邓川	68	国民党	举人	在籍办学	47	
赵鲸	汉池	洱源	41	国民党	丁酉科拔贡	度支部主事,在籍办学	47	
谢树琼	佩青	腾冲	30	国民党	光绪己酉拔贡,朝考以直隶州州判分发广东		45	

---

① 滇省续举参议员[N]. 华南新报, 1912-05-09.
② 张玉法. 两院议员表[M]//民国初年的政党. 长沙:岳麓书社,2004:549,592-593. 笔者进行了补充.

表 2　云南众议院议员表

姓名	字号	籍贯	年龄	党派	学历	经历	当选票数	备注
寸品升	平阶	腾冲	38	国民党	光绪己酉拔贡		27	
王桢	晓秋	昆明	27	国民党	癸卯举人，云南法政学堂	内阁中书，云南自治研究所所长	36	
由宗龙	幼先	姚县	38	国民党	举人，日本明治大学		44	
朱朝瑛	渭卿	建水	41	国民党	丁酉科乡试副榜	广东候补道，赴日本考察政治	42	
李根源	雪生	腾冲	34	国民党	日本振武学校	云南陆军讲武堂总办	25	
李增	灿高	河阳	38	国民党	举贡	法部宥恤司主事	39	
李燮阳	弥清	昭通	36	国民党	生员，东京弘文学院，美国阿海约大学电气工程科	实业司副司长，铁路司长	53	
何秉谦		广西	36	国民党	廪生	谘议局议员	35	
沈河清	曙秋	建水	27	共和党	法政学堂	银行经理	59	
段雄		思茅	27	国民党	日本铁道学校	南京临时政府法部佥事	35	同盟会员
陈光勋		定远	36	共和党			29	
陈祖基	啸湖	宣威	30	共和党	拔贡，师范学堂	知县，云南民报总编辑	26	共和党云南支部理事
陈时铨	晓鳌	宣威	37	国民党	举人，内阁中书	谘议局议员	29	

续表

姓名	字号	籍贯	年龄	党派	学历	经历	当选票数	备注
张大义	直卿	大理	36	国民党	日本法政大学	云南高等审判厅长	47	同盟会员
张华澜	芷江	石屏	38	国民党	举人，东京宏文学院	教员，云南保安会长，临时参议员	32	同盟会员
张联芳		河西	43	国民党	甲午举人		29	
张耀曾	镕西	大理	32	国民党	留日		38	
赵藩	樾村	剑川	63	国民党	举人	四川布政使	28	
曾子书				国民党				
萧瑞麟	石斋	昭通	40	国民党	举人		35	
严天骏	仲良	新兴	43	统一党	举人，东京弘文学院师范科	知县	31	
顾视高	仰山	昆明	48	国民党	癸卯科进士、翰林编修，东渡日本入法政大学	资政院议员		

根据《中华民国国会组织法》规定，国会采取两院制，由众议院和参议院两院组成。第一届国会两院议员名额分配是：参议院议员274名，22行省，每省10名，分别由省议会选出；众议院议员596名，人数以各地区人口多寡而定，每80万人口选出1名众议员，仍按行省和地区选出。根据这一规定，云南可以出参议员10名，众议员22人。

王人文、朱家宝、李文治、袁嘉谷、孙光庭、杨琼当选为参议院议员，李增、赵藩、萧瑞麟、严天骏、顾视高、王桢、陈时铨等则当选为众议院议员。《众议院议员选举法》对选举人和被选举人的资格限制除了对国籍、居住期限等常规限制外，主要是性别、年龄、教育、财产等几种。在财产限制项下规定：甲，年纳直接税二元以上者；乙，有价值五百元以上不动产者。对教育程度的限制项下规定：甲，在小学以上学堂毕业者；乙，有与小学以上毕业相当之资格者。这里所说的"与小学毕业以上相当之资格"包括"前清生员以上，及毕业于六个月以上之各种传习、讲习研究等所，简易、速成、预备等科，并曾在小学校充当教习一年以上者（但体操教员除外）"①。受旧学教育的知识分子也可获得选举权。在年龄限制中规定：有选举资格之人，年满25岁者，可当选为众议员，年满30岁者，可当选为参议员。② 不仅制度上保证了绅士参与国会的权利，年龄限制也会给他们提供更多的机会。22名众议员中，已知21人的背景资料，具有旧学功名的17人，其中9人兼具新式学历，完全由新式学堂出身的只有4人，这表明在民初的政治生活中，旧学出身者仍居于中心地位。尤其是第一届国会选举，政党操纵的因素很多，绅耆又居于各政党的核心地位，自然更加容易当选。

从省议会的情况来看，第一届省议会议员共88人，笔者找到其中56人的背景资料。就学历来说，新式学历者并不多，共13人（其中6人兼具传统功名），具有传统功名者达49人，88人中，原为谘议局议员的仅6人，分别是吴贞祥、杨开源、张之霖、李炳泰、张械臣、张正伦几人。但其中举人出身的张之霖和李炳泰为副议长。议长为赵伸，同盟会员，留学日本成城学校，曾参与反清活动。议长之外，只有两位议员李伯东、何畏是革命党，其余大都是各地的绅士，有的清末来省垣接受过短期的宪政知识训练，参加过自治研究所及教育官练习所的培训。两位副议长均是原谘议局议员，可知，科举功名仍是其在民初取得权势地位的重要因素。虽然与谘议局议员资格相比，省议会议员选举法对议员选举的资格规定中已经不再把传统功名身份作为基本条件。但就实际情形看，具有传统功名者在云南省议会议员中仍占有优势。省议会议员均由各县区选举而来，就经历看，有的是各县劝学所总董及县自治局总董，或任小学校长，或曾为官，均为各地名流。而原来在省一级政治舞台活动的部分上层绅士，则通过民初的议会政治而上升到国家层面，所腾空的位置又由各州县的绅士补充。

国会议员中，已68岁的杨琼成为议员中年龄最大者，因年高德劭而在国会

---

① 参议院决案汇编. 乙部一册·法制案. 众议院议员选举法第四条第一二三款之解释案. [M]//耿云志，等. 西方民主在近代中国. 北京：中国青年出版社，2003：257.

② 耿云志，等. 西方民主在近代中国[M]. 北京：中国青年出版社，2003：256.

成立当天被推举为临时主席主持会务。杨琼颇能跟上时会,当年去日本游学,成为中国留日学生中年龄较高者,现在又逐队北上,参与民主政治。袁世凯解散国会,经过护国运动之后,继任的总统黎元洪下令恢复国会,滇省很多议员已对国会灰心意冷,杨琼仍然乐此不疲,甚至带病前往,因道远逾期,未得列席,后返至沪上,因病而卒。

赵藩在参与第一届国会的过程中,目睹国会议员党争剧烈,入主出奴,聚讼纷呶,争论不休,于国事毫无裨益,加之袁世凯的阴谋操纵,对议会颇为失望,在1913年8月份时就以父病为由,辞职归里。所以在1916年国会重开时,赵藩致电参众两院,辞职的同时并提出忠告,电文说:"敬悉中国兴亡,视乎此举,发抒正论,巩固共和,责任在诸公□□□(三字电码不明),中间厕奸鄙,反复捣乱,难逃众目,今示包荒,当知悔艾自新,晚省亦有望焉,衰病难来,遥贡忠告。"① 字里行间透露出对第一届国会的失望之情。

顾视高本在临时参议院期间就被选为参议员,后来在正式国会选举时,因在选举时违法而被大理院判为无效,取消议员资格,并因拒绝交出议员证书和徽章而被警厅拘留,受到牢狱之苦。关于顾视高到底有没有议员资格,参众两院分歧颇大,一直未有结果,所以顾视高在一开始就没有投票权而仅得列席。和顾视高一起被判取消的还有曾子书。二人在云南选举参议员,复选时因投票人未满法定人数,而复选监督周汝敦仍强行宣布二人当选,因而有此纠纷。自国会成立以来,各政党往往挟持私见,聚讼纷呶,无事不争。对顾、曾有无资格一事同样争论不休。顾、曾二人皆为国民党,国民党议员怕顾、曾二人一旦被取消资格便影响该党在议院中的议席,因而据理力争。国民党议员认为顾曾到院后,大理院才宣判二人议员资格无效,大理院的宣判已属无效,且《众议院议员选举法》第90条规定选举诉讼只许向高等审判厅起诉,因而认为大理院根本无资格宣判议员有效无效。既是同乡又身列同一党籍的张耀曾同样认为众议员选举有效无效当由选举监督及司法衙门断定,至开会以后当然由众议院自设议员资格审查会断定,非其他机关所能干涉。② 而非国民党议员则主张遵照大理院判决。顾、曾二人因国民党议员的支持亦有恃无恐,拒不交出议员证书

---

① 云南众议员赵藩来电 [N]. 申报, 1916-07-14.
② 两院分开预备回忆记 [N]. 申报, 1913-04-22.

和徽章。内务部竟迭令警厅两次到顾曾二人住处索取证书徽章，声明强制执行。与顾曾有同乡之谊，又同为国民党籍的李根源知道后，立刻发起同院议员质问内务部干涉选举诉讼违法。滇籍众议员一同署名的有：李增、萧瑞麟、张大义、赵藩等人。到袁世凯解散国会止，此案仍悬而未决。顾、曾在护国运动后恢复国会时被除名，此事对顾视高打击不小，之后就对议会政治不再感兴趣了。

段宇清在临时参议院时期颇能恪尽职守，当袁世凯下令各省选举正式国会议员时，临时参议院的议员纷纷出京回省运动选举，以致议会经常因人数不足而无法开议，导致议案搁置。段宇清本"染有潮湿，在议院未半载遂成脚气病，抑有慨于议员之缺席，因法定人数不足之故每难开会，致要事多搁而不埋（理），思有以矫正之，仍跛至会，不缺一席，喟然曰：自去秋以来，院内之能否开会，往往关系于一二人之到不到，我若先归，安知不以少一人之数而不能开会，我若少待，安知不以多一人之数而能多开会，吾既以身许国矣，而爱死乎？人戏呼之为基本议员不顾也！无何足疾加剧，人有劝其请假先归者，先生曰：吾辈为国民代表，正式国会一日不开，吾辈一日不能卸责。及正式国会成立后，始入医院就医而疾已不可为也！"因清楚自己已来日无多，坚持要回籍。同乡劝之不听，说："昔之不行者以责任未尽耳，今可归矣。古人云：狐死首丘，吾将归死，但愿诸先生化除党见，以国家为前提，宇清虽死不憾矣！"① 最后病死在汉口。

第二节　多重的社会角色

一、处于官民之间，沟通政令舆情

结社集会比较自由，各种类型的党会应运而生，士子可以通过加入各种类型的党会，参与地方事务，融入民国社会，掌握许多资源的绅耆更是成为炙手可热的人物，被各种类型的党会延揽而为会长，主持会务，颇显忙碌。绅耆于是借助党会这种新型组织，进一步扩大影响政治与社会，成为沟通官民之间政

---

① 前参议员段梦奎先生事略［N］. 共和滇报，1913－11－22.

令舆情的协调人。在这方面,李文治、赵藩、李增、黄德润等人的表现最为活跃,成为有名一时的公众人物。他们同时参与多种社团,例如,李文治被众多社团推为会长,以致应接不暇。他不得已辞却公学会会长一职时说明自己的苦衷:"鄙人向来职务殷繁,时忧瞑眩,拟将各机关辞退,专任三迤总会事。今参议处议长虽离职,犹有国民党、爱国协会、激楚社等处义务,思欲尽脱羁縻而不得,若再加以贵会重职,匪惟弗克负担。惟有切恳诸君另推贤哲担任斯职,庶不负成立此会盛心。"① 忙碌情形可见一斑。

云南临时省议会议长李增同样面临各社团邀请担任会长的压力,活动颇为忙碌,他口才便给,能言善道,在各种场合发言,具有很大的感染力和煽动性,因而更加受人推重,令名在外。赵藩则既为孔教会会长,又为三迤总会名誉会长、圣教研究会副会长。黄德润担任滇都督顾问、司法司长、司法筹备处处长的同时,还被选为三迤总会会长,又被推举为东川矿业公司总经理,负责招股事宜。他们受到众多社团的借重,原因无外乎声望素孚,使会务较易着手,与当政的革命党人关系密切,容易得到当道的支持。而绅耆主持各种社团会务,可以促使各社团相互联合,增强社会影响力。

不仅社会团体争相邀请绅耆入社主持会务,就是政府也要借助绅耆的声望来影响社会。民初政府发起国民捐运动,就是借重绅耆演说,以激发民众踊跃捐款。在诸位绅耆中,李增是最为活跃的公众人物,凡是社会团体讲演会都有他的身影,他极富演讲才能,每次演讲都能感动众人,给人留下深刻印象。记者记录其在国民捐大会演讲的情形道:"李增君出席登台,李君并无文言,概以滇省俗语描演政费枯竭之危状,亡国奴之惨境,一句一掬泪,全场为所激刺,哭泣声与拍掌声相和。"②

为了劝集爱国公债,巡警局局长兼云南府长吴垚发起激楚社,邀请绅耆入社赞助。该社通过改良戏曲演说时事等民众喜闻乐见的形式,唤起一般社会大众的爱国心。以"激楚"为名,"意在以清越之声激动国人,使知现在国家之震惊而表吾辈所怀之痛楚也"。该社设编辑员,采集足以激励国人的时事编成戏曲,演出所得票费,则以七成充作爱国捐款。李文治、李增都是激楚社的主要

---

① 李南彬辞会长书 [N]. 天南新报, 1912-11-27.
② 云南国民大会纪事 [N]. 申报, 1912-07-05.

负责人。

媒体对于激楚社的活动非常关注,该社于1912年7月18日正式开演,但早在一个月前报纸就开始报道相关筹备情况。1912年6月17日《滇南公报》报道说:"日前公债筹办处拟定章程,有改良戏曲之条,现闻已由各界同人组织一激楚社以实行改良,并举吴梓樵、李南彬为正副会长,李灿高、夏伯鲁为总编辑,此外尚有编辑数十人,唱演数十人,全系政军学各界担任,想不日即可开办矣。"① 进而评价道:"演戏一事虽属末技,然引起一般人民之感情大有影响,故文明各国对于戏曲时加改良,总以不害善良风俗及引诱人民爱国为目的。吾滇戏曲往往多演神道设教,于风俗大有关系。现有同人发起特设激楚社,以改良戏曲为宗旨,已速组织,不久即可成立云。"② 在媒体的热切关注下,该社于昆明著名的云华茶园正式开演之日,场面非常热闹:"军界、警界、政界、学界、农工商贾妇孺僧道肩摩毂击,争先恐后,如风起,如水涌,云华茶园坐为之一满,场中秩序井井有条。"李增首先报告演说,李文治继之,"将激楚社之宗旨一一说明,并将激楚二字之意义一一解释毕"。接着李文治便开始演唱,是日剧目为"爱国血","音韵铿锵,步伐整齐,言之有物,发皆中节,鼓掌之声如雷震耳。呜呼,有戏院以来未有若斯之盛也"③!演出效果很好,大受社会各界欢迎。

为了争取当道的赞助,发展壮大,李增、李文治等绅耆提议推举参谋厅长谢汝翼、政务厅长李鸿祥、军务司长沈汪度为名誉社长,并于8月11日召开特别欢迎会。谢汝翼发表演说,称赞激楚社有益于世道人心,认为:"中国教育不普及,故下流社会日多一日,而道德亦日堕落,此中国最大之一危险现象也。此刻欲从教育下手,咸曰扩充学校教育,殊不知学校教育在今日万万不能收效迅速,惟有由社会教育下手,尚易为力。此激楚社之所以组织,而激楚社即社会教育之活动场也。"在表示要竭力维持的同时,也从官方立场提出希望:"以后本社凡编一戏曲,演一戏曲,务使观者有所激发,有所观感,恶习日除,道德日进,方不负本社发起之初心。若稍有违背道德妨害人心之剧,切忌不可登

---

① 激楚社开办风闻[N]. 滇南公报, 1912-06-17.
② 激楚社改良戏曲[N]. 滇南公报, 1912-06-21.
③ 激楚社开幕纪盛[N]. 滇南公报, 1912-07-24.

场云云。"①

激楚社前后演出六次，因"社务发达，力图进步，激楚之义未能概括，众议取销前社，更新组织，复经同人等迭次开会讨论，更社名为扶风，详定社章，择期开幕"。1913年1月14日，扶风社仍在云华茶园开幕，推李文治为社长，李增为副社长，宗旨和章程与激楚社大同小异。后来李增和李文治当选国会议员北上，社务乏人主持，自行消散。护国运动后，李增结束了护国演说团，一度重新发起新民社，以"排演新戏鼓吹共和为宗旨"，对改良戏曲乐此不疲。国会复开，李增作为第一届国会众议员再度北上与会，新民社演了几次剧目后，就无下文了。

为了联合省垣各同乡会对地方事务发挥更为积极有效的作用，绅耆发起组织三迤总会，以联络三迤人士，疏通各方意见，从而使三迤遇事能够步调一致。三迤总会不仅是一个联谊性的组织，还带有政治性质，对于政治事务发挥影响力。后来三迤总会不断壮大，成为与省议会并行的"地方民意机关"，并肩负"指导社会之责"，对地方利弊兴革大事起着重要作用。

其实，清末已有三迤同乡会之设，因"其时禁纲牛毛，但以敦睦乡谊、交换智识为名义上之宗旨，实在目的尚未做到"②。尽管如此，因李文治、胡源等绅士在同乡会演说外交之类的敏感问题，被提学使叶尔恺取缔。

民国建立后，李文治复议重建，于1912年7月6日开成立大会。是日，李文治首先说明开会理由，后由汤希禹宣读会章。根据会章，三迤总会设正会长一人，副会长六人（每迤二人），评议长一人，评议员十五人（每迤五人），名誉会长及名誉职员若干。还设总务科、政事科、会计科、交际科、调查科等机构，并派人常川驻会办事。之后投票选举会长，李文治以多数票当选。副会长章程定为六人，实际只选出四人，分别为：孙光庭、汤希禹、由云龙、郑德彬。名誉会长则为李鸿祥、谢汝翼、赵藩、李根源、黄德润诸人，杨琼、李坤等当选为名誉职员。李鸿祥、谢汝翼分别任政务厅长和参谋厅长，把他们选为名誉会长，显然意在争取当道的支持。赵藩和李根源此时并不在省，二人在解决迤西风波之后便解除各种职务，畅游当地山水，直到是年八月才回到昆明，1913

---

① 谢社长之演说［N］. 滇南公报，1912-08-17.
② 三迤总会成立记［N］. 滇南公报，1912-07-12.

年年初赴北京参加国会，对三迤总会的成立关注不多。会长李文治虽是主要发起人，也于1913年年初当选为国会议员后赴京，大部分时间不在昆明，直到20世纪20年代三迤总会没落为止，会务主要由黄德润负责。

黄德润，字玉田，晚以字行，生卒年不详，庚寅年（1890）恩科进士，会泽人。清末他一直在四川做官，历任渠县、万县、铜梁、云阳、郫县等知县，川东土税总局文案，边藏饷械局总办，川南禁烟督办、官印局总办，泸州榷务局督办。辛亥革命后回滇，因儿子黄毓英为革命党，对云南革命贡献尤多，所以黄德润为革命派所尊重，先后被聘为滇都督府顾问，兼任司法司长、司法筹备处处长，皆充要职。但不久便辞职而专门从事社会活动。出任三迤总会会长期间，还兼任东川矿务公司总经理、《滇声报》总编辑等职，并筹资建昆明自来水公司，社会声誉颇高，所以各界人士都愿请其出面襄助。《滇声报》发起诸人鉴于黄氏"道德优美，学识宏通，为滇中人士景仰钦佩，近年以来凡滇中公益关于应兴应革事件，先生多毅然任之"，认为："诚以边徼风气，舆论薄弱，非雄才渊识，众望如归之先生起而振之，不足以惊破六诏之酣梦，蒙发起三迤之聩聋。"①

出于相同原因，东川矿务公司也聘其主持招股事宜。东川矿务公司本是公私各半合股经营，但开办近一年都招不到商股，商人显然对政府办理不太信任，后经东川绅学界代表呈请实业司，照定章招集商股。实业司考虑到黄德润既为东川人，又素孚声望，信用在人，由其牵头招股必能收效显著，遂公举其为临时总理，负责招股事宜。黄德润当任后，立刻发挥影响力，在省城招股，成效立显，昆明巨商马启华入股，不少绅士、官员如顾视高、赵伸、周汝敦、李修家等人也纷纷入股。短期之内便让东川矿业公司的资金变得相当充裕，易于着手开办。1915年9月，袁世凯下令将公司收为国有，并派宋联奎为东川矿务督办，记者对此评论道："吾滇本山国，素来实业不兴，故虽为五金蕴蓄之地，而实力开采者尚属寥寥，东川矿业公司经若干之困难始得成立，近复得黄玉田先生主办，成效大著。昨政府忽有任命宋联奎督办之说，闻者均为该公司前途吁嗟不已云。"② 可见黄德润在云南社会上形象甚佳，影响颇大。

---

① 欢迎本报编辑黄玉田先生［N］．滇声报，1914-06-23．
② 东川矿业公司之不幸［N］．共和滇报，1915-09-21．

三迤总会正是在黄德润任上发展壮大，成为云南的重要社会组织。该会成立不久，就与刚成立的全国铁路协会云南分会以及临时省议会联合清算滇蜀铁路公司股款，查出公司贪污舞弊情况甚为严重。此外该会还创办了成德中学。1914年又与孔教会联合呈请云南当道取消公娼集园，迫使政府痛下决心予以取缔（详后）。

1915年兴起的救国储金运动，在云南也是由三迤总会的绅耆们领导的。中日"二十一条"交涉期间，爱国民众面对日本的侵略野心，自发组织捐款以救国。运动首先由上海商人马佐臣发起，提议全体国民每人以产业的十分之一捐输，存入中国银行。倘本年所收不足五千万元，准自由取回且予年息五厘；倘已满五千万元，则不许取回，由存款人开会以三分之一多数议决下列三项用途：一、造兵工厂；二、练陆军或建海军；三、振兴国内工业。[①] 马佐臣的倡议很快得到广泛响应，上海于4月3日建立"救国储金临时通讯处"，4月8日又改为"中华救国储金团总事务所"。主事者多为上层银行家和商人。风声所播，全国各地纷纷发起储金运动，并在日本提出最后通牒之际达到高潮。

云南僻处边地，两个多月后才开始响应。先是，旅滇浙宁商会得到上海商界来信，令其在滇发起提倡，浙宁旅滇商人遂极力劝导，但应者寥寥。诸位商人又捐资240元请昆明两大名剧园云华茶园和群舞台的旦角开演新戏一昼夜，以所得戏资全数捐助储金团，效果不错，所得戏票款990余元，当即汇往上海。自四明商人捐资买戏后，伶界也积极捐资。而本地商人却反应迟钝，以致"滇省舆论多钦佩其热心，不免讽议滇商会之冷视"[②]。

面对舆论的指责，云南商务总会终于开始行动，于6月7日开会研究救国储金团办法，议决设立救国储金团事务所，决定储金汇交富滇银行代收，并在事务所内组织演说会，延聘演说员分往省城及各县演说，以资实力提倡。经费由东川矿业公司董事长黄德润提银1200元，财政厅厅长陈价提公款1200元，警察厅长唐萍赓由警厅公款内提银300元，以资开办。

救国储金大会于1915年6月13日在三迤总会召开，参加人数逾两千余人，"先由发起人报告开会理由，后有多人相继演说，莫不慷慨激昂"。随即推举事

---

① 罗志田. 乱世潜流：民族主义与民国政治 [M]. 上海：上海古籍出版社，2001：68.
② 云南储金之发轫 [N]. 申报，1915-07-04.

务所职员,分为正干事、副干事、主任干事、各界干事、雇员五种,网罗了云南各界要人,黄德润因既为三迤总会会长,又为东川矿业公司董事长,声望卓著,被选为救国储金团正干事,主持事务所一切事务。罗佩金、王鸿图、陈价、唐继禹、由云龙等被举为副干事,由云龙、顾视高被举为学界干事,黄德润、赵藩、周宗洛被举为绅界干事。① 会上各干事首先认捐,黄德润所认尤多,不仅自己每月认储50元,而且代东川矿业公司认6000元,以一年交清。其他干事认50元至100元不等。

全国救国储金运动旋起旋落,到7月底走向低潮,云南的救国储金团也没有下文,最初得到的储金在护国运动中被军政府提用,任护国军筹饷局局长的黄德润便将东川矿业公司认交的救国储金4500元提作筹饷局经费,其他各界所认储金5500余元,则拨归军需局查收,以添军饷。

与黄德润的声望难分轩轾的赵藩,出任孔教会会长。民初各种以尊孔为旗号的民间组织层出不穷,其中最有影响的当数康有为的学生陈焕章发起创办的孔教会。1912年11月12日,陈焕章等人在上海海宁路正式挂出"孔教会"的招牌,宣称该会"以昌明孔教、救济社会为宗旨","以讲习学问为体,以救济社会为用"。之后各地纷纷成立支部。孔教会云南支部成立于1913年年底,其时袁世凯解散国民党议员,赵藩从北京归滇,被推举为该会会长。

在孔教会成立之前,为了发扬国学、维护传统文化,绅耆发起组织国学社,以昌明国学为宗旨。开始创议诸人拟延聘陈荣昌为社长,但"劝驾至再,终不出山"。以致该社主持乏人,社几中辍。后来适逢赵藩从北京归滇,被举为孔教会会长兼国学社社长,以国学社附设于孔教会内。

国学社分讲习、推行、文学、理学、政学、庶务、编辑八部,每部共举部长一人,部员四人,分职办事。每星期开研究会一次,每次由会员论讲圣经,并由各部部长商承社长命题课文,择其佳者选登杂志,酌给奖资,其宗旨务在阐明圣学,匡正人心。

国学社成立后,得到都督唐继尧、民政长李鸿祥的大力支持。创设之初,因经费支绌,难以进行,该社呈请李鸿祥指拨经费,借资维持。李鸿祥认为每月四期研究会太过频繁,容易导致始勤终怠之流弊,建议该社改为每月两期,

---

① 救国储金大会 [N]. 滇声报, 1915-06-16.

令财政司把收归清末学务公所学款拨作该社经费。该社每次会课的试题以及评阅后的试卷，李鸿祥都亲自阅看，目的在于"俾政府得以集思广益，识别真才，备供甄录"。所以媒体赞道："乃民政长不独永拨之款，且留心国学社会课人才而欲甄录之，其识解超越流俗万倍矣！"① 都督唐继尧更拿出自己的薪俸，另外嘉奖优胜者，还亲自眉批、总评。在当道的赞助下，社务日渐发达，应考者纷至沓来，热闹非常，记者乐观地评论道："滇中国学有该社树之风声，将来各县推广，不难渐次发达。"② 国学社存在了两年，因护国运动军需浩大，公帑支绌，滇中所有文化教育事业被停办，国学社自然难逃厄运，最终由唐继尧下令停办。

孔教会成立后，不仅经常组织演讲会，演讲儒家学说，而且上书当道请示中央，规复学校朔望谒圣礼，并下令学校开办经学课程。经北京政治会议秘书厅来电，议决祀孔一切礼仪仍沿前清旧制办理。

孔教会除了以宣扬孔教为亟务，还成为维护地方风化的重要组织。1914年孔教会与三迤总会联合呈请取消集园公娼，使存在两年多的集园公娼最终得以取缔，人心大快。集园公娼创设于民国政权建立之际，时云南民政司拟对社会进行改革，对于娼妓采取集中私娼、设置公娼的措施，一来救济生活无着的妓女，二来试图通过公娼，消灭私娼，最后达到"无娼"的目的。自集园设立以来，反对之声不绝如缕，各界纷纷上书军政府表示反对。在集园"房屋工程已完成十之八九"之际，1912年7月29日，基督教青年会集会反对公娼，时任都督府参议处议长的李文治应邀参与集会并发表演说，认为："公娼之设，揆诸道德，亦殊不合。"李文治的侄子、青年会会员李全本亦在大会上发表演说，建议把公娼改办成工厂，所有全城妓女，悉令入场学习工艺，由沪、港购机器，聘技师到滇，切实教授。只要解决妓女的生计问题，即可以私娼公娼一起取消。会后，青年会"上书军府，陈明利弊及挽救办法"。都督府对于青年会的请求不但无动于衷，反而加以驳斥："教会无干预政治之权，且无干预之理由。而该会所持理由亦未充足，概系偏激之谈，实属不合。"③

---

① 李民政长对于国学社之苦心擘画 [N]. 共和滇报，1914 – 04 – 17.
② 国学社考试忙 [N]. 共和滇报，1914 – 04 – 10.
③ 万揆一. 民国时代昆明娼妓史料探考 [M] //昆明市盘龙区政协. 昆明市盘龙区文史资料选辑：第4辑. 昆明：昆明市盘龙区政协文史资料委员会（内部发行），1989（4）：130.

继青年会之后，1912年11月，以女子爱国协会会长兼赤十字研究所所长李咏秋、女子师范学校管教员张咏兰等为代表的妇女界上书军府，要求限制娼妓。因办法不太实用，民政厅并未采纳。

三迤总会作为代表全省公议的组织，为此也出面抗议。1913年9月，三迤总会召开临时研究会，商讨取消公娼问题。会长李文治主持会议，通过了呈递都督署的呈文，指出："公娼乃诲淫诲盗之具，伤风败俗之政，不可不反对之。"① 同时宣布，还将继续开会，欢迎各界自由发表意见，欢迎公开演说，共同研究此问题。1914年年初，昆明联合会绅士张景栻等两次上书民政厅要求取缔集园。与此同时，媒体也一再撰文批评政府设置集园公娼的行为。

面对舆论和各界人士的强大攻势，民政厅厅长李鸿祥下令警厅拟定《修正取缔娼妓规则》，共49条，从集园的管理、妓女嫖客应当注意之事，以及妓女从良问题等几方面做了全面规定，目的在于减小集园对社会造成的不良影响。政府之所以遮遮掩掩，不能顺应各界要求果断取消集园，一方面由于暂时未能想出切实可行的办法，担心集园取消，私娼又复畅行，不好管理；另一方面，自从集园设立以来，南城市场日渐繁盛，丰厚税收成为政府一大财税来源，连巡警公费也靠集园税收作为挹注，当局难以痛下决心。参议处议员孙光庭曾上书蔡锷要求取消集园，蔡锷复信坦言政府的苦衷："适当财政窘迫之际，计划岁入经常不敷甚钜，是以政府亦不能不饮鸩之谋，实非政体。"② 因此，面对各界反对之声，当局仍然一意孤行。

政府只顾眼前利益而牺牲风化，绅耆却难以容忍如此败坏社会风气的现象存在，必欲除之而后快。1914年5月，孔教会呈请民政厅长取消集园，呈文痛数集园对昆明社会贻害不浅，并指军府设立孔教会与设集园目的相互矛盾，引发非议："佥谓钧府热心毅力维持孔教，实因廉耻丧失，道德沦亡，欲力挽颓波，垂范梓里，其必不肯沿流随俗，听此败坏风俗，丧尽廉耻之集园为社会留污点，贻政府受恶名，已为全滇人士所共信，而迫望其必行。夫吾滇当此民穷财尽之时，而淫博侈耗，上行下效，集园尤为厉阶，业已酿成亲夫捉奸杀人，

---

① 万揆一. 民国时代昆明娼妓史料探考［M］//昆明市盘龙区政协. 昆明市盘龙区文史资料选辑：第4辑. 昆明：昆明市盘龙区政协文史资料委员会（内部发行），1989（4）：140.

② 三迤总会续呈取消集园文［N］. 共和滇报，1914-06-20.

妓女被扼服毒各惨状。徒以狂且浪子阴为护符，巧辩诐辞，横生阻力。"①

在孔教会上呈文的同时，三迤总会也趁机再上呈文，施加压力，陈述公娼设立以来的种种弊端，言之惨痛。"然则今日公娼匪直瘵我滇人之金钱，已显蹙我滇人之生命。夫以中国数千年之教化所赖以维持不坠者，惟此四维之克张实足以管摄人心风俗，乃观于今日之公娼汗漫靡敝，浸成风俗，两年以来，私娼日多，又已不下一千余户"，必须亟为救正。并提出根治之法，建议军府提倡实业，解决妓女生计问题。

孔教会和三迤总会的呈文发生作用，5月，军都督府行政公署发布208号指令，称："据该会长等呈请取销集园以重礼教等，据此查省城自从开设集园以来，青年男女习于邪僻荡志溺心，日趋淫靡，遂至礼教沦胥，风俗败坏，殊于社会人心极有妨害，兹据呈请取销前来，足见该绅等维持风化，具有同情，应即准如所请，所有上中两等集园均限至阳历六月底一律取销，一切善后办法，候饬警察厅妥筹，议拟呈候核定，仰即知照。此令。"② 6月1日，都督兼巡按使唐继尧再以训令敦促警察厅长取消集园，并妥善安置妓女。至此，营业不到三年的集园公娼终于结束。

二、创办私立学校

在传统士绅所从事的各种地方事务中，教育占据重要位置。滇省教育经费，因地方贫瘠，素形拮据，加上频年军事繁兴，固有经费多被移提，教育发展缓慢。有鉴于此，热心地方事业的绅耆纷纷筹资组建学校。根据1922年教育司司长董泽编辑的《云南教育概况》统计，滇省教育经费，以民国元年、二年较为充足，三年以后逐年减少。教育经费既形支绌，教育自难以扩充。在教育经费相对丰腴的一二年，私立学校不多见，仅成立了云南私立第一中学校一所。该校由李坤、张士麟、刘钟华等人发起创建，针对公立学校教授科目仅传授知识，而"感情日薄，道德日偷，渐酿怠忽嚣张之气"，因此"力矫此弊，应需之知识固亦完全供给，而形势主义与基本学科务求均齐发展，以养成富于推理，强于自治之能力"③。该校的设立旨趣体现在课程中，国文一科所占比重较大，入学

---

① 孔教会呈都督兼民政长取消集园公娼文 [N]. 共和滇报，1914-05-28.
② 三迤总会续呈取消集园文 [N]. 共和滇报，1914-06-20.
③ 云南私立第一中学校简章 [N]. 滇南公报，1912-07-10.

考试以国文、算术、格致三科为内容。校长刘钟华是清光绪癸卯科举人，会试不第，考送日本东京帝国大学理化专科，以优等毕业，回北京参加清廷组织的留日学生考试，考列一等，奖翰林。国文教员李坤则为癸卯科进士，受翰林院庶吉士，旧学功底较深。

1915年以后，财政厅克扣教育经费的现象更加严重，"每月经费往往阅二三月之久，尚不能拨领"①。甚至拟定中等以上各校及留学费，按原额减为八成，各中等学校必须缩小规模，裁费减班。眼见滇省教育事业危机重重，绅耆纷纷成立私立学校，如钱用中、顾视高等创建正则中学，李华创设私立第二中学，模范小学校长雷用中发起初等男子小学校，陈佐轩创办私立蒙养园，陈文政、王灿、何秉智、缪尔纡、惠我春、彭耀琮等人发起端本女子学校，三迤总会会长黄德润创设成德中学。

在这些私立学校中，以三迤总会的成德中学最为著名。该校一直持续到1930年才因经费支绌而归并公办，其他学校则经费来源不能固定，陆续停办。1924年来滇参加第九届教联会的谢彬对成德中学印象特别深刻，他说："往三府坎参观私立成德中学，该校校址系就三迤会馆改建，创立于民国四年，民八以前，政府尚无津贴，民八迄今，每月津贴五百元，教员多属义务，师生极能合作，各项杂役均系学生轮充，此为各省中学所未见者。其初，三迤士绅尚颇参加赞助校务，近则全听校教职员处理。训育注重人格，感化全校，无吸烟者，所有朝会、自治会、星期讨论会、学组团、学长团等组织，均由师生合作，力求进步。现有学生六班，共计四百七十人。"②

绅耆创立的学校，大都以教授传统学问为主，关怀重心在于维护日益衰颓的旧学。如成德中学在招生广告中就说明办学旨趣："盖维国性以道德为宗，国文实科学之母，吾国近年所立各校，系取欧化主义，其于物质文明固称进步，而于旧有之精神文明则日形退化，有识者靡不慭焉忧之，现又财政困难，方议减班，人士远来不无向隅。本会因此集议，立一学校，名曰成德中学校，以为收纳学子之余地，并以达注重道德国文之目的。"③ 发起者之一的杨琼更强调："吾之组织成德中学也，以维持道德、国文二者为目的，而二者之中则尤以道德

---

① 云南教育司. 云南教育概况［M］. 昆明：云南教育司，1923：55.
② 谢彬. 云南游记［M］. 上海：上海中华书局，民国廿七年（1939）：94.
③ 三迤总会议立成德中学校招生广告［N］. 滇声报，1915-03-23.

为重。"①从成德中学毕业的学生，可以经巡按使送入各等相当之专门学校。

三、开展学术文化活动

受旧学熏陶的绅耆，对于传统文化有着特别的关怀，为此，开展一系列活动来维护传统文化于不坠，如征文考献、收集刊刻前贤遗集、纂修方志、建祠立像纪念先贤等。而一些观念趋新的绅耆则通过学会组织调和新旧，发展学术。

民国肇建，物换星移，绅耆往往忧虑旧学衰微，慨叹人心不古，采取一系列行动以维护旧学。唐继尧主政期间，对绅耆的文化活动颇为支持，经常拨款资助，使绅耆开展文事活动得到经费保障。1913年年底唐继尧由黔回滇，在兼任巡按使任内，对实业、教育、内政等事，整理不遗余力，尤其注意人民生计和维持社会道德。1914年5月，唐继尧发起圣教研究会，联合孔佛道回各教人士在陆军偕行社每星期开研究会，赵藩、倪惟钦与会。此外，唐氏极力整军经武，对于养成军官人才甚为注意，设讲武学校。为了培养道德高尚且遵循法制的军官，又设陆军将校讲习会，凡各旅团营长官，均入会教以道德要旨、法政概要、名将事略等科，连讲三日。聘请由人龙和王灿任法制讲席，由云龙讲演道德要旨和私德与公德相互之关系，秦光玉演述名将事略。

对于绅耆们的文化活动，唐氏向来很慷慨。时任孔教会会长的赵藩向唐继尧提出辑刻云南丛书的请求，唐氏便爽快地拿出钱来赞助绅耆刊刻图书。赵藩自称："藩自束发授书，稍有知识，其时滇乱孔亟，斯文将坠，先公推命，惟在文献，谓他日不望尔高科膴仕，但得辑学明理，留意吾滇掌故典籍，随时随地蒐访裒集，尽我心力，公之乡人。藩谨服膺不敢忘。以故五十年来，虽戎马薄书，奔走颠沛，此志弗懈也。"赵藩早在四川做官时，就打算把自己历年收集的滇中先辈著述近二百种，诗文四十余家，捐奉付梓，"不意桑海变迁，促迫无暇，而己力屡薄，亦难举事"。因忙于国事，无暇顾及，直到1914年"从事孔教国学时，每与当道谈及，慈恩图成，幸承许可，筹款开局"②。其实，陈荣昌在前清掌经正书院时亦曾有此想法，因缺乏经费，书院亦复改办，未及实行。此时赵藩的要求得到唐继尧的支持，后者立刻令内务科禁烟项下及前清提举旧

---

① 杨迥楼先生劝学生文 [N]. 共和滇报，1915-11-26.
② 赵藩. 赵藩遗稿·致竹村书 [M] //中国人民政治协商会议云南省委员会文史资料研究委员会. 云南文史资料选辑：第15辑，昆明：云南人民出版社，1981：217.

欠之款拨银一万元予以资助，于是成立辑刻云南丛书处，附设于云南省图书博物馆内。

依据《辑刻云南丛书处简章》规定，该处设总纂一员，名誉总纂一员，文牍一员，搜辑审查若干员，总经理三员，庶务兼会计干事一员，文牍一员，收发兼记录一员，书记无定员。总纂和名誉总纂负责核定全书体例，甄择种类，主持审查刊刻事宜。如名誉总纂不能常川住处，即由总纂专主办理。编纂审查员则负责编定群书，审定去取。搜辑审查各员负责搜采遗书及审查去取工作。总经理主持一切庶务经费事宜。庶务兼会计员负责主持银钱出入，置备保管一切器具，督率书记工人收储群籍及刊刻印刷等事宜。文牍员主办一切文牍函件，及协同收发员清理储藏群书，书记承各职员之命，分别誊写纂定书稿，缮办文件册籍账目。

唐氏对此事颇为重视，亲自任命秘书长由云龙、滇中道周钟岳、腾越道唐尔镛为总经理，函聘巡署顾问官赵藩为总纂，顾问官孙光庭和李坤、参事席聘臣、秘书顾视高、昆明联合中学校长钱用中、教育科佥事秦光玉和图书馆馆长蒋谷为编纂审查员，后来又增聘了袁嘉谷、张士麟、舒良弼为编纂审查员，基本网罗了当时滇中旧学功底深厚的绅耆。

报纸对辑刻丛书之事相当关注，逐日进行追踪报道，在报道巡按使署聘请陈荣昌为名誉总纂的消息时，认为"兹事体大，必得最有学识之人总其成，然后可望成功"①。为此，唐继尧派人送聘书至安宁明夷河。陈荣昌自1913年年初回滇以后，就和老友王玉麟隐居安宁明夷河，不问世事，莳花种草，诗酒自娱，同时内外交往仍很频繁，在安宁集聚起一群隐士，如谢宇俊、简寅钦、朱仲衡等，他们不仅彼此过从甚密，且与城中绅耆时常温酒道故，还与昆明地藏寺和尚莲洲时相往还，切磋诗艺。

隐居的陈荣昌仍然受到当道和社会的关注。1914年年初，回滇不久的唐继尧就写信向陈荣昌问治理之策，并再次敦劝其出山。陈复信婉拒，并建议唐氏治理以维持道德为重。据媒体报道："昨接秘书处寄来陈小圃复都督书，曾志本报，彭伯英君又以书后投稿，皆注重维持道德，予甚韪之，而又未尝不叹时事之难为也。何以言之？时至今日，一身之进退，天下之安危系之，民生之休戚

---

① 云南丛书名誉总纂［N］. 共和滇报，1914-08-25.

关之。当此五族共和,推翻专制,大总统化除畛域,已无所谓亡国,更无所谓亡国大夫,若以小圃一人之洁身引退,为个人计亦固无所加损,乃欲以小圃一人风世,致使一般热诚之士群起而慕其高风亮节,则天下事又将谁属乎?总之,时势能造英雄,特患委靡者之不克振作耳。吾愿读小圃书者,幸勿借口移文北山而等于稽绍一流人物,以贻后人讥也。"① 媒体担心陈荣昌的进退引起众人从风而效,可见其在滇中士林的影响号召力。

1914年4月,风闻陈荣昌与王玉麟家被强盗抢劫,民政厅长李鸿祥立刻派人赍书问讯,陈荣昌复信辟谣:"然实民讹,无是事也!自去岁三月徙居村舍,已有一年,闾阎安堵,庞犬不惊,前月邻村如八街石庄小有盗贼,寻闻捕获数人,余皆串散,近亦无事。本村则仲瑜及荣昌固未被扰,即乡邻百余户皆托庇安然。惟仲春大雪,菽麦受伤,米价骤长,父老有忧色,贫家小户有愁惨下泣者,固知人和亦赖年丰,雅颂诸诗,多言田事,良有以也。近见平畴菽麦,渐有起色,米价亦稍平,如此后雨阳时若,岁能有秋,盗贼当可衰息。承关怀民事,拟派警队缉捕,择地而行之,或亦不可少者。前辱玉趾亲临,非但蓬荜之光,亦山林中一段佳话,今复以谣言致扰锦怀,遣书用讯,如此高谊,古人所稀。谨肃笺鸣谢,敬颂钧祺。"② 可见陈荣昌虽然隐居明夷河,却从来没有退出当道的视野。辑刻云南丛书如此大事,自然少不了这位高人的参与。

陈荣昌之前对当道的敦请概不接受,可是对于辑刻丛书一事却颇为热心,接到唐继尧送来的聘书,表示:"荣昌曩年有辑刊滇南丛书之议,惜其事中止。今将博采旁搜,撷精存粹,期成巨帙,蔚为大观。荣昌闻而狂喜,为之起舞,岂以积十余年之虚愿一旦得偿,为之大快哉,亦谓乡先辈苦心著述,无人过问,飘零散落不知凡几矣。今得公注意文献,奋登高一臂以为之招,其事必底于成。虽前修渺不可作,而死者有知,犹当拜赐于九原之下,况生斯世者,睹兹休美而不动色相庆,非人情也。承命任名誉编纂,与樾村先生主持一切,力虽不逮,谊无可辞。"只是"山居日久,野性已成,非敢学元亮之傲,而实有嵇康之懒,城市酬酢既厌其烦,荒村僻处,群稚相从,又不能一日离去。此事诚所愿为,若仆仆往来从事其间,又非山野之人所能及也"。因此特别推荐图书馆馆长蒋谷

---

① 蜡僧. 时评 [N]. 共和滇报, 1914 - 02 - 20.
② 陈小圃先生为谣传被劫事复民政厅长事 [N]. 共和滇报, 1914 - 04 - 14.

为分纂,称"其人寡言语而学识优长,条理精密,拟请委以分纂一席,必能得力"。至于刻书事宜,则"樾村先生与荣昌商榷者,或书来,或由蒋谷以书来,凡所与闻,自当竭吾管见,如此则形迹虽隔,声息相通,上既不违公命,下亦可遥参末议,以赞成盛举,而自慰其初心"①。蒋谷是陈荣昌主讲经正书院时的学生,被陈推为从游诸生中的祭酒,十分称许,推荐其为分纂,以便居间联系,自己可以不就其位而谋其事。

参与辑刻《云南丛书》的滇中名贤,主要负责书籍的审定工作,鉴别良莠,决定去取。他们各有其他事务,整理图书只是兼任,平时无须常川住处,成立之初未能全力为之。如周钟岳在辑刻云南丛书工作开始不久就赴京觐见,将分配经手书籍草草了结,由云龙、席聘臣等则忙于政事。赵藩虽然对辑刻丛书倾注许多心血,也是在1920年代以后对政治失去兴趣,才转而致力于整理图书,之前则精力多用于政治之上。孙光庭也多致力于政事,对整理丛书较少留意。秦光玉、钱用中则忙于教育,无暇顾及。陈荣昌身在安宁,交通不便,较少入省,只能通过蒋谷转达意见。相比之下,李坤、袁嘉谷、何秉智等对辑刻丛书出力最多。1916年3月,李坤因病去世,赵藩痛感辑刻丛书之事失一得力助手,"甚于断臂掏胸痛,丛书堆案何日杀青"②。1920年代之前,辑刻丛书工作进行颇慢,护国运动期间,更是基本停顿下来,直到1916年5月,经过近两年时间的整理,才刊刻出第一批,仅20余种。

经历护国之役,滇省财经紧缺,辑刻云南丛书处经费也所剩无几,丛书处被迫裁撤,所有职员夫马笔墨津贴等费,概行停止,只留校对员一员,刊书事务暂归图书馆办理。到1917年年底,又刊成20余种。1917年10月,赵藩随唐继尧出征四川,回来后,唐继尧于1918年5月拨款重设丛书处,聘赵藩为图书馆馆长兼丛书处总经理,作为对赵藩随同出征的报答。时隔不久,是年8月,赵藩代表唐继尧到广州护法军政府任总裁代表,把图书馆馆务交给何秉智代理。赵藩一去便是三年,对辑刻丛书工作无法兼顾,虽自称仍然遥领辑刻事宜,毕竟鞭长莫及。1918年底,何秉智负责陆续刊出40余种。何秉智清末在京师大学堂肄业,学习博物科,毕业回来后一直在图书馆服务,并投入赵藩门下,成为

---

① 陈小圃君复唐巡按使函 [N]. 共和滇报, 1914-08-31.
② 补志追悼李厚庵先生挽联 [N]. 义声报, 1916-05-01.

辑刻云南丛书的得力助手，颇得赵藩欢心。赵藩曾毫不掩饰地对人言："小泉真乃吾得意门生，积学之士。"①

1920年秋间，赵藩从广东回滇，一方面对政事颇为灰心，表示："不虞武夫争地盘，策士争饭碗，抵触构煽，肝胆分裂，而西南数载之经营，一朝灰灭，祸变且相寻而未已。茫茫来日，蠢蠢四方，天乎人耶，呵壁莫问，左右知我，谓之何哉？无可言出矣！"②另一方面则感怆家难，爱妾病逝，女儿早殇，所以闭门扫轨，不复言政事，重捡旧业，整理图书。直到1927年去世为止，亲力亲为，大部分时间和精力主要用于整理丛书工作。个中甘苦，赵藩曾向友人述及："其间最苦者，捡、择、删、润皆须自为，分纂乏人，任劳已难，遑云任怨。即校对小节，亦复悾悾，乌焉亥豕，触目而是。念已担任，诿卸非人，尤乖素心。此所以如盐车驽马，竭蹶上阪不告休，非弋虚誉，非恋餐钱，中夜抚膺而自怜亦自笑者也。蚕作茧而自缚，蠹食字以为甘，倘所谓天生劳人，是耶非耶，惟贤昆仲知我爱我，聊一倾吐，藉作解嘲而已。"③在赵藩的努力下，到1922年刻成了152种，共1212卷。他不无欣慰地告诉李根源："余亦筹费陆续锓木，将来断乎当合得二百余种，差堪自慰，并以告慰左右也。"④到1927年去世为止，又有20余种完成。

赵藩死后，其未尽的事业由袁嘉谷、方树梅、秦光玉等接续。据说赵藩死前曾对门人方树梅和华世尧说："时局至此，老病不复言矣。数十年抱残守缺，所汲汲者滇中文献耳。近十余年来，编刊虽千余卷，兹一病缠绵廿余日，而丛书二编三编，及诗文丛未订之稿尚多。与吾同抱斯志负斯者，为吾所心折者，陈虚斋耳。万一不起，二子为吾表其意。重托虚斋，尽吾未尽之志，吾死瞑目矣。"⑤对于老友的临终重托，陈荣昌难以拒绝，因此当省政府复聘陈荣昌为图

---

① 张谅. 记赵藩的得意门生——何小泉［M］//中国人民政治协商会议，昆明市五华区委员会. 五华文史资料：第2辑. 昆明市五华区委员会（内部发行），1989，2：111.
② 赵藩. 赵藩遗稿·致李雪生书［M］//中国人民政治协商会议云南省委员会文史资料研究委员会. 云南文史资料选辑：第15辑，昆明：云南人民出版社，1981：220.
③ 赵藩. 赵藩遗稿·致王竹村书［M］//中国人民政治协商会议云南省委员会文史资料研究委员会. 云南文史资料选辑：第15辑，昆明：云南人民出版社，1981：217.
④ 赵藩. 赵藩遗稿·致李雪生书［M］//中国人民政治协商会议云南省委员会文史资料研究委员会. 云南文史资料选辑：第15辑，昆明：云南人民出版社，1981：220.
⑤ 方树梅. 臞仙年录［J］. 云南文史丛刊，1993（3）：96.

书馆长兼辑刻云南丛书总纂时,慨然接受总纂一职,而谢绝馆长之位。但据方树梅说,陈荣昌平时忙于卖文卖字自活,年事又高,所以无暇过问。省政府另聘秦光玉为图书馆长兼总经理,袁嘉谷为编纂审查员。第二阶段主要是整理《滇诗丛录》《滇文丛录》,诗丛实际上由方树梅负责,而文丛则由秦光玉负责。

《云南丛书》是继师范所编《滇系》以后一次大规模地整理古籍文献的活动,保留了大量的云南古代文献。

与辑刻《云南丛书》同时,顾视高、倪惟钦发起纂修《昆明县志》,请陈荣昌为总纂,厘定体例。昆明原无志,道光年间,昆明人戴筠帆在京师为官时首纂《昆明县志》,纂成未刻,藏于家中,60年后由其子携回昆明付梓,时在光绪辛丑年。戴志只记到道光年间,顾视高等人鉴于后续70年尚无记载,提议续修昆明县志。顾视高述修志缘起道:"清宣统逊国,邑人士先后旋里,金以县为首邑,政教风俗无一不与省治相关涉,且七十年来兵戎迭见,人事屡更,纪载缺如,何资考镜,爰谋踵事焉。"① 之前曾经屡议续修,因无款而作罢。这次前事重提,得到唐继尧的资助,拨款成立昆明志局,延聘协修和采访人员,着手修志。

志局延聘陈荣昌为总纂兼总理,另外倪惟钦、王玉麟、顾视高为总理,分纂、协修兼采访多延聘绅耆,如李坤、黄华、蒋谷、钱用中等,黄华、李坤、顾视高、吴琨等任提调兼审核。从民国三年(1914)成立志局开始修志,到民国二十八年(1939)修成刊刻,前后历经20余年。陈荣昌1935年谢世,初稿尚有未经裁定的部分,由于款绌,修志工作搁置下来。两年后,得到昆明试验县县长董广布的提倡,赓续此事,"爰采众议改组志书局,成立文献委员会,公举顾仰山先生为总纂,推钱平阶诸先生佐之,一一延聘继续从事,一面与仰山先生悉心筹画刊印经费,几经商讨,始由地方款移拨一部,又请准民政厅核拨自治附捐一部以为挹注,复以木刊烦费需时,且梓人难觅,复屡次集会协商,权其缓急,改用铅印,期其速成,以餍邦人士先睹为快之心"②。

修志工作费时数十载,顾视高慨叹修志不易:"徒以地方向无志局,官府又

---

① 顾视高. 续修昆明县志序 [M]//倪惟钦等修. 陈荣昌,顾视高. 续修昆明县志. 昆明:中华民国昆明志局,1943:1.

② 董广布. 续修昆明县志序 [M]//倪惟钦等修. 陈荣昌,顾视高. 续修昆明县志. 昆明:中华民国昆明志局,1943:4.

乏志科,慨自辛亥改革,县署迁徙,六曹陈牍以无人接管,胥归灭裂,一事也!传闻异致而案册无征,一人也!好恶殊词而状难据,以致一地一物亦往往著录多歧,而图籍散佚,缀零辑碎,猎隐搜新,钩稽屡穷岁月,淹滞拮据,积十余寒暑,群知不可复得,始分别具稿。既经审定,随付剞劂,凡为卷八,为目四十有九,中间以经费支绌未刊之定本尚悬其半,而投稿较迟,未及审定者四目,已审定又阙佚篇幅者一目,阙小序者一目。"① 如此看来,《昆明县志》的修成,绅耆颇费心力。董广布认为,县志"纪山川形势,考政教沿革,明方物之变,敦风化之源,景先哲之良规,足以立懦而兴廉,不惟观事知俗,可资行政之借镜,而阐明固有道德,增进地方文化,抑亦司风化者之所有事也。惟是社会进化日异月新,人事历程靡有终极,当兹科学昌明,轮轨交通,航空万里,瞬息可能,文化之灌输,风气之丕变,政教之推移,今昔大殊其趣,如何适应现境,如何继往开来,责任在后之来者。所冀邦人君子,征信考录,发扬而光大之,则是编之成,信不徒然也"②。此说不仅道出了绅耆修志的旨趣,还表达了他们在新旧文化兴替进程中努力调适的取向。

此外,一些学术文化类的学会也由绅耆主持。

1916年8月,护国战争结束不久,掌管全滇教育的教育科科长钱用中发起成立学术批评会,拟"综合古今中外各专门学术,治为一炉,召集同人随时研究,随时试验"。呈请唐继尧拨款资助。钱用中向以思想趋新的形象示人,1917年刚从北大毕业回来的龚自知对其印象是:"钱是一个喜欢新书、新报,比较开明的旧知识分子。"③ 所以,钱用中提倡的学会并不偏重旧学,而是新旧兼及。这也大体反映滇中绅耆的处世态度及举止,只是新旧的程度各有不同而已。

此时大局初定,唐继尧正欲偃武修文。他一直比较支持绅耆的学术文化事业,此次对学术批评会的设立也极表赞成,答应拨款资助,以财政厅应支教育经费项下按年酌拨,按月支付。除了资金的支持,唐继尧对于各项职员的人选

---

① 顾视高. 续修昆明县志序 [M]//倪惟钦等修. 陈荣昌, 顾视高. 续修昆明县志. 昆明: 中华民国昆明志局, 1943: 2.
② 董广布. 昆明县志序倪惟钦等修 [M]//陈荣昌, 顾视高. 续修昆明县志. 昆明: 中华民国昆明志局, 1943: 5.
③ 龚自知. 五四运动在云南报刊的反应和对文体的影响 [M]//中国人民政治协商会议云南省委员会文史资料研究委员会编. 云南文史资料选辑: 第7辑, 昆明: 云南人民出版社, 1985: 175.

也特别重视,经官厅斟酌再四后,亲自评定各职员。

学术批评会正式定名为学术批评处,所采取的组织形式,与1913年孔教会下设的国学社相似,定期举行演讲,然后布置试卷,拟定题目,学员可以回去写作,次日早上七点交卷。再由学术批评处评定高低,酌给奖资,并将优胜者的试卷按月汇册,编为月刊发售。学术批评处设正副总裁各一员,批评员四员,经理员一员,编辑员二员,校对兼文牍二员,庶务兼会计一员。根据所拟章程规定,招收学员的资格为:中等以上学校毕业生或未毕业之三四年级优秀学生,各界学有根底、诚心研究学问学术者。即只要有心研究者都可参加,但该处属于社会教育,所以在校学生被排除在外。所研究的范围颇广,包括"精神文明之文科诸学暨属于物质文明之理科诸学"。

该处总裁一席由由云龙兼任,钱用中出任经理员,张士麟、王毓嵩、王用予、袁丕钧四人为批评员,秦光玉、蒋谷两人为编辑员。记者评论道:"其中所用人员,总裁为陈小圃,副总裁为由夔举,编辑为秦璞安、蒋怀若,皆吾滇之老师名宿,批评员为张希庵、王式南、王孟怀、袁伯举四人,张希庵之理化数学,王式南之法制、经济、哲学,王孟怀之教育、伦理、文学,袁伯举之文史经学,皆极一时之选。"① 正副总裁负责评定试卷及编辑月刊稿件,经理员负责经理学术批评处内外一切事务,批评员充当该处所组织的每次讲演的讲演员和试卷评定员。各职员中,只有袁丕钧(伯举)是新进少年。

学术批评处于1916年11月正式开始演讲,参加人数颇为踊跃,报纸称:"本省学术批评处昨经成立,其初由各机关送往及自行报名之学员约在百余人,本月五日开始演讲试验,十二日续行演讲试验,并经先后揭榜奖励,其任讲各员演讲又极明了,兹闻近日前往报名及请各机关送往者络绎不绝,大有争先恐后之势云。"② 由于应试之人极为踊跃,又多为官厅公务人员或学校职教员,而该处规定的应试作文时间为星期天参加听课,星期一上午七时交卷,诸学员"往往夜以继日,达旦不寐,竭全力为之,遂至用脑过度,疲乏特甚,至次早应行办公及应行任教之时间,或竟行迟延不到,即到矣,亦以精力不支,未能尽职",影响正常工作。省行政公署睹此弊端,饬令该处对应试时间进行整改。学

---

① 学术批评处之真像 [N]. 义声报,1916-11-17.
② 教员逐渐增多 [N]. 共和滇报,1916-11-27.

术批评处遂将时间做了调整，改为星期日当天下午八时以前交卷。由此可见学术批评处的影响。

第三节　对绅耆声誉和地位的一次冲击——铁路公司查账事件

　　清末全国掀起收回铁路利权运动，云南上层士绅也应时而起，成立了滇蜀腾越铁路公司。为了积累基金，在全省范围内征收路股，公司厘定的集股章程规定了所集股金分为六类：认购之股、盐捐之股、官本之股、公利之股、彩票之股。但同时也指明了盐粮捐集股将是筹资的大宗，而实际情况也如此，在公司后来所征集到的四百多万股金中，主要是靠盐粮捐而来，及采取强征的形式，通过盐斤加价、随粮派股（即按一定比例随田赋收钱）的办法进行。这两项股捐颇是累民，几同于苛捐杂税，所以民国成立后，云南军政府应临时省议会之请把这两项苛捐取消。

　　成立公司自筑铁路在当时是一件大事，滇省在籍各知名绅士都参与此事，可以说是全体总动员。但因技术和资金以及管理等方面原因，此事迁延数年以失败告终，云南最终没有修起一里铁路。当时公司员绅经营公司数年，颇感办事的艰难，加之法国出资修的滇越铁路于1910年建成通车，由越南河内直抵省垣。在救亡心态的驱使下，公司员绅决定上报清廷邮传部，由邮传部收回部办，想依靠国家的力量来修建铁路，以救危亡。此议曾受到留日学生的坚决抵制，在此问题上留日学生与公司员绅的观点分歧颇大，但不及解决，清祚告终。不过此事并未了结，既然铁路没有修成，艰难征集而来的铁路股款的去向总要有一个交代。民国元年九月份，全国铁路协会滇分会成立，首先提出要清算铁路公司股款，并提议联合临时省议会和三迤总会共同商议查账方法。提议很快得到响应，三方各举代表三人负责查账事宜。

　　清查路股虽是由全国铁路协会滇分会提议，但在其中起关键作用的却是省议会和三迤总会。当省议会向云南当局提出弹劾公司总办吴琨时，在京参加国会的滇籍议员也遥相呼应，向参议院提出质问，要求国会向当局施压，确实执行。值得玩味的是，对查账呼声最高的都是昔日未实际参与经营铁路公司的绅耆。如三迤总会会长黄德润，时任司法筹备处处长，为军政府委任专办查账事宜，清末时在蜀做官，对滇中如火如荼的自筑铁路运动并未与闻，全无瓜葛，因此，对查账雷厉风行。还有三迤总会的杨琼、段鹏瑞等人也对查账颇为支持。而省议会的诸位议员对于省中上层绅士们所为更不得与闻，所以此时对查账也尤为尽力。在国会中滇籍议员响应省议会向参议院提出质问要求立案讨论，列名质问书的有赵鲸、吕志伊、孙光庭、袁嘉谷。吕志伊当日为留日学生，对省中诸位绅士所为本来就十分不满。而孙光庭也是发起筹建铁路公司的绅士之一，但并没有参与公司的运营。袁嘉谷时在北京供职，也曾一度为铁路公司寻求筑路工程师而四处打听，但对公司运营也未实际参与。

查账从是年十月开始，费时五个月完成，对滇蜀腾越铁路公司成立以来的所有收入支出一一查对。查账报告称："该公司管理侵蚀款至五万余两之多，不正当用费至二万余两之多，不清款项至四千余两之多，代债项下虚悬款项至五十余万两之多。"① 并就此提出弹劾铁路公司总办吴琨及追究相关人员责任。称"前充滇蜀铁路公司总办吴琨舞弊营私侵蚀巨款，陈荣昌、李坤亦有经手责任，拟请分别究追律办"②。省议会因此提交国会，要国会立案讨论。

省议会将所查情况上报国会，把公司运营存在的弊端归纳为九个方面，分别是：

> 一查公司簿记，光绪三十四年二月初二日锡良购公司一号股票一百四十张，收本银七千两，即由收银之日起递年迭算息上加息，算至光绪四十三年已得十年之利息，比本多五倍，铁路公司无此办法，其弊一。一镇南州解交粮股库平银三百八十九两九钱五分六厘，来函询问，查公司簿据并未收入，及马龙、路南、靖江等州县所解交粮股均未照数收入，其弊二。一宣统二年六月五日，顾仰山以枪四枝，码子三百四十六枚作银一百伍十两购一号股票三张，军需用品，官且禁买，公司收受，显系徇情，其弊三。一据临个蒙铁路公司来函，庚戌年份实解炭股银九千三百二十两，兹查该公司账内只收库平八千零六十七两五钱，合市平银一千二百九十七两五钱九分，差数太多，实属有意染指，其弊四。一北京铁路办事处设立之初，

---

① 参议院质问云南铁路公司案 [N]. 申报，1913-06-03.
② 前司法筹备处黄处长查办前滇蜀腾越铁路公司总办吴琨舞弊营私侵蚀巨款一案覆都督、民政长公函 [N]. 滇声报，1914-06-29.

同乡纯尽义务，宣统二年陈荣昌选为资政院议员，吴琨竟送公费二千两以驻京总办之名报销之，将公司之股本作私人之报酬，其弊五。一陈度到比聘工程师，只两人出洋，未及周期，用费至二万二千四百三十一两八钱余之多，查委员出洋除费外，资薪皆有定数，而陈度用款如此之多，徒资其运动满清污吏回滇总办造币厂，与吴琨狼狈相倚，其弊六。一公司簿记载还李坤经手借学务处银六十七两二钱，借入无账可查，又方道考查日本铁路在光绪三十一年，滇蜀铁路公司成立在光绪三十二年，何以方道即于先一年用费六千一百三十七两零五分，又送瑞士美多旅费一千一百零一两六钱，并无理由，其弊七。一查公司簿记载银行暨腾越下关分银行历年开支二万六千八百三十七两七钱二分一厘，查前清时，陈荣昌、施有奎等创设云兴银行，公司之外另立营业机关，一切开用即由公司支出，则银行所入利益亦应由公司收入，乃遍查公司簿据只有银行支出之款并无银行收入之款，其弊八。一查公司簿据载三迤公处，借银三千零五十三两五钱九分六厘，此项系由三迤公处杜海心亭对门屋基三分，白龙潭耦塘界一分，查此项账内列于借垫项下，而表内又列于购置田地项下，究系购置或系借垫，莫衷一是。又查商埠清查局借款四千四百八十两无借券，无利息，商埠清查局现已取消，何人负赔偿之责，均惝恍无凭，其弊九。其他如伙食之浪费，宴安之侈靡，送礼之无谓，用人之纷杂，种种浮滥，载在铁道协会报告书内不及备述，要皆以滇人之膏血供彼辈之挥霍。①

表面上看，报告书所载牵涉面很广，顾视高、陈荣昌、陈度、施有奎都在打击之列。但实际上，其所弹劾的对象也仅是吴琨一人而已。报告把铁路公司运营存在的这九个弊端全归于吴琨一人身上。吴琨是继陈荣昌之后任铁路公司总办的，民国成立后任实业司司长。吴琨，字石生，生卒年不详，甲辰科（1904）进士、翰林，留学日本法政大学，昆明人。吴琨是陈荣昌经正书院时的学生，当年陈因出任贵州提学使，需离滇赴任，把总办一职让与吴琨。查账三方称吴琨在担任公司总办期间，营私舞弊，移挪巨款，侵款浮冒，要求追究吴琨各方面责任，因此而向政府提出弹劾吴琨之案。

---

① 参议院质问云南铁路公司案 [N]. 申报，1913-06-03.

此外，报告还指出，公司员绅几乎都向公司借贷，吴琨、陈荣昌、李增、朱映槐、丁彦、顾视高、杨学礼、李坤、金在镕、汤曜等十人于宣统二年正月二十九日借取大龙圆一十万元合市平银七万二千两，议定每月每两四厘行息，按年算交，立正月十六日借券一纸，以宝华锑矿公司股票息折十万元作抵，其银两约定仅先以借银各人名以分得红利填偿下，十年为限。熊范舆、刘希陶于宣统二年六月二十九日一起向公司借款大龙元一万元，熊范舆、王夔生、戴循若三人于前清宣统三年四月初八日借取市平纹银一十万八千两正，吴琨、陈价、马启祥、朱朝琛、周钟岳、解秉仁、刘宪邦、丁彦、吕兴周等九人宣统三年五月二十九日向公司借取大龙元十万合库平银七万贰千两，诸人以个旧锡务公司十万元股票作押。

  在创办铁路公司的同时，绅士因与列强争夺开矿权而筹建矿务公司。当时滇省绅士创办的比较有名的矿务公司即为宝华锑矿公司和个旧锡务公司。宝华锑矿公司成立于光绪三十四年（1908），由政府拨公帑五万组织之，于广南文山见开采锑矿。因制炼不良，资本亏折殆尽。宣统元年，改组新公司，官商合办，为了筹集资金，陈荣昌等挹彼注兹，以锑矿公司股票作抵，向铁路公司借十万元，锑矿公司"商股甚少，仅借绅民股份以应付外交耳"。除了报告书所列的这几项借款额比较大的外，当还有其他一些小额借贷，如周钟岳在宣统二年十一月十一日的日记中就记有："是日铁路公司送来借约一纸，乃钟同李文山、丁硕甫、陈信甫、吴石生、李厚庵、李灿高、万鸿恩诸君向铁路公司借银一万元以开采开化白牛银厂，每月四厘行息，钟名下亦分配二千元。"① 可见公司员绅向公司借债投资开矿在当时较为普遍。而且对向铁路公司借债，在绅士看来没有什么不妥。周钟岳的日记记事较为谨慎，记事有所选择，但对向铁路公司借债的情况毫不隐讳，如实记录，而对于查账事件却无片言只字，可见绅士们把向铁路公司借债看得十分自然。

  三迤总会、省议会向政府提出质问，政府表示："查本案原因复杂，款目繁钜，必须详慎处理，始足以餍众望而昭公允。"② 军府显然想低调处理此事，无奈媒体对查账事件连续报道，尤其由黄德润任主编的《滇声报》更是将清查铁

---

① 周钟岳. 惺庵日记 [M]. 宣统二年日记稿本，十一月十一日条，藏云南省图书馆历史文献部.
② 民政长至省议会公函一件 [N]. 共和滇报，1913-09-17.

路公司的账目报告书连日登载,以致"凡旅省人士皆知吴琨等数人侵蚀移挪矣"①。而且,省议会还通过滇籍国会议员孙光庭、赵鲸、袁嘉谷、吕志伊等上报到参议院,向政府提出弹劾吴琨案,使事态扩大。迫于压力,唐继尧解掉了吴琨实业司司长之职,而另委以个旧锡务公司总经理,暂时避开矛盾焦点。

除吴琨被免职外,向公司借债的员绅也陆续还款。各人的还款情况是:吴琨于民国元年九月五日还过本银三千六百两,息未结。周钟岳还过本银三千六百两,息已结清。陈价先后于民国二年十月二十八日和民国三年十一月十七日还三千六百两和七千二百两,息均未结清。解秉仁于民国二年十月二十八日,还过本银三千六百两,息未结清。总计还银二万一千六百两,尚有五万零四百两未还,利息仅周钟岳一人付清,其余均未结算。②熊范舆、王夔生、戴循若开始想借故拖欠,称已在黔筹款十六万元拟还铁路公司借款,但因黔政府需饷,即将熊等所借商款由黔银行借去配发军饷,所以滇路之款未能按期归还。因三人皆贵州人,清末时游幕于滇,此时则想借助贵州政府解决此事。熊范舆甚至想以辞职为脱身之策。省议会知道后,多次派人登门催款,国会议员孙光庭等在参议院向政府提出质问书,要求政府查办,最终把熊、王、戴三人所借之款大龙元十六万元,作合市平纹银拾一万伍千二百两连应缴息银三千三百二十一两六钱全部追回。

在整个查账风波中,受冲击最大的是吴琨,此事对吴琨无疑是其一大污点,后来甚至因为此事而断送了政治生涯。而且可能受此影响,后人都很少关注吴琨,在《续云南通志长编》中吴琨的传记极其简单,仅有数语。不过,就当时来说,因为有唐继尧的保护,查账只是有惊无险。直到唐继尧倒台,东窗事发,才被连带落水。吴琨任个旧锡务公司总办以避开风头之后,又东山再起,先后任财政厅厅长、实业厅厅长、内务司司长等职。而其他绅耆虽牵连进去,但显然冲击并不甚大,借款之人都陆续还款。对报纸连篇累牍的报道,诸绅则讳莫如深,不做太多回应,风波没过多久就平息下去了。

---

① 狗彘不食之吴琨,三迤人民之公敌 [N]. 滇声报,1914 – 06 – 04.
② 铁路局收回借款 [N]. 滇声报,1914 – 11 – 24.

第四节 绅耆与护国运动

护国运动在云南近代史上意义重大,以边徼之区首倡义旗,一方面使云南都督唐继尧政治地位膨胀,声望也空前高涨,达到其政治生涯的顶峰;另一方面也使云南一时由边缘进入全国的政治中心。而云南能取得这场战争的胜利,与内部各方面意见统一,同声致讨分不开,尤其与绅耆对唐继尧的支持关系甚大。而绅耆反袁称帝的原因却很复杂,而且是因人而异,并不全是为了维护共和制度,本节拟对这个方面进行探讨。

一、绅耆的参与

1915年底袁世凯帝制自为,云南首倡义师,各反袁势力集聚滇省,李烈钧、蔡锷、熊克武、戴戡等人先后来滇,遂议定于12月23日,以开武将军督理云南军务唐继尧、云南巡按使任可澄的名义,给袁世凯发出了"漾电",请其立将杨度、朱启钤等帝制祸首,明正典刑,以谢天下,重申拥护共和誓言,并限袁24小时答复,否则武力解决。袁氏虽颇感意外,但并未介意,甚至怀疑是党人借唐继尧的名义捏造的电文,从而置之不理。谁知唐继尧之前的劝进电属虚与委蛇,实则明修栈道,暗渡陈仓。滇省见袁氏没有表示,又于12月25日,以唐继尧、蔡锷、李烈钧、任可澄、刘显世、戴戡联合署名向全国发出通电,宣布云南独立,反对帝制,武力讨袁。此电的发布标志云南正式竖起反袁义旗。

随即改组巡署,将原来之将军、巡按使名目废除,成立云南都督府,并制定《云南都督府组织条例》,条例规定:第一条,中华民国云南都督统治全省军民,管理一切军务、政务;第二条,都督府设参赞二人,参议四至六人,赞襄都督,筹议一切军务、政务;第三条,都督府设顾问咨议官若干员,备都督之咨询,并议决交议事件以备采择;第四条,都督府设立秘书、参谋、军政、民政厅等机构。绅耆陈荣昌、赵藩、袁嘉谷、由云龙、黄德润、李增、陈钧等均被延揽入军都督府,陈荣昌为参赞,赵藩、袁嘉谷为参议并分别兼任团防总局总办和会办之职,李增为咨议官,黄德润为筹饷局局长,由云龙为秘书厅厅长,陈钧为财政厅长,丁兆冠为司法厅厅长。记者专门以《论我滇内幕得人之盛》

为题,对军府所延揽的诸位绅耆入幕给予了高度的评价,并认为诸人的加入是护国起义能够取得胜利的必要保障。对秘书厅厅长由云龙评价道:"公以学界之泰斗,转任行政各长官,诸所擘画,切实可行,入赞机秘,复历多年,起义文牍半出公手,其为文也,精纯透达,若宣公奏议,语语皆通识治体。今厅署中若顾仰山、钱平阶、王铁山、刘承之诸先生皆极一时之选,而莫不乐与公游,以是知公之得人也。……黎公之与我都督皆手创共和之伟人,我都督之再造共和尤民国史中无可与比之大事业,然而有人焉,握机要之枢,振如椽之笔,俾护国军之精神,先后揭以俱出,今义声所播,各国响风,是收功于文字者亦良多矣!"①

对财政厅厅长陈钧则评价道:"公早以循吏见称于世,入民国后任内务司长,声施灿然,总理个碧铁路,路政毕举,我滇倡议,始任今职,公之理财,一以爱民为专,而综覆名实尤具大体。今军务方殷,饷糈孔亟,然能应付裕如,转输不竭,使省内外毫不见其困扰者,一则都督知人善任,一则公之克尽厥职也!"②

此外,记者还认为:"所尤难得者如赵樾村、袁树五、黄玉田、叶香石诸先生,皆物望攸归,为一省所矜式者,而倡乡团、筹饷糈,力当难局,减义军内顾之隐忧,增云南前途之福利者,此其得人,更为何如?"③ 因此,对滇在护国战争中取得胜利信心十足。

从另一条以《举义声中之各面观》的报道亦看出,在记者眼里,绅耆的参与是护国起义能取得胜利的重要保证。这则报道列举了滇省起义以来的各方面情况,在所列的五方面里,就有三方面是在叙述绅耆的参与。这五方面是:

(一) 筹饷局之设立。义军饷项既截,伪政府之解款复有南洋华侨捐助,本无不足之虞,惟自义旗既建,而后各界人民量力运输军饷,以表爱国之忱者,实繁有徒,又省中公款清理得宜亦可以其盈余,借资补助,且为扩充范围,经持久远计则根本之筹画亦断不可少,现经设立筹饷,饬委黄德润充任局长以专责成云。(二) 团防局之设立。此次起义,秩序如常,

---

① 论我滇内幕得人之盛 [N]. 义声报,1916-04-17.
② 论我滇内幕得人之盛 [N]. 义声报,1916-04-17.
③ 论我滇内幕得人之盛 [N]. 义声报,1916-04-17.

人民欢庆，唐都督尤恐萑蒲伏莽乘机窃发，扰乱边隅，特饬各县严整团防以固守围，并挑选精壮实行训练以作补充军队之预备，特就省垣设立团防总局，委饬赵藩充当局长筹备一切进行云。（三）演说团之组织。义军初起，人民备极欢腾，惟当军书旁午，难免无不法之徒造谣煽惑，摇动人心，昨由李灿高等组织演说团，每晚赴各戏院演说一次，其演说宗旨一则发明讨袁大义，一则报告各处捷音，一般观剧者既有顾曲之乐，又收新闻之益，颇为欢迎，各戏园之营业亦因之而发达矣。（四）志士之南来。滇省起义，全国均极赞成，固不必赘，现虽响应不及，实因各方面之情形不同，碍难一时发表，而一班爱国志士均有迫不及待之势，又知我唐都督礼贤下士，咸欲亲其风采以赞襄之故，各省志士之南来者绎络不绝，唐都督府就陆军偕行社设立礼贤馆以表吐握之……（五）倡议诸人意见之融洽。此次起义诸人均以帝制足亡中国，不惜死中求活，以作破釜沉舟之谋，一切权利思想了无丝毫掺杂，其闻上自都督各司令官，下至士卒夫役，无不同抱此志，故能和衷共济，首先发难。尤有令人钦佩者，唐都督本蔡都督之旧部，现在蔡充第一军总司令又属唐都督部下，而其来往公文蔡对于唐则用详，唐对于蔡则用咨，彼此谦恭之怀溢于言表，传曰师克在和，我军如此和气，彼众叛亲离之袁军何足以当之哉。①

这其中，李增等人发起组织的护国演说社在当时显得特别显眼。为了宣传护国起义的正义性、必要性和袁世凯帝制自为的危害性，李增、倪隆德、由云龙等组织护国演说社，以白话文演说，用喜闻乐见的形式向人民进行宣传，以激发民气，壮大声势。1916年2月4日李增致函唐继尧、陈明组织演说社的计划和准备情况："昨奉面谕，组织演说团体，以资鼓舞而播义闻。随即撰拟公启、简章，逐日走约同志，说明宗旨，莫不欣忭赞同，协力发起，已于月之二十八号午后六钟假进步党开发起人谈话会，公推社长、演说、庶务各员，并议决社中一切进行事宜，决定星期三、星期六、星期日开演。惟创办之初，略需经费，现量义军大举出发，需用浩繁，万不忍于财政艰窘之际，动支公款，故社中开办费暂由社员私人支垫。一俟公款稍裕，再行呈请都督酌量饬拨，以资

---

① 举义声中之各面观 [N]. 共和滇报，1916-02-25.

维持，而谋发达。所有社中组织情形，理合具呈陈明，并附公启、简章。敬祈钧鉴。咨议官李增谨呈。"① 同时附上公启和简章。从这封信看来，组织演说团曾与唐氏面商过，并且是由唐氏提出的。李增当时为军政府咨议官，因其口才便给，擅长白话演讲，在民初各种公众演讲中都有出色表现，又组织过专以改良戏曲为目的的激楚社，在民众中有很大影响力，因此，唐继尧特请其负责此事。当天唐氏即批示："呈悉，具见热心爱国，深堪嘉尚，公启简章亦甚妥协，仰即努力进行，并将演说情形随时报查，此批。"在所呈的公启中署名发起人的分别是：李灿高、由夔举、杨仰山、刘少鹤、张少槎、周芸生、夏伯鲁、顾仰山、雷沛周、黄子实、王级三、张君翔、惠云岑、倪宣三、王铁山、王小秋、刘承之、牛灿南、胡盈川、周善伯、刘梓然、陈述之、段荣臣、罗小池、由幼先。

　　根据演说社章程，该社宗旨为声明大义，发扬民气，辅助本省政府扫除帝制，拥护共和。以进步党事务所为集合地点，而演说员则以德望素著、通达事理者充之，演说词由本社主任编定。随后呈请警察厅立案获得批准，遂于2月6日在昆明著名的两大戏院群舞台和云华茶园同时演讲。首由李增在群舞台演讲，而夏伯鲁在云华茶园演讲。李增当日演说的题目为《滇军举义讨袁为国民前途造大幸福》，说明滇省反袁的重要性和袁世凯执政四年来的种种劣迹，痛斥袁世凯倒行逆施的罪行，淋漓尽致，慷慨激昂。李增素负口才，是日演讲效果极佳，"句句中肯，鼓掌如雷，甚至妇孺女子亦有听而不倦者，吁演说之有意于人心就此可见矣"②。

　　接下来的几个月演说社陆续举行了数场演说，据当时报纸登载，于2月16日，在云华茶园，社员陆思孝、牛灿南两人演说，同样是"语语痛切，句句动人，虽下流社会之人物聆听之余亦共知袁逆之祸国殃民云"③。今天可以看到的11篇护国演说稿分别是《护国军之责任与身价》《云南护国军征讨袁世凯，必能结合全国共和军，推倒袁政府》《袁世凯必要灭亡之征验》《拥护共和即所以保全全国》《人民须先有保护国家的能力，才能得永享室家安乐的幸福》《袁世

---

① 李增致唐继尧函（1916年2月4日）[M] //李希泌，徐辉琪，曾业英，等. 护国运动资料选编. 北京：中华书局，1984：174.
② 慷慨激烈之大演说 [N]. 滇声报，1916 – 02 – 11.
③ 演说足以感人 [N]. 滇声报，1916 – 02 – 23.

凯是个抢掳中华民国的大贼,我们全国人民当并力把他除了,中国才能太平,永享共和的幸福》《广西独立,西南大局越发巩固,国民军势力越发雄厚,全国举义的心志越发勇决。会师武汉,直捣幽燕的日期当然不远了》《共和国的国民最荣耀的职务是哪样呢?就是当兵了》《国民裕享将来真正共和的幸福,不可不量力捐助补助义军,肃清妖孽》《除了袁世凯,将败国害民的祸根拔去,中国前途才能振兴,国民将来方有好处》《袁世凯该死》。演说团结合前方护国军的军事行动,向后方报告军事状况,鼓舞民气。

在《共和国的国民最荣耀的职务是哪样呢?就是当兵了》和《国民裕享将来真正共和的幸福,不可不量力捐助补助义军,肃清妖孽》两篇演说里则鼓励民众踊跃参军和为义军募捐。综观11篇演说词,演说内容更多的是丑化袁世凯,目的是彻底摧毁袁世凯在民众心目中的总统形象。对袁世凯帝制自为和背叛共和的罪行罗列殆尽。其实对于一般民众来说,无论共和还是帝制对于他们的生活实在没有多少改变。但通过演说,使他们觉得维护共和是天经地义的,而袁世凯妄图推翻共和,恢复帝制是荒谬绝伦的举动。对于演说社的作用媒体评价甚高,说道:

> 滇省近日演说社之设系专为鼓吹滇军之义举,并藉以补助文告命令之所不及者也,何则?即如此次滇省举义宗旨以取消帝制永护共和为必要,此固尽人而知之矣,袁世凯施种种手段之诱胁军民长官赞成君主,欺饰中外人民请愿帝制,而我国人民或有不知者。其他又如入协约专使见拒,甘以四万万人为牺牲,以全国土地为代价,丧权辱国至于此极,而我国民虽知之亦或有不能尽知者。不宁惟是,以革命诸伟人数十年艰难缔造之民国,一朝而变为一人一家之私产,等人民如奴隶牛马,与视国民应享同等之资格相悬奚止天渊。现滇黔宣布独立,显与中央脱离关系,暗与各省互相联络,其兴师攻蜀也,为除蜀之助逆者也,其将兵赴楚也,为灭楚之助暴者也,要非本乎保国爱民之热忱而出此也。其中得失利害,是非曲直又岂文告命令所能传达哉!有演说者为之明白宣布,于得失利害之所在无不穷原溯委,言之确凿,使听者心领而神悟,于是非曲直之所分无不舌敝唇焦,论之真切,使闻者神飞而色舞,其他又如服兵纳税,为人民今日应尽之义务,平等自由即人民将来应有之权利,种种关系,种种委曲不惟命令文告

所不能尽达，即使命令文告尽达矣，在一般不读一书不识一字之徒又安能普遍周知而尽明其大义之所在哉？此无怪乎今日省中人民道听途说者日益众，私心揣测妄加议论者益多，捕风捉影无稽之谈，到处谣传者亦日甚一日也，有演说之责者庶其于此加之意也可。①

演说团在省垣取得了不错的效果，又在各县市埠设立分社。1916年6月6日，袁世凯在忧愤中死去，6月7日，黎元洪宣誓继任中华民国大总统，以反对袁世凯称帝为目的护国战争以袁氏之死而宣告结束。至此，存在近五个月的护国演说社也完成了它的任务，于1916年7月初结束，大体与护国运动相始终。宣布结束当天，李增在群舞台报告："略谓黎总统已经接任，凡事开诚布公，必能福国利民，自今日始，本社暂行闭幕云。"②

绅耆除了参与到军政府的各项组织中，关键时刻则以联名通电发挥影响力。云南通电反袁后，袁氏虽感有些意外，但还是从容应对，调兵遣将，拟定了三路进逼云南的进军计划，准备进行镇压。其中第三路即是由广东将军龙济光之兄龙觐光率领粤军一师，拟假道广西，胁迫广西将军陆荣廷共同出兵进攻云南。袁世凯特封龙觐光为"云南查办使"带领粤军从滇东南进犯。龙氏兄弟本是云南蒙自县所属的红河江外犒吾卡和那埝的土司。龙济光在前清先后任广西右江道、广西提督、广东陆军二十五镇统制。民国建立后，为袁世凯所重用，在镇压"二次革命"中，率军攻占广州，被袁氏任命为广东都督，封为振武上将军。1915年底更得袁氏加官晋爵封为一等公爵，加郡王衔。袁世凯对龙济光的深情厚谊，亦换来了龙的忠实效忠。

云南起义之初，为了争取龙济光的赞助，军府多次致电龙氏，陈说大义，劝其响应滇省起义。当外间风传龙济光家属已经遇害的谣言时，唐继尧立刻发出告示辟谣并明令地方官妥为保护，晓谕："凡犀诸人族属，各宜安居营业，无庸妄自惊疑；其在军民人等，尤宜各体本都督调护深衷，勿得稍加侵害。"③ 对龙济光开展攻心战术。绅耆则以桑梓私情致函龙济光，晓之以理，动之以情，

---

① 论说·论演说之益[N]. 共和滇报，1916-03-06.
② 护国演说社暂行闭幕[N]. 共和滇报，1916-07-04.
③ 晓谕军民勿得加害龙济光家族文[M]//云南省社会科学院，贵州省社会科学院历史研究所. 护国文献：上册. 贵阳：贵州人民出版社，1985：96.

希望其投诚。

第一封信以李坤、倪惟钦、黄德润、陈荣昌、赵藩、周剑公、唐学曾、李文治、赵伸、解秉仁、华封祝、王鸿图、顾视高、由云龙、李增、张大义、杨琼的名义发出。信里一方面述说袁氏执政以来的种种劣迹及帝制自为之害，并断定："我公命世贤豪，全滇物望，仁心义慨，海内同钦，而忍任听彼昏肆虐，逐至国家沦于覆亡，同种随之澌灭已乎？公必弗忍也！"另一方面则表示滇人反袁及维护共和之决心，因龙济光也系滇人，所以"闻此当不胜垂恻痛愤，驱谅其情，力为助援"。为了使劝说更有力度，甚至不惜抬高龙氏的地位："矧救国保民向为我公之素志，除拿破仑、华盛顿建亘古未有之勋名于东亚大陆，创史册罕见之事业于皇帝子孙，今其日矣！舍公之外，谁堪任此？"在好话说尽后，亦提出警告："倘或甘心助逆，戕害乡闾，则是自外滇人，公即无桑梓之谊，滇人宁复有恭敬之心，孰得孰失，希熟筹之！"① 为表诚意，诸人特派专人持函前往广东面见龙氏。但还未成行，就风传龙济光之兄龙觐光已带兵出发进犯滇南，黄德润、吕天民、杨琼、赵伸、陈荣昌、张大义、赵藩、李增、顾视高、周宗洛、李坤、倪维卿、袁嘉谷、李文治等立即另致一函，重申宗旨，陈说利弊得失，较前信更具说服力。信如是说：

> 勋高两粤，望风引领，佩仰何如，弟等伏处家山久疏音问，惟是时局之变由不得不掬陈于左右者幸将军垂听焉，天祸中国，元首谋逆，以太平无事之天下无端而庸人自扰，欲兴帝制，祸我生灵，自筹安会发生之后，凡中央屡次制造民意之电文，作鬼蜮率天下人而为卑污苟且之禽兽，其事昭昭在人耳目，虽有仪秦不能代辨。滇都督唐公大兴义师，保障共和，市面镇定，匕畅无惊，师出而饷不捐输，勘定而兵不血刃，今各省扰乱不安，京禁且发现炸弹，而吾滇蒙太平之福，皆发动自上之明效也，将军忠勇正直为金碧灵气所钟，知必有为金碧之光以慰我乡人者，方今之大势，曲直昭然，为将军计，雄师北上，以顺讨逆，建东半球华盛顿之奇勋，指顾间事，独宏伟略，千载一时之上策也，抑或事机未熟，自保疆土，暂为中立，与滇中潜通声气，策之次也，若迟疑不决，或误以袁氏为可以效忠之人，

---

① 三迤绅商学界代表至广东龙将军书［N］．义声报，1916-02-23．

甚且如近日风传将率滇人以攻滇，蹂躏地方，甘为三迤罪人，是策之下而又下也，语曰忠臣不事二君，烈女不事二夫，以将军之才本为三迤所特出，为苍生所托命，岂可误解忠字而有事二君之耻乎？大盗移国，以私其一家，将军乃蒙其污以事二姓是岂将军者耶，又况将军田宅庐墓悉存于滇，如生恶感，何以对将军之先人，将军累代世禄不借袁氏之封而始为荣，岂惟不可以为荣，袁氏封爵竽滥，直以羊头狗尾轻待将军，在公论反以为辱也，曾是荣辱之不知，祖泽之不保而忍自祸其田宅庐墓而不动心乎？窃恐先德有灵亦将隐痛地下，况身受锋镝之亲友，无端横灾之人民，其对于将军尚有良感情耶？今全蜀全黔勘定已久，江南响应，湖南不支，滇之军旅预备已久，客军若来能胜算乎？徒害我故乡人民，耳闻将军之在粤，党人百计图谋，寝食不安，人生百年须臾，何苦结此大孽，若一旦独断于心，保境息民电告令兄调兵归粤，滇粤两省猜疑尽释，同党异党同归于安，乡人为将军祝幸福，为滇军称大义，则虽谓自古之中国惟有今日之滇人称雄万世可也，何苦摇尾于一逆竖之下，而依赖其富贵为万世唾骂笑乎？弟等因爱国之切，爱滇之切，尤爱将军之切，所以公推代表刘君锽持书躬献于粤，惟将军审处而图利之，字字忠悃，面面思维，若有欺饰，明神鉴之，合词草此，敬请伟安，并叩春禧。①

无奈龙济光还是执迷不悟，一意孤行，不仅没有令其弟撤兵，而且还命其子龙体乾，从广东经越南潜回蒙自犒吾卡，联合在职土司龙毓乾（龙济光之侄），利用土司势力，组织土司兵和地主土匪武装，在滇南各县发动武装暴乱，以策应龙觐光军的正面进攻，对护国军进行"内外夹击"。至此，滇中对龙济光的希望才完全破灭！

护国运动期间，一切活动都进入战时状态，滇省本属贫瘠之省，此时军需浩繁，需款孔亟。原来不多的教育经费更是一扣再扣，甚至教员薪水都长期拖欠，一则新闻报道了拖欠的情况，说道："省立各学校经费发至上年十月底，其十一、十二及本年一月共三个月尚未发给，现在中等以上各学校业已延长年假，闻开学上课尚无定期，在校员役睹此光景，追索旧欠薪水，各当事人实有难堪

---

① 迤南士绅及三迤父老致广东龙子澄书[N]. 滇声报, 1916-02-29.

之处,现闻财政厅已有将旧欠经费一并发给之议,必须从速核发以清积欠云。"① 最后军政府干脆下令从该年三月起,中等以上各校暂行延假,以其经费拨充军饷,各校只能领取数额很少的保管费。一直到护国战争结束,八月底才由军饷项下支二万,分饬中等各校就其范围摊分,筹备开学。在护国战争期间,各公立中学停课,学生失去进学机会,"一般莘莘学子除入志愿队外均无一定之学业,抛弃光阴,殊为可惜"。绅耆办的私学乃成为中学生进学之所。这时省垣只有三迤总会组织之成德中学和省教育会新发起之私立中学、英语合时中学维持招生。成德中学则因此时的雪中送炭而名声在外,媒体评论道:"私立成德中学之产生于社会上于兹三学期矣,其始也,与公立各学校相生存,一以缺于经济,一以乏于人才,似无甚特异之点足供研究,至本年各校停办,而斯校巍然独存,令名遂时震于吾人之耳鼓。"②

二、反袁旨趣

护国起义是由于袁世凯的帝制自为而引发的。袁世凯被认为破坏共和之罪人,是移国大盗。为了维护共和制度,云南兴师讨伐。在讨袁的问题上,云南绅耆态度较为一致,但原因却各自异趣,因人而异,很难用维护共和加以范围,应略加梳理,以重现复杂的史实。此外,有的绅耆甚至对袁世凯称帝本身并无多少想法,看重的主要还是自身利益问题。

绅耆反袁的原因相当复杂,虽不能了解到所有绅耆反袁的具体态度和原因,仅就滇中三位最有声望的三位绅耆来说,就各自异趣,并不全是居于维护共和考虑。赵藩、陈荣昌、黄德润为绅耆中声望最著者,都不同程度地参与了护国运动,赵藩和黄德润甚至发挥重要作用,表现颇为积极,然而考察其反袁原因却相当不同。

陈荣昌虽于1913年初回滇隐居安宁明夷河,但实际上和当政者的联系从未中断,前任民政厅长李鸿祥、都督唐继尧对陈氏都极表关心,时常通以款曲。在起义反袁这样重大的事情上,起义将领自然需要把陈荣昌推出来襄助起义。而陈荣昌虽表示过要做"清朝之遗民,民国之良民"并确实过起隐居的生活,

---

① 学校欠款应速发 [N]. 共和滇报,1916-02-15.
② 时评三·戎马声中之私立中学 [N]. 滇声报,1916-06-16.

但当军政府推任其为参赞时，陈也并未表示拒绝，在滇绅写给龙济光的信中，陈的大名也出现在诸绅代表中。

其实，陈荣昌对于袁世凯向无好感，其选择隐居多少也与不满于袁世凯当政有关，这从辛亥革命之际陈氏写给故旧岑春煊的信可看出。此时，在全滇同声至讨袁世凯之际，出而襄助，自是可以理解。据李鸿祥回忆说陈荣昌曾亲口告诉他在护国起义发生前，筹安会成立，袁世凯称帝野心暴露，唐继尧和乃父多次造访，问其意见。蔡锷抵昆之前夕，唐与乃父再次造访，唐继尧对陈说："杨蓁、邓泰中等几个团长都反对帝制，要讨伐袁世凯，我没有办法。"陈则回答："大家如何说，大家意见如何，你就如何。"言下之意是建议唐继尧反袁。据李鸿祥说，因护国起义胜利后不久发生关于护国起义发动者是谁的争论。而李鸿祥护国起义前没有在滇，对具体情况不了解，所以就此事向陈荣昌询问究竟。陈荣昌是以有以上回答，说唐继尧"封了侯爵，舍不得丢"。

李鸿祥的回忆问题挺多，不一定可靠，因就当时情况而言，李鸿祥在护国运动时对袁氏态度甚为暧昧，中华革命党人杜钟奇、马骧主持的《滇声报》屡屡抨击李鸿祥，谴责其拥护袁氏称帝，在《滇人岂真有如此之败类》一文中，抨击李鸿祥以云南代表自居上书劝进。评论道："按李氏若仅以个人上书劝进，此关系于个人之人格，若以按当筹安会发生时滇人闻李氏以代表名义上书劝进，群情愤怒谓李氏冒称代表赞成帝制，不惟损失个人资格且辱我全体滇民实甚！"①

关于李鸿祥劝进一事，实出自唐继尧之命令。当时蔡锷任中央经界局局长，与滇中联系紧密。在筹安会发生后，蔡锷致电云南、贵州要二省速派代表劝进，电文说："云南唐将军/贵州刘护军使鉴：申咸密。筹安会各省代表，均将派齐，尊处希早日指派为要。俭。"② 后来唐继尧派遣在经界局做事的周钟岳为云南代表，蔡则表示："周钟岳已派赴东省调查经界事宜，刻难回京。筹安会代表请另派替员。"③ 此时李鸿祥恰也在京为总统府咨议官，唐继尧便另委李氏为云南代

---

① 滇人岂真有如此败类 [N]. 滇声报, 1916 – 02 – 01.
② 致云南唐将军、贵阳刘护军使电（八月二十八日）. 蔡锷一九一五年在北京与西南各省密电稿 [M] //中国人民政治协商会议云南省委员会文史资料研究委员会. 云南文史资料选辑：第10辑. 昆明：云南人民出版社，1989：3.
③ 致云南唐将军、任巡按使电（九月一日）. 蔡锷一九一五年在北京与西南各省密电稿 [M] //中国人民政治协商会议云南省委员会文史资料研究委员会. 云南文史资料选辑：第10辑，昆明：云南人民出版社，1989：3 – 4.

表。不过在云南起义后，李鸿祥也确实是投向袁世凯的怀抱。袁世凯封其为云南宣慰使，南下与龙觐光联合扰乱个旧、蒙自一带，滇中报纸对李鸿祥骂声一片。护国起义结束后，李鸿祥一直居住在香港，并未回滇。而且护法运动发生后，唐继尧下通缉令通缉李鸿祥，李氏更未敢再踏足滇土。所以李氏就护国起义的回忆明显有误。

不过唐继尧造访陈荣昌询问意见，也不能谓之无也，毕竟陈荣昌确实担任了军政府参赞一职。然而，从陈荣昌于1915年所撰的一部性理书《明夷子》中却可以看出，陈荣昌并不维护所谓的共和制度，尤其反对自由平等之说。该书是一部忧道的著作，全书迷漫着维护三纲五常的气息，不仅有"平等之说行而三纲毁，自由之说行而四维绝"的忧虑，而且认为无论是总统还是君主都应该"正君臣之份"："昔中国之君曰元首，共和国之总统亦曰元首，则犹之君耳。古有流民，无流官，国之大夫，皆有食邑，鲁三桓，郑七穆，晋四卿，齐二宋之类是也。三代以降，有流官无流君，封疆大吏，下至丞佐末僚，秩满则去，帝王之业，则传之子孙。是也，共和国之总统则流君矣。……总统虽不世及居其位，固一国之主也，君体宜然也。今日无君则必无总统而后可，是故，君者元首，臣其股肱，民其足也。君德民欲则谋及庶人，洵及刍荛，且号于众。曰君者民之役也，以贵下贱，岂曰不宜。若举国之人皆斥其上曰公仆、公仆，而奴隶之，犬马之，则以贱凌贵矣。以贵下贱，治道也，以贱凌贵，乱道也。天下有首居下，足居上而可以谓之人者乎？"① 从这段论说可以看出，陈荣昌甚至更加主张君主制度，而在护国运动中，陈氏反对袁世凯称帝，更多的是反对袁氏本人，而并不是所谓的为了维护共和制度，更不是什么共和观念深入人心之谓。岑春煊主持护国军务院时曾致函赵藩，让其转告陈荣昌，约陈氏赴粤襄助，信里特别提到了辛亥革命时，陈荣昌与自己的约定以打动陈氏，唯陈氏已隐居多年，对乡村生活很是眷念，不愿再过多介入政治。

声望和地位与陈荣昌在雁行之列的赵藩，之所以赞助护国起义，反对袁氏称帝的缘由却又是另当别论。早在民国二年，赵藩入京参与众议院时对袁的做法就极为不满，留下不良印象，曾表示"地方举为国会议员北上，目击君之阴谋，操纵利用，党争无可斡旋，辞职归去"。而且当赣宁事发时，蔡锷拥护袁世

---

① 陈荣昌：明夷子［M］．手稿本，藏云南省图书馆历史文献部．

凯，联合云南、贵州、四川、山西、山东、东三省等通电拥护中央。赵藩得知后致电蔡锷，告知蔡锷在京所目睹的情况，希望蔡锷静观其变。信中如是说："松坡都督执事：五华话别，会掬私衷，衰病之躯，复驰万里所重，觇国亦藉陈言，今国会之开已三阅月矣，黄金市骏，利用党争，聚讼盈庭，阴受提掇，而钝初之刺，三海之迁，大借款之密签，内蒙古之阴割，亦自知其不赀而预事夫周防，以故武悍之夫，倾危之士，爪牙心膂密布森罗，据之者有叵测之雄心，争之者无斡旋之能力，恐一日积猜成哄，势且至沉陆召分，深识隐忧，不寒而栗，以公机智，力爱国家，定麈远怀，不忍漠视。前闻秘联七省拥护中央，亟知取便一时，畸执异喙，无如默观机局，坚冰履霜，车既已背轨而驰，瑟奚取胶柱以鼓，应如何精心运掉，毅力转移，抒长驾远驭之，谋收形格势禁之效，海内志士，周余黎民，窃不能于贤者无深望焉，下走谊忝袍泽，身泛梗萍，鏊恤实迂，杞忧知过，然区区心事，窃欲于此时弥未发之祸，不欲于他日受知言之名，迫切密陈，惟公留意备不宣。"① 信写得相当委婉，但仍可看出赵藩对袁世凯的态度。

而赵藩在京时与李根源关系亲密，一同署名弹劾国务员，亦引起袁世凯的警觉，"嗣闻君不谦于余，问之丁槐，颇致疑虑"②，怀疑赵藩与孙中山、黄兴等革命党人有联系。帝制发生后，袁特别让股肱朱经田致电赵藩，以典章制作之才征召入京。朱家宝致函赵，劝赵就任此职以避免嫌疑。而赵回信表示："孙、黄素无一面，革命藐不相关，徒以云阶、印泉门墙者之谊，横被口语，然世议自隘，吾心不欺，虚舟无忤，容与听之，脱罹劫尘，亦归之运数已耳。"对于朱家宝之推荐则"感之刺骨"，但"典章制作，此何等学问，不能自信，敢以自欺，涂玷剞章，实累盛德。况复侵寻衰病，齿落目昏，旧学已荒，新知未启，望春明如隔世，蜷土窟以终生，揣分循涯，斯其宜矣！"对于故旧的推荐，赵藩以"旧学已荒，新知未启"为由辞却，实则对袁世凯相当不以为然，对其罗致不买账。

袁世凯帝制自为，云南首先发难，南方各省向风而起。1916年3月，广西和广东都相继独立，北洋嫡系冯国璋也落井下石，联合北洋各省将军联合发电

---

① 赵樾村先生癸丑夏秘致蔡松坡书[N]. 义声报, 1916-11-29.
② 赵藩. 赵藩遗稿·致袁项城电[M]//中国人民政治协商会议云南省委员会文史资料研究委员会. 云南文史资料选辑：第15辑，昆明：云南人民出版社，1981：192.

袁世凯取消帝制和惩办祸首,态度强硬,袁世凯后院起火。无奈之下,袁世凯丢卒保帅,争取主动,于3月22日发表撤销帝制的申令,但仍盘踞总统之位。可惜,袁世凯早已人心散尽,成千夫所指之罪人。赵藩此时也联合滇中绅士致信袁氏,用词尖酸刻薄,甚至要袁氏自裁以谢天下,对袁简直厌恶到极点。信写道:"比者,君卸总统称帝制,狡图不遂削帝称统,起灭自由,抑何不知世间有羞耻事耶。举国之人迫君退位,余则谓君固已无位可言退也。为君代谋,唯慷慨则自裁,隐忍则远窜,斯二者择一而速行之,毋使生灵泥炭,神州陆沉,则君罪犹可末减,窃附知已之末,勉尽忠告。滇男子赵藩。"① 后来袁世凯在众叛亲离下,气绝身亡,赵藩与友人谢宇俊特意赋诗嘲讽,诗云:"欺主愚民倏戡戈,尽收败类入包罗。假公大抵为私尔,有术其如不学河。八十日君龟项缩,五千年史鼠肠拖。孙杨王闿运符谶,名士贪钱直几多。"② 种种迹象表明,赵藩反袁,一因为对袁世凯本人的厌恶,一因为个人情谊。

其实,不仅如赵自己所说因岑春煊和李根源有门墙之谊的缘故,而行动上与袁氏作对,就是唐继尧、罗佩金等人对赵藩也有求必应,优渥有嘉。在周钟岳的日记中就曾记录了赵藩想要租赁一件屋子,罗佩金得知后马上便送赵藩一间。而作为云南都督的唐继尧对赵藩等人学术文化活动总是慷慨地拨款赞助,亦赢得了赵藩等人的好感,因而在关键时刻出力维持。

1916年7月,护国战争结束后,蔡锷因带护国第一军入川作战,在护国战争中立下汗马功劳而被北洋政府任命为四川督军兼省长,但蔡锷此时已是重病在身。在成都视事方十日,就难以支撑而请假赴日本就医。在离川之前,蔡已致电北京,保奏护国第一军参谋长罗佩金代理川督,原滇黔联军右翼军司令戴戡为代理省长兼会办四川军务。在护国战争中,唐继尧野心逐渐膨胀,早有吞并四川之念,但因身在滇中,对川事鞭长莫及,于是选择罗佩金作为治川的代理人。罗本系滇人,且又因在护国战争中的功劳而居功自傲,亦早有取得一省督军或省长的奢望。于是罗与唐在图川问题上很快地达成一致。为了控制四川,罗佩金掌权后,尽力网罗滇人入蜀,"一切重要位置乃至各局、各厂之总办,都

---

① 赵藩. 赵藩遗稿·致袁项城电 [M] //中国人民政治协商会议云南省委员会文史资料研究委员会. 云南文史资料选辑:第15辑,昆明:云南人民出版社,1981:192.
② 赵静庄. 赵藩年谱:谢幼侯言不可无咏袁世凯诗,要余同作,戏占一律 [J]. 云南文史丛刊,1991(1):94.

任用滇人或亲附自己者"①。滇人治川，川人已产生恶感，加之罗氏图川意图明显，执政后所作所为又都是损川利滇，引起川人的反对。为了使川人信服，罗佩金不得不请在川做官二十多年的赵藩出山，维持川局。罗佩金致函赵藩道："治蜀有年，戡乱之方，敷整之普，为宽为严，固已屡用屡效矣，重以文章风范，照耀三巴，父老至今，讴思未歇。"② 所以"敢为水深火热之川民，抒诚请命，敬聘高贤，迫恳惠然命驾，再起东山，重游西蜀"③。

早在辛亥革命时，滇派军援川，赵藩就毛遂自荐，愿意随队入川，对自己在川的影响力颇为自信。表示："如谓老马尚堪驱策，则援川编师，勉当效用。仕蜀二十年，愧无循绩，尚有感情。其西南各属文武官绅，大半僚旧，思驱义感，尚易招徕，所向有成，再乞初服。"④ 但因当时军政府执意让其处理滇西事务而作罢。此时罗氏的敦请，赵藩欣然应命。而在此之前，学生岑春煊主持军务院时，也曾致函赵藩，请其前往襄助，还请其邀约陈荣昌一同前往。岑春煊的信说道："奉读赐电，敬佩良规。煊垂老之年，未能进德。非我老友，孰为匡救。道体平复，即乞命驾。印泉相依，如左右手，惓惓师门，同兹蕴结。启行有日，望先电知。如蒙惠临，并恳代约小圃同来。未知小圃尚能记忆当日成约否也！"⑤ 因赵藩在此前曾经致函岑春煊，指示机宜："粤必广揽人材，宏然无拘新旧，印泉沈毅，可规远大，望倚畀之。"⑥ 所以岑在回信中一面表示与李根源相处融洽，一面则邀请赵藩和陈荣昌前往襄助。岑春煊邀请赵陈一事，《申报》记者也颇是关注，有专门报道。⑦ 唯赵陈二人均未赴粤。赵藩未赴粤而赴蜀，大概觉得毕竟在蜀做官多年，对蜀较为熟悉，做起事来也较能得心应手。

---

① 谢本书，冯祖贻. 西南军阀史：第一册［M］. 贵阳：贵州人民出版社，1991：204.
② 罗镕轩聘请赵樾村赴蜀赞襄电［N］. 义声报，1916-08-24.
③ 罗镕轩聘请赵樾村赴蜀赞襄电［N］. 义声报，1916-08-24.
④ 赵藩. 赵藩遗稿·上军政府电稿［M］//中国人民政治协商会议云南省委员会文史资料研究委员会. 云南文史资料选辑：第15辑，昆明：云南人民出版社，1981：184.
⑤ 复云南赵樾村先生即乞命驾并恳代约小圃同来电（1916年5月29日）//何平，李露，点注. 岑春煊文集. 南宁：广西人民出版社，1995：16.
⑥ 转引自陆星. 李根源传［M］. 北京：中国文史出版社，1997：100.
⑦ 在《滇黔近信》(《申报》1916年6月24日）中做了如是报道："滇人陈荣昌、赵藩二人本前清名宦，民国成立后，颇致力于桑梓，声望名誉固为滇人所共知，此次岑西林回国就任都司令及代行抚军后，亟须贤才臂助，特致电滇中，邀二公赴粤，赞襄一切，但不知二公允许否。"

对于赵藩在蜀的影响,媒体此时更是大事渲染。一则题为《满城皆赵字,无处不藩书》的时评评论道:"赵樾村先生宦蜀十余年,义闻仁声,口碑载道不待论矣,顷有友人自蜀来,谈及先生在蜀中,蜀人有谚云:满城皆赵字,无处不藩书。盖即先生之姓名而歌咏之者也。夫自古迄今,善书者多矣,然或颠或狂或高其身价,是以赠乏笼鹅而王右军不书,非精笔嘉墨而褚遂良不笔。樾村先生则不然,不择笔墨,有求必应,于此足见先生之心宏胞与,学道爱人。川人之谚有由然矣。然则即川人之谚可知先生书法之精,更可知川人爱戴先生之盛,今先生以罗督军之请入蜀矣,吾知川人之敬慕当较昔加也!"①

赵藩入蜀,好友陈荣昌还特别赋诗送别,希望赵藩早日归来做林泉之游。但这次赵藩入蜀仍未能实现,据赵式铭回忆:"方将侍先生启程,闻叙府兵变,道梗而止。"②因赵式铭当时也分发到川省做官,与赵藩结伴而行。赵式铭向来深得赵藩赏识,处得到乃师庇护。赵藩在出任团防局总办之职时,任赵式铭为团防局第一科长,赵式铭称其"悉心拟具全省团保章程,卓卓皆可施行"③。但赵式铭并未明确表示过其对袁氏称帝的态度,不过附骥尾而已。

黄德润在护国战争期间,当任筹饷局局长,"日夕规划,得款数百万元,军用赖以不匮"。因其为东川矿务公司总理,曾从矿务公司内提款4500元捐赠给救国储金团,而此时任筹饷局局长,又提议把此项基金作为筹饷局的开办费。唐继尧请黄德润出任筹饷局局长一职显然是想通过黄氏的声望为护国战争筹集更多的资金。黄德润也欣然应命,对唐继尧表示支持。

考察黄氏反对袁世凯的原因又和陈荣昌与赵藩别样。黄德润平时和滇中的中华革命党人走得较近,对唐继尧倒是不那么拥护。据说当年蔡锷离滇之前,在选择继任之人时,有谢汝翼、李鸿祥、唐继尧三人选其一之考虑。而滇中也发生两派的斗争,一派是迎唐来滇,一派是拒唐回滇。拒唐派就是由黄德润领导,"拒唐派每晚都在黄氏家里开会讨论筹商对策,并一再打电写信给唐劝他向外发展,勿庸回来"④。至于黄德润为什么要反对唐继尧返滇不得而知。黄德润

---

① 满城皆赵字无处不藩书[N]. 义声报, 1916 – 09 – 15.
② 赵式铭. 叕父行年六十记[M]. 手抄本,藏云南省图书馆历史文献部.
③ 赵式铭. 叕父行年六十记[M]. 手抄本,藏云南省图书馆历史文献部.
④ 詹秉忠. 护国战役前后回忆(遗稿)[M]//中国人民政治协商会议云南省昆明市委员会文史资料研究委员会编. 云南文史资料选辑·云南护国首义亲历记:第46辑,昆明:云南人民出版社, 1995: 152.

之子黄毓英清末自费留学日本，加入同盟会，回滇与杨振鸿在滇西奔走革命。黄德润曾屡招之归，黄毓英都坚持不归。黄德润无奈，只好由他去，并且寄以数百两纹银以兹补助，显然是支持儿子革命。云南光复后，黄毓英跟随第二梯团李鸿祥援蜀，回滇时，应唐继尧之请入黔平定匪乱，不幸身亡。黄德润痛失儿子，不知是否因此就与唐继尧结怨。

黄德润虽然反对唐继尧归滇，但唐继尧回滇后却待黄德润不薄。因黄德润与唐继尧同为会泽人，1914年3月，唐委黄德润赴迤东宣慰，对其相当信任。黄德润与中华革命党人较为接近。当时革命党人杜寒甫、马幼伯回滇秘密筹建中华革命党，并创办机关报《滇声报》，请黄德润为编辑长。而杜寒甫和马幼伯与儿子黄毓英在日本时关系甚笃，二人加入同盟会还是由黄毓英介绍的，后来回国又一起奔走革命，交情更加深厚。黄德润看在儿子的份上也乐于赞助，遂答应做《滇声报》编辑长。护国起义后，革命党人又想通过黄德润劝说唐继尧入党，黄德润有没有答应不得而知。在唐继尧宣布起义前，黄德润曾联合滇中绅耆上书唐氏要求释放被其拘捕的革命党人。原来在护国起义前，唐继尧对革命党人是赶尽杀绝的，捕杀了当时在滇进行反袁活动的蔡济五、徐天禄等人，监禁了杨华馨、周光宝、周荣、张瑾、王家生、孙璠等人，护国起义发生后，黄德润领头发动三迤绅耆致书唐继尧，要求释放诸人。时唐继尧已举起反袁义旗，也就做个顺水人情，将诸人释放了事。由此可见，黄德润反对袁世凯称帝似出于与中华革命党人较为接近之故。

在反袁问题上，不置可否的绅耆也不乏其人，他们更看重的是个人的利益能否得到保障，至于袁氏称帝与否则实无太大关系。在这方面，周钟岳、赵式铭就比较典型。

周钟岳没有直接参与护国起义，在整个护国战争前后半年的时间里，都远在日本。从周氏在护国运动前后一年多的活动可以看出其对袁世凯帝制自为本身没有太多的想法，关心的主要是自身利益问题，颇能显示其性格中圆滑的一面。

帝制问题发生前，周钟岳在北京，供职于蔡锷任督办的全国经界局中，任秘书长兼评议委员会主任，负责经界局各项文件的草拟工作。周钟岳是1914年10月来北京的。先是1914年6月，时任滇中道尹的周钟岳不安于位，想到中央谋求发展，向唐表示心愿。唐继尧回滇不久，对袁世凯委任自己为滇督十分感激,也正需要一个可靠之人进京面见袁世凯表示自己的忠心,周钟岳无疑是十分适合的人选,所以二者一拍即合。

唐继尧立即致电总统保荐周,电文如是说:

> 现任滇中观察使周钟岳品端学粹,声望夙孚,前清癸卯领乡解后出洋学习师范,旋回滇襄办教育行政前后五年,成绩卓著,辛亥入京赴中央教育会,前滇督李经羲奏保孝廉方正辞不就试,十月回滇,前都督蔡锷延充秘书长,赞画戎机,维持大局,地方安谧,该员之力居多。民国元年六月奉大总统令任命为云南教育司长,力主严格教育,颇能整顿学风,二年二月复奉令任命为滇中观察使,所辖四十县,区域辽阔,治理较难,该员到任以来整饬吏治,体恤民艰,戢匪禁烟尤著成效,继尧受事后详加考察,该员政绩实为滇中之冠,前都督蔡锷曾经胪陈政绩,蒙大总统奖给四等嘉禾章,该员益感奋图功,力求上理,惟以服官本省,终非政体所宜,迭经陈请回避,继尧以该员现兼充本府顾问,深资赞助,未便听其遽离,而为国荐贤亦未敢壅于钧听,拟请大总统优加擢用,以励贤能,仍暂留本省,俾资臂助,庶上副大总统求贤之意,而于目前滇事亦大有裨益,合肃电陈伏候鉴核刻示,云南都督兼民政长唐继尧印。①

得复电已交政事堂存记。一个月过后,没有任何消息,唐继尧复命秘书李曰垓再次拟稿保荐,周深知"中央人员拥挤,吾辈夙无援系,恐保亦无效力",而转念以请费赴美留学代之。对周的要求,唐继尧有求必应,表示:"在滇一日当挽留赞助一日,将来如离滇再为请游美学费,至目前无妨再保,乃吾自尽责,至采纳与否则听之中央也。"② 最后,周钟岳不仅得到了进京觐见的机会,而且也同时获得了唐继尧令财政厅拨给其游学的一万三千元学费。

几个月后《滇声报》得知消息,连续四天报道,对周钟岳大兴挞伐之师,一篇以《攫金术之新发明,为某道计诚善矣,如援例继起者何?如我滇财何?》

---

① 周钟岳.惺庵日记[M].民国三年日记稿本,六月二日条,藏云南省图书馆历史文献部.
② 周钟岳.惺庵日记[M].民国三年日记稿本,七月四日条,藏云南省图书馆历史文献部.

为题的时评评论道:"前滇中道某自解职后呈请游美,竟蒙当道者允许挟万余千元以去,使若人而果有游学资格也,则学成后之造福利于我滇者不知凡几,又奚靳此万余千元而为无意识之晓哓耶?然则若人而果有游学资格乎?此最当研究之问题也!夫游学者必有准备,若人之英语、英文及各科学竟若何耶?游学必资青年,若人之秋月春风,果几度耶?若人盖一四十余龄之半老翁而日本之速成师范毕业生也!意者竟挟其滇中道之资,但曰游美而已,夫不曰学而曰游,而资以万余千元之巨款,则是提公家之款项,饱私人之橐囊,剥群生之脂膏,供私人之浪费,据何理由,更非局外人所得而知矣!而若人竟丧心病狂以求之,而当局者竟优容徇情以应之,而凡有滇中道同等之资格者继起援例,源源而来,此风一启,恐掘尽我滇之地骨犹不足充若辈之壑欲也!呜呼时局如斯,人心如此,为之奈何?"①用词相当犀利尖刻。第二天记者又以《对于周钟岳游美之忿言》为题,直接指名道姓,谴责周氏请款游美,说道:"夫留学欧美之资格最注重者为外国语言文字及普通学科,北京特设游学预备学校,诚郑重其事,且以节省国帑也!周钟岳果据何等资格敢轻言游美也,夫周不过一日本一年之速成师范学生耳,于普通科学不过略涉梗概,于英语英文实属未窥门径,且求学时期半属青年,以体质健而脑力强,故可以收学成之效,彼周钟岳已年逾不惑矣,即使有过人之聪明而心思记忆欲求如廿余龄时之锐敏其可得乎?况游学章程所规定者乎?"②不过记者仅能撰文发抒愤慨而已,对周没有造成任何影响。

诚如记者所言,周钟岳时已年逾四十,他确实也并未真有游学之念,不过以此为要款之借口而已。唐继尧自然也是心照不宣、有求必应的。据周钟岳在是年日记中所记,当他领到这一万三千元学费后,很快进行了分配,一是还清了借债,因在民国二年时,铁路公司查账风潮事起,周在清末时曾向铁路公司借债一千元,用以投资个旧锡务公司,并以锡务公司股票作抵,查账引发媒体非议,周为了保名声,立即向朋友段润宇借了一千元还清铁路公司欠账。在领到游美学费后,支出一千元还清所欠债务。周氏在钱财上一向很在意,与朋友之间的账务关系,都会一一记入日记。在1914年9月15日领到学费,第二天便还了朋友的债,在日记中写道:"当即将前借润宇之款如数付还,计上年借用润

---

① 攫金术之新发明,为某道计诚善矣,如援例继起者何?如我滇财何? [N]. 滇声报,1914-11-14.
② 对于周钟岳游美之忿言 [N]. 滇声报,1914-11-11.

宇银一千五百元，前已陆续筹还银五百元，本日又还一千元，已如数还清，前借款时曾书一收据交润宇，兹嘱润宇即将借函捡出付还。"①

此外，买了很多物品寄回剑川老家。又托水利局长金在镕找人放债。金氏很快找到翟姓人家，商定借银二千元，翟姓则以房屋作抵。有意思的是，几天后，周氏竟然又向水利局借银二千元，而以翟姓所抵之房契转押给水利局。为了保值，把剩下的钱全换成金条。后来到上海后因金价比在云南高，周氏又把其全部售出，大赚一笔，颇有生意头脑。忙完自己的私事后，才面见唐继尧，就进京应向袁世凯所陈之事与唐氏商讨。

等一切安置妥当，周钟岳启程赴京。途经香港时，听朋友说新任云南巡按使任志清此时也正巧在香港，周钟岳本与任氏素未谋面，便请共事已久的周沆相与介绍。和任志清相见以后，"俨然如旧识，云数年前即闻希陶、循若谈及钟，未谋面，久已闻声相思云云"。刘显治和戴戡清末一直在云南做官，与周钟岳素有往来，二人向任志清提及周钟岳，使任氏"久已闻声相思"。于此，多少可窥见周钟岳保持权势地位的部分原因。

到北京后，周氏在等待袁世凯觐见之时，唯一所做之事即是拜访在京的云南旧识，包括熊廷权、萧瑞麟、袁嘉谷、张之霖、夏瑞庚、严天骏、吴式钊、李鸿祥等人，更是频频拜访蔡锷府邸。甚至专程坐车至天津拜访侨居天津的谢崇基、王人文，以及时任直隶都督兼民政长的朱家宝。在京等了两个多月后，周钟岳得到袁世凯的觐见。可惜叙官未能如周氏之愿在中央谋到位置，只得了个分发四川的职位。周氏自然不愿前往，专门拜访蔡锷，请其咨政事堂代呈出洋游学的呈文。当时蔡锷正在筹备成立经界局之事，知道周氏也未必真想出洋，就邀其入局办事，周氏立刻爽快答应，终于心愿得偿留在中央做事。

可惜好景不长，刚一年多，袁世凯谋复帝制。1915年8月，筹安会发生，蔡锷发电云南、贵州速派代表入京参与劝进，唐继尧派周钟岳为代表，就近参加。周氏颇不愿入会，对蔡锷说："原拟出洋疗病，承公挽留，迁延数月，今经界事宜，既无实力奉行之望，而袁氏左右设立筹安会，意在恢复帝制，推翻共和，滇中又派予为代表，钟岳岂能觍颜入会，与此辈同流合污，请准予先行辞

---

① 周钟岳. 惺庵日记［M］. 民国三年日记稿本，九月十六日条，藏云南省图书馆历史文献部.

职,仍然出洋,以遂初志。"① 于是蔡锷致电唐继尧以周钟岳已派赴东三省调查经界事宜为由,让唐氏另派代表。

后来唐氏改派李鸿祥为代表,李鸿祥因此也真投入袁世凯的怀抱,滇中媒体对其一片骂声,护法后,唐继尧更发出通缉令通缉之,以致李鸿祥此后很长一段时间都不敢踏上滇土半步。周钟岳则为人非常谨慎小心,城府甚深,对政治从不随便表明态度,加上有较强的属文能力,所以无论是蔡锷还是唐继尧对其都十分赏识。民国建立后周钟岳就一直紧随蔡、唐之后,为二人撰文拟稿,充当秘书之职。周氏在一次谈话会上谈及自己跟随二人的情况,说道:"鄙人自辛亥改革,即在蔡松坡先生幕府为秘书长,旋至京在经界局。前后相从已四年有余。民国六年春间,入川在罗镕轩先生幕府。秋间回滇,又在唐联帅幕府为秘书长。"② 在北京经界局时也多为蔡锷拟写文稿。周氏虽一直以来以文牍自任,却不乏政治敏感度,在关键时刻,总能准确把握政治发展方向,适时应变。在筹安会发生时,蔡锷和唐继尧对袁氏称帝态度都还未明朗化,所以蔡才致电云贵两省迅速派代表参加。而周钟岳与蔡锷较为接近,了解蔡锷的心理动向,也能窥知其中机宜,因而俨然拒绝任云南代表,而行伍出身的李鸿祥政治敏感度则要迟钝得多了。

梁启超抛出《异哉所谓国体问题者》,对袁氏变革国体、复辟帝制的意图大加挞伐,并规劝袁世凯打消帝制念头。该文一出,矛盾立刻显现出来,蔡锷经常往返于京津之间,与梁启超商讨反袁对策。与此同时,滇省反袁态度也开始明朗化,于是,蔡锷与滇省密电往返,互通声气,密商京中消息。蔡锷与滇中密切往来举动遭人告密,袁氏授意军政执法处派军警闯入蔡宅搜查证据。蔡氏无法再在北京容身,潜逃至天津。走前托周钟岳代拟请假呈文,并处理遗留各事。周钟岳是蔡锷的秘书长,自然也成为怀疑对象,随后也带领家眷逃离北京,经天津转奉天至日本。

之后,一直到1916年10月底周氏才离开日本,即整个护国战争周氏都没有与闻,颇让人不解。据周氏自称,到日本后,本拟回滇,"适闻香港政府种种留

---

① 周钟岳. 惺庵回顾录[M]//中国人民政治协商会议云南省昆明市委员会文史资料研究委员会. 云南文史资料选辑:第26辑. 昆明:云南人民出版社,1986:148.
② 周钟岳. 云南护国首义之历史谈(注)[M]//中国人民政治协商会议云南省昆明市委员会文史资料研究委员会. 云南文史资料选辑:第10辑:1979:99.

难,未能通过,遂决意留东,补习英文,准备游美,并习冈田氏静坐法,身体渐觉强健"①。道路不靖是其逗留日本的原因,然也只是听说而已,似也说不过去,对于护国起义如此重大之事,周氏仅作壁上观,在日本修身养性,花着此前唐继尧给他留美的一万三千元学费,过着衣食无忧的生活,周氏此举多少说明其对护国运动实不那么热心,或者在日本姑且观望时局的变化再做打算。毕竟滇省以一省之区而抗中央,胜负还在未可知之数,素来谨慎的周氏自然有其考虑,何况当时远在日本的他对时局更难逆料,就是在滇中的教育会会长刘钟华对时局变化都还难以掌握。4月份,在一次教育会上研议学生文凭时,刘钟华本着对学生负责的态度,说道:用洪宪元年,势有所做不到,用民国五年又恐将来于学生前途有所妨碍。可见刘氏对云南是否一定能取得胜利还不能把握。刘氏此话一出,虽然招来记者一片骂声,但至少也可说明,在部分士子眼中,护国运动并不是一定能取得胜利。于此可见周氏在讨袁问题上明哲保身的态度。

  护国运动结束,蔡锷喉疾严重,至日本看病,推荐罗佩金为护理川督。罗佩金掌权后,极力安插滇人入蜀,不仅聘请清末久宦四川的赵藩入蜀襄赞,还迭电周钟岳同赴蜀襄助,在日本治病的蔡锷也再三敦促周氏赴川。这时,大局已定,周氏遂于1916年10月底由日本启行回国。到上海后,赵藩来信催促其回滇,而此前赵藩也曾被罗佩金邀请入川,据赵式铭说最后因为叙府发生兵变,道路堵塞而未去,后来川事越发闹得不可开交,赵藩为弟子考虑,乃劝其回滇。而周钟岳复信道:"钟此次赴川,实非本志,因镕轩电召,辞意殷拳,松公复再三敦促,迫于友谊,勉此一行,明知蜀事纷纭,调处匪易,而镕轩资望亦尚未能结信于中央,将来到川,终恐无能为役,惟先已应允,此时中途变计,亦无以对镕轩,惟有决意前行,践此宿诺,顷已致书镕轩,愿居幕僚,不受职任,官守不为所绊,进退或可自如,以私衷臆度,不出一年当返滇耳!冀公遇我甚厚,而滇省又为父母之邦,惟有此间尚可着手,国事扰攘,何以图存,将来巩卫桑梓,或可以为中国留一片干净土,钟虽行能无似,终当一效其愚,请先代达冀公为感。"② 表示一方面碍于罗佩金和蔡锷友谊之情,另一方面也希望为滇

---

① 周钟岳.惺庵回顾录[M]//中国人民政治协商会议云南省昆明市委员会文史资料研究委员会.云南文史资料选辑.第26辑.昆明:云南人民出版社,1986:150.
② 周钟岳.惺庵回顾录[M]//中国人民政治协商会议云南省昆明市委员会文史资料研究委员会.云南文史资料选辑.第26辑.昆明:云南人民出版社,1986:151-152.

人图川贡献一己之力，实则更想改变其在护国运动中毫未与闻的形象。在以后谈及护国运动时，周氏自称："皆予身所亲历。"而且"其间函电纷驰"多出自其手。① 显然用后面的这段经历来弥补前面的缺失。

第五节 绅耆与护法运动

袁世凯死后，中国失去长期存在的权威，群龙无首、势均力敌。南北分裂，群雄并起，中国政局更加混乱，白云苍狗、瞬息万变。以陆荣廷为首的桂系和以唐继尧为首的滇系所组成的西南实力派借着孙中山标识"护法"大纛而各有私图，同床异梦。在群雄逐鹿的过程中，在西南政治舞台上有着影响力的绅耆在其中扮演着重要角色。此外，有的绅耆则因护法运动中支持唐继尧而地位越居显要。有的绅耆则对唐继尧的靖国图川颇不以为然。

赵藩凭借清末时所获得的政治资本和声望，以及人际网络，在护法运动中扮演着重要角色。这期间，赵藩对唐继尧逐鹿中原的态度经历了一个从支持到离异的过程，而决定其态度转向的主要因素并不是谁更具有正义性，而是人际脉络的亲疏远近。

四川与云南向有唇亡相依之说，四川以地理上的优越地位向来是兵家争夺之地，唐继尧自护国运动后政治声望达到顶点，政治野心也急剧膨胀。唐继尧想要向外发展，逐鹿中原，一旦占据了四川，进可以窥伺中原，退可以据守自固。

滇军借着护国运动之机进入四川，因为有北洋军阀段祺瑞的支持，川系将领刘存厚在与滇军在四川的代表罗佩金争夺战中大获全胜。罗佩金失去四川督军权力，于1917年4月退出成都，进驻叙府。依附于滇军的黔军首领戴戡、雄其勋也在1917年7月的混战中被川军击毙，驻川黔军作鸟兽散。唐继尧首次图川计划遭到严重失败！

正在唐继尧为图川寻求正当理由而绞尽脑汁之际，北方混乱的政局又给唐

---

① 周钟岳. 云南护国首义之历史谈（遗稿）. [M]//中国人民政治协商会议云南省昆明市委员会文史资料研究委员会. 云南文史资料选辑. 第10辑. 昆明：云南人民出版社，1979：99.

继尧图川创造了机会。1917年5月份,黎段之间的府院之争因对德参战问题而闹致不可开交,加以国会内各党团因政治取向不同而各有所支持,从而推波助澜使政局更加纷乱。先是"公民团请愿团事件",继而段祺瑞被免职引起督军团叛乱,再接着张勋率辫子军北上上演复辟闹剧,黎元洪被迫解散国会。数月之间,政局瞬息万变。这时唐继尧的幕僚看准时机,提出"对川及早出师,万不可缓,俾势力达到长江,始有逐鹿希望"①。

刘存厚被张勋封为四川巡抚,刘则态度暧昧,既未公然接受伪命,又未表示拒绝,心存观望。刘存厚的态度给一时为伐川无正当名义而举棋不定的唐继尧提供了借口,在致岑春煊等人的电文中就明确表示图川意图:"前之所以审慎者,以师出尚无名耳。顷接戴(戡)电,刘已叛受伪职,则以武力解决,亦甚正当。"②于是,唐继尧于1917年7月7日发出通电,以讨伐刘存厚为名,亲自督率滇军,进兵四川。并打出"靖国"旗号,组织"靖国军",自任总司令,把所部编为六个军,以顾品珍、赵又新、庾恩旸、黄毓成、张开儒、方声涛分任靖国第一、二、三、四、五、六军总司令,为大举入川厉兵秣马。

而此时,孙中山说服海军总长程璧光率领海军第一舰队南下护法。在广州召集国会议员南下,重开国会。迨国会议员纷纷南下后,1917年8月18日,召开非常国会,讨论组织政府事,30日通过了《军政府组织大纲》13条。依《大纲》,中华民国军政府设大元帅一人、元帅二人,均由国会选举产生。随后孙中山被选为大元帅,陆荣廷、唐继尧被选为副元帅。唐、陆二人对于以孙为首的护法军政府不感兴趣。面对孙中山多次催请就职的函电,唐继尧要么置之不理,要么以入川为借口相辞。

唐氏声称要挂帅亲征,但仍然迟迟未成行,8月份,派出的滇军在川南一带与川军展开激战,处于劣势,邓泰中致电唐继尧促其早日出师,唐则鉴于"滇内部尚未布置周妥,恐仓卒启行,转生意外纷扰",从而对出师一事谨慎行之。对于入川受阻,邓泰中分析失利原因,认为:"今川人之敌忾心,虽妇人孺子,

---

① 《徐之琛致唐继尧密电及唐继尧批示(1917年7月4日)》,云南档案馆资料,转引自:谢本书,冯祖贻. 西南军阀史 [M]. 贵阳:贵州人民出版社,1991:262.
② 云南省档案馆. 唐继尧以刘存厚补授伪职滇军入川有名致岑春煊的密电(1917年7月9日) [J]. 云南档案史料. 1983(总2):32.

均合以谋我。对川事几已防守不及,且中央干涉,我军益形拮据。"① 考虑到赵藩在川中的影响力,唐继尧准备敦请赵藩出山,宣慰四川。媒体对于赵藩此次入川也有所关注。一则时评说道:"刘逆叛起,川局糜烂,唐公本救灾恤邻之心,将率师勘乱,以救川民,惟是兴师动众,每多猜疑,不有德意之宣,必致转相疑惧,此赵樾村先生有奉命宣慰之举也!往岁赵君治川,功绩久已卓著,民怀其德,此次奉命宣慰,必能布我唐公之德意,以释川民之猜疑,吾知川民感此德意,他日必箪食壶浆以迎义师,实大局之幸,而赵君之功亦不鲜矣!"② 唐继尧的图川之举,滇中媒体视为救灾恤邻,付以正义的意义,这成为赵藩愿意出手相助的部分原因。何况唐氏自回滇主政以后对其向来不错,乐赞其所关注的一切文化活动。事实上,就在赵藩宣慰回来不久,因款绌而裁并的辑刻云南丛书处,又恢复了工作,赵藩被重新委为云南图书馆馆长兼辑刻云南丛书处总纂。唐继尧再次拨款,以此作为对赵藩四川宣慰之行的报答。

9月份,罗佩金解职离川,马骢再次催请唐继尧出征,而唐则因章太炎和国会议员代表亲自送元帅印至滇而一时未能启行。迟至10月底,唐继尧才启行,赵藩随营效力,至贵州毕节驻扎。

赵藩在毕节巡营,参赞戎机,指示机宜,曾致电入川第一军军长顾品珍,对其战果进行褒奖:"比来战事加剧,泸叙失机而大为屹立,不为他军牵累。转战东下,连克城垒,进攻渝郡,为滇军涤瑕垢,为大局利转圜,为益宏大,固知豪杰之自有真也。"同时又建议其对待黔军应取谦和之态度:"近想坐镇分防,指挥已定;联黔狎处,贵泯嫌猜。内须持缜密坚固之根基,而外须表逊让谦冲之态度;庶几廉蔺永好,浑浚无讥,知所优为也,不敢不告也。"同时还鼓励道:"所望群公奠定倾危,将以布袜青鞋,优游枋社,愿所毕矣。"③

12月初,顾品珍率部与熊克武部攻占重庆,滇军新建的叶荃第八军及杨蓁混成旅等部,已先后抵达川南。并与原战败退至川滇之间的赵又新、赵钟奇等部合攻叙府、泸州、自贡,打算攻下后,再沿岷江与沱江之间的地带西进,从

---

① 云南档案馆. 邓泰中陈述入川失利原因并劝唐继尧勿亲督师入川的密电(1917年8月15日)[J]. 云南档案史料. 1983(总2):82.
② 时评·赵樾村先生宣慰川南之可贺[N]. 云南痛报,1917-08-20.
③ 赵藩. 赵藩函稿·致顾军长[M]//中国人民政治协商会议云南省委员会文史资料研究委员会. 云南文史资料选辑:第15辑,昆明:云南人民出版社,1981:189.

南路与北路的四川靖国军和中路的贵州靖国军合攻成都。在叶荃部攻打叙府和泸州时，赵藩分致两电，一电建议其重用人才："世衰俗敝，人才披靡，虽节短以取长，当亲贤而远佞，庶能济事，亦不损名。"另一电则对攻取泸州提出建议："永泸之间，溃兵失伍，归虞被罪，依匪逃生，实繁有徒。已商蒉公，亟予招抚，遍张布告，大纛所至，谅必如归，收械收人，免为敌用。且亦桑梓健儿，不能懋置也。规泸之道，则五峰山俯临小市，牛背石直出兰田，皆关紧要，公必成竹在胸矣！倾耳捷音，无任翘企。"①

唐继尧挽赵藩出山更主要的目的是希望运用其在川的威名为滇军入川寻求舆论的支持。对于此点，赵藩给川中友人的信中有明确表述，信里说道："去春蜀滇交阋，迫秋未解。而燕云局变，狐鼠城社，挑斗北南，隐忧沈陆。会泽唐公，振臂声义，黔湘岭表，多数赞同；欲联三巴，弃嫌修好，共赋袍泽，强拉衰朽，出辇戎轩，义不获辞。函电布告叠致；锦官不谅沥诚，相煎转急，至叙泸告陷，祸弥烈矣！驻军毕赤，不越雷池，亦以市虎嫌疑，虑猜侵略。然尘念躁躏，皆苦间阎，溅泪惊心；每接军书，拊几诧叹。比者，天心人事，悔祸销氛，辅车依倚，愿望可慰。唐拟返镇，浼藩代出喻慰蜀中父老，缔结三省之盟。方事俶装，而北衅又作，改议唐出藩归，各尽居行之责。"表示自己不能到成都，但"所冀硕德伟望，启导颛蒙，战守合为一家，肝胆无判楚越；庶几早定大局，汔可小休，审有同情，不訾饶舌也"②。从赵藩在唐继尧毕节巡营中所发数函来看，对唐继尧入蜀甚为支持。后来战局逆转，滇黔联军攻下成都，唐继尧带兵入重庆召开"联军会议"，旨在使川系将领及有关军事头目对滇系割据四川的既成事实加以认可，没有必要再让赵藩跟随而去，所以出发前委托赵藩巡视迤东各处，"指查该地利弊，慰问人民疾苦"③。

在唐继尧一心图川之际，孙中山成立的军政府因滇系、桂系等军阀的拆台而形同虚设，于是国会议员各派谋改组军政府，把元帅制改为合议制。1918年7月5日，改组后的军政府正式成立，经非常国会选出的七总裁唐继尧、伍廷

---

① 赵藩. 赵藩函稿·致湘石军长［M］//中国人民政治协商会议云南省委员会文史资料研究委员会. 云南文史资料选辑：第15辑，昆明：云南人民出版社，1981：200.

② 赵藩. 赵藩函稿·复元丞、小泉诸先生函［M］//中国人民政治协商会议云南省委员会文史资料研究委员会. 云南文史资料选辑：第15辑，昆明：云南人民出版社，1981：200.

③ 赵樾村先生改迤东巡阅使［N］. 中华新报，1917－03－12.

芳、林葆怿、陆荣廷、岑春煊纷纷宣誓就职，孙中山和唐绍仪二人"因交通阻碍"一时未能就职，但之后也分别派代表参与政务会议。在8月19日军政府第一次政务会议上，岑春煊被选为政务会议主席总裁。岑春煊之所以能任主席总裁，得自唐继尧和陆荣廷之力，缘于二人均想独立控制西南统一政权不能成功的情况下，为不使对方位于自己之上，需要中间有个缓冲，因此与双方均有历史渊源，且在他们看来不会在实力上对自己构成威胁的岑春煊，就成为他们共同的理想人选。①

在军府成立当天，岑春煊致电唐继尧，让唐委任一人出任总裁代表及参谋部部长之职，电文说："此次军政府责任在利军事进行，而按照军政府组织大纲第三条，军政府职权由政务总裁组织政务会议行使之，现总裁七人，公与干老实为全局军事首脑，而以军情关系，断难莅粤。倘无专员代理，恐与前敌呼应不灵。查第六条载，总务总裁有事时，得委托部长一人代理。似宜由公先行推一部长，以为政务会议中自代之地，正欲驰电奉商。而本日会商结果，伍认外交、林认海军、陆认陆军、煊认内政，并推公兼任参谋部务。"②岑还建议唐或者委任其弟唐继虞任，或者委任李烈钧任，或者选"有威望素著为我公深信之人，选派前来尤妥"。最后唐氏委任赵藩为政务总裁代表，李烈钧就近代行参谋部务。唐氏选择自己在粤的全权代表时，是采取了行政和军事分开的平衡牵制办法。③其委任赵藩为总裁代表，显然考虑到了赵与岑的师生关系这个因素，意图通过这层关系让军政府为其所用。岑对于赵出席总裁代表一职欣喜异常，立刻致电赵氏表示欢迎，并催促来粤，表示："军府改始，条理万端，盼速命驾东行，共商国是。"④查岑氏致电赵藩的日期与致电唐继尧推荐人选的日期同为一天，而唐氏委任李烈钧的电文却迟至7月31日，唐氏在收到岑氏的电文后很快做出反应，委赵藩出任总裁代表，说明唐早有此意，而委任李氏出任参谋部

---

① 谭群玉. 派系和制衡：军政府改组与南北政局［D］. 广州：中山大学（未刊），2003：63.
② 致毕节唐赓虞总裁请委托唐萍虞或李协和暂代参谋部长兼代总裁电（七年七月五日）. 何平、李露点注. 岑春煊文集. 南宁：广西人民出版社，1995：318.
③ 谭群玉. 派系和制衡：军政府改组与南北政局［D］. 广州：中山大学（未刊），2003：133.
④ 致云南赵樾村先生欢迎来粤电（七年七月五日）》［M］//何平，李露，点注. 岑春煊文集》，南宁：广西人民出版社，1995：317.

务则经过了一番斟酌。可见,唐氏对赵藩出任代表早已成竹在胸。

赵藩迟迟未能成行,岑春煊又致电相催,直到9月中旬赵藩才起驾赴粤。除了任总裁代表之外,赵藩还出任了交通部部长一职。而此时已年近七旬的赵藩之所以还愿出而任事,在其致友人的信中亦多次有所表示,致四川友人罗厚甫的信中说道:"藩以衰老迫出,亦思合南北为一家,镕新旧于一冶。"① 在致陕西友人宋联奎的信中有大致相同的表述,信里说:"南北斗争年余,人心厌苦,藩所以不辞衰病而出,亦望居间调和。"② 同时还劝老友:"执事不妨濡迹匡时,欲求桃源栗里,亦乌可得耶?"可见,赵藩是希望能使南北统一,消除内乱。颇有天下兴亡,匹夫有责之慨。赵藩在军政府实际上充当了调和唐继尧和岑春煊为首的政学系之间的利益之争的角色。

唐继尧原想通过赵藩影响岑春煊,使岑春煊靠近滇系。没想到赵藩到粤后,在唐继尧和政学系岑春煊、李根源之间,赵藩选择了后者。对于政学系逐渐把持军政府的情况,赵藩致唐继尧的电文中从不述及,在陈述粤中党派之争时,也只提到民友会一派。1919年8月赵藩致函唐继尧陈述粤中情况时说道:"粤中近状则李翟去面(后)内忠隐销,然桂方亦因以益膨,省长之争,久难解决,职是故也。至滇军客寄,久非地主所乐,尤为桂人所忌,而谗谤挑拨,亦缘以生。大率党派则附二孙者,权利则向桂者,而政客游士之干求未餍者,亦厕其间。故藩愚以为滇军至粤,外宜委曲以联络,内宜镇静而团结,与粤桂共患难而不必遽以争权利,水到渠成,以俟机缘,力为我滇撑东南之一臂,与在川者撑西南之一臂,遥相对峙,庶几我公主盟实力,始能抗陆而应付北庭。"③ 可以看出赵藩一方面回避谈及政学会,一方面则在滇系与桂系的关系上极力做调人,劝唐继尧"与武鸣声应气求,图根本大计,俾西林有所持循因应,或和或战,乃可责效耳"④。

---

① 赵藩. 赵藩函稿·复罗先生厚甫书[M]//中国人民政治协商会议云南省委员会文史资料研究委员会. 云南文史资料选辑:第15辑,昆明:云南人民出版社,1981:214.
② 赵藩. 赵藩函稿·致宋菊坞先生[M]//中国人民政治协商会议云南省委员会文史资料研究委员会. 云南文史资料选辑:第15辑,昆明:云南人民出版社,1981:214.
③ 赵藩. 赵藩遗稿·上唐总裁[M]//中国人民政治协商会议云南省委员会文史资料研究委员会. 云南文史资料选辑:第15辑,昆明:云南人民出版社,1981:184.
④ 赵藩. 赵藩遗稿·启唐蓂赓[M]//中国人民政治协商会议云南省委员会文史资料研究委员会. 云南文史资料选辑:第15辑,昆明:云南人民出版社,1981:207.

早在7月份，杨赓笙已致电唐继尧，告知粤省纷乱情形，与赵藩所述大相径庭，电文说：

> 粤省内部纠纷屡起，以兄弟之内争，启北廷之轻视，致和会再停，奄移岁月，追其祸始，实岑、陆不睦为之历阶。岑陆之不睦，尤以利害冲突为主。因政学会诸人利用云阶作傀儡，借军府为利器，以争粤权。干卿本以两粤为地盘，卧榻之旁，岂容他人鼾睡？为自卫计，而私通北廷，联合李耀汉，乃逻辑上必至之事，实无足怪者。莫日初始闻陆氏不满意彼接近政学会，将派陈炳焜督粤，彼则依岑抵陆。今也欲兼摄省长，知军府为彼梗，又有弃岑趋陆之势，大概今后粤局之枢纽，系乎日初一身。彼又无所党羽，惟视利害而权衡轻重于岑陆之间以自固，从此益多事矣。近李耀汉又宣布彼为主使暗杀程玉堂者，事如非伪，其心术尚堪问乎？现此间省长风潮，仍未稍息，粤人主张以粤治粤者，多举伍庸老，惟彼以玉堂为前车之鉴，未敢轻出。且有向知彼好养生之术，恐交其子伍朝枢代摄，而反对之者，其有主张滇军次长汤廷光者，又有主张陈竞存者，胡汉民者、杨永泰者，皆其所此与者耳。李印泉初本极力运动，卒被马济、沈鸿英等通电主张日初兼理，硬列伊名，在势不能辩白，卒归失败。仍一面使滇军举协和，一面要好日初，其欲得之心，尚未肯休。冷御秋等，乃岑之最亲者，又主张岑兼，实则为己耳。日初与此纷难未解之时，先委粤海道张锦芳护理。张虽粤产，实莫私人，莫借此既可杜粤人之口，复可遂其私利，计之得也。惟军府以私门之事，竟忘职责之所在，不独贻笑识者，而威信亦扫地尽矣。①

两相比较，赵藩显然有意回避谈及政学会及岑陆矛盾，对于粤省省长之争更是一笔带过，对李根源觊觎粤省长之位的举动则完全不提。还建议唐继尧以退让政策为主，维护护法团体。可见，赵藩虽是唐继尧的代表，却因为与政学会领袖岑春煊的关系而极力在其中充当调人的角色。

赵藩身处矛盾斗争激烈的军政府中，每每感到力不从心，致友人的信中感

---

① 云南档案馆. 杨赓笙等七月一日电 [J]. 云南档案史料, 198（总19）: 27.

叹道:"两载以来,言庞事杂,力薄效微。近则因仪秦肆口舌之挑,致胡越成肝胆之判。扶颠无术,代斲自伤。"① 赵藩信中所感慨的事情是指发生在1920年春的驻粤滇军二李混战,赵藩也深深地卷入其中,并在此过程中,对唐继尧的态度开始改变。

1920年春的二李相争是驻粤滇军总司令李根源在桂系莫荣新和岑春煊的支持下违抗唐继尧命令,从而引发了与李烈钧之间近一个月的激战。李根源反唐的背后有着复杂的原因,其中既有近因也有远因。

唐继尧对李根源向来就不信任,李根源到粤后,李烈钧和滇军将领纷纷致电唐氏请委李根源为驻粤滇军总司令,唐氏对李始终有所顾忌,以"借重印泉任第六军军长"为辞加以拒绝,只让李根源接管方声涛所部。李根源带领方声涛所部开赴粤北与龙济光激战,战果不错,亦赢来口碑。杨晋也致电唐继尧,委李根源为总司令以节制失控的张开儒部。但唐仍有所顾忌,不肯松口。

同时,议员李文治等也来电催请委任李氏,声称:"近得李印泉先生到此,提撕振奋观念一新。分兵讨龙,挽回舆论。筹饷筹械,因应咸宜。从此名誉巩[固],庶几淘汰可免。洵吾滇之幸,亦国家之福也。闻两师旅、团、营、连各将官联名推总师干,并电请我公委任。干老日前亦驰电推重。多日未奉复命,事实上虽已接管四师,印泉以军人最重服从,手续宜循统系,公为滇军主脑,非奉叨令,不允正式宣布。似此尊崇钧座,良足模范群伦。文治等在粤见闻较确,以为洽各方之情好,起已断口口粤口,坚西南之根据,谋前途之发展,均惟印泉可以达到。若易他人,对于各方面,诚信末孚,恐复蹈前此故辙,互相猜忌,不能相安,于国于滇,均有不利。是举非为个人,实于西南大局,关系不小。盼公神速发表. 勿令海内失望。"② 唐氏批复"据近日处理驻粤滇军办法拟复",仍持观望态度。

后来唐继尧派到广州的代表杨晋致电告知张开儒与粤桂方面屡生龃龉的情形,加之唐继尧屡次调张部入川助战的命令都被张置之不理,张氏助孙中山的态度也引起唐继尧的不满,因此最终下令取消张开儒驻粤滇军第三师长职而换

---

① 赵藩. 赵藩遗稿·复罗先生厚甫书[M]//中国人民政治协商会议云南省委员会文史资料研究委员会. 云南文史资料选辑:第15辑,昆明:云南人民出版社,1981:214.
② 李文治等请速委李根源统率驻粤滇军密电(1918年3月21日)[M]//中国第二历史档案馆,云南省档案馆. 护法运动. 北京:档案出版社,1993:722.

之以郑开文,并宣布郑开文没到之前,由杨晋就近代理,对委任李根源总司令一职仍然回避不谈。杨晋则迭电相催,"十万火急。唐联军总司令钧鉴:进(晋)密。昨由莫督军转奉东电,以进(晋)署理第三师长,自维驽下,何克胜兹巨任。惟是夙蒙知遇,赴蹈所不敢辞。重念钧座整顿滇军保全大局苦心,以副倚畀于万一。但藻林近日纷委官长,改编军队,似此举(动恐)无交出之心。以晋望浅资轻,届时抗不交替,既失钧座威信,更于大局有关,兼之南霞(雄)防务日益吃紧,再事牵(迁)延,祸变尤大。现虽密商印泉,秉承日老部署一切,惟非由钧座迅将驻粤滇军总司令名义,明令发表,借以维系军心,且一便直接处置,将来开赴湘口,亦非此不能实行。时机急迫,刻难再续,立候核示"①。对于杨晋以张开儒拒绝交卸、南雄吃紧等事为由催请下委任令,唐还是置之不理,批复道:"第三师重在飞援湘、川,无驻粤之计划,故不另设总司令。"

正在李根源的委任状难产之时,莫荣新委其为粤赣湘边防督办。张开儒部下拒不交卸,杨晋也无法接任,无奈之下,唐继尧最终还是下令委任李根源为驻粤滇军总司令。从李烈钧和驻粤滇军将领推荐李根源任驻粤滇军总司令到唐继尧的委任状下达,迁延两个多月,可见唐继尧对李根源的不信任程度。李根源能够掌握兵柄与桂系支持、时势所趋分不开。

唐继尧固然对李根源不信任,李根源对唐继尧也好不到哪里去,二人关系历来就不那么融洽。1913年李根源因赣宁事件的牵连逃亡日本,刚刚回滇任滇督的唐继尧就碰上大理杨春魁变乱,杨春魁打出"奉孙文、李根源命令"起义的招牌发动起义。唐继尧异常重视,派谢汝翼入大理操办,以迅雷不及掩耳之势,仅用时十多天就剿平叛乱,同时致电袁世凯通缉李根源。远在日本的李根源与此事全无瓜葛,在报纸上看到自己成通缉对象,立刻致信赵藩、陈荣昌、蒋谷、周钟岳、王仲瑜、李坤、熊廷权、陈度、由云龙、顾视高、黄德润、吴琨、董鸿勋、范石生、华封祝、赵伸等人辩诬;并表示经历了赣宁之乱,颇感身心疲惫。"矧今日者历劫之身,已甘枯槁,悟得丧于一指,期养晦以五年,桑海变迁,此心不转。"② 唯愿民国长存,共和不死,而自己已无心再谋乱了。此事最后

---

① 杨晋复密电(4月17日)[M]//中国第二历史档案馆,云南省档案馆. 护法运动. 北京:档案出版社,1993:727-728.
② 李根源. 出亡日本与故乡师友书(1914年1月29日)[M]//李根源. 新编曲石文录. 李希泌,编校. 昆明:云南人民出版社,1988:90.

不了了之。对于唐继尧的构陷，李根源也没有留下多少芥蒂，毕竟身处流亡之中，没有任何力量，甚至还要寻求滇中绅耆的庇护，自然谈不上对唐有什么想法。

时隔不久，1914年10月份唐继尧又捕杀了李根源的妻弟徐天禄，徐氏当时为中华革命党云南支部总务。为了表示对袁世凯的效忠，唐继尧对于捣乱的中华革命党人是赶尽杀绝的。如果说，之前李根源对唐继尧的构陷还能隐忍的话，那么对于杀妻弟之仇是无论如何也无法释怀的，只是迫于唐继尧的权势地位而一时无能如何。

1915年秋间，袁世凯谋帝制自为，李根源约同在日本的革命党人一同回国参与反袁，并活动于港澳一带，进行联络工作。在港期间，曾与由日本转道香港赴云南的蔡锷相遇，并介绍至腾冲商人王爱贤家躲避。云南宣布起义，组织护国军政府，因蔡锷的推荐，都督唐继尧委任李根源为云南护国都督府驻粤港代表，蔡锷则委其为护国军第一军驻港专员。在军务院时，因赵藩的关照而得到岑春煊的重用，此后，李根源又开始进入政治中心。袁世凯病死后，南北复归统一，军务院宣布撤销，李根源奉总统黎元洪之招北上。在护国运动期间，李根源一度与唐继尧电讯往来，似乎前嫌冰释，实则是无力抗衡。李根源在其回忆录中说，曾向唐继尧提出四点建议，要其"一，乘欧战中准备撤川之师，袭取安南，助越人独立；二，筹送留美学生百名；三，设缅越藏文学校；四，修通白色汽车道"。而唐继尧则"意在据蜀，自大皆未纳"①。可见唐继尧并未把李根源放在眼里，而李氏则因自己力量有限一时不能把唐怎么样。所以一旦李根源有能力便有反唐之举完全在情理之中。

李根源与唐交恶的近因便是李根源把驻粤滇军变为政学会御用军，与滇系利益发生严重冲突。而李根源之所以毫无顾忌，也是因有恃无恐，有政学会领袖岑春煊和桂系莫荣新的支持，是以有反唐之举。护法运动时，李根源被视为岑春煊的左膀右臂，在李根源应邀南下后，孙中山一度试图争取李的支持，说服其"臂助元帅府，不要另组军政府"，但李"不从"。在孙中山与岑春煊之间，李根源选择了后者。而学者认为李支持岑而不是孙的原因，是因为岑春煊

---

① 李根源.雪生年录[M]//沈云龙.近代中国史料丛刊：第二辑，台北：文海出版社，1966：14.

能控制陆荣廷。① 实则，李根源与岑春煊有很深的历史渊源。李与岑相识于民国元年，当时李因被选为众议院议员而北上入京，路过上海，受滇中人士之托，请滞留上海的陈荣昌回滇。当时陈荣昌正寓居于岑春煊宅，李因而与岑相识。岑得知李在滇保护其父岑毓英的专祠，对李很有好感。二次革命时，岑春煊与孙中山、黄兴等人联合反袁，事败后，李根源陪同岑氏逃亡澳门，对岑有护驾之功。护国运动时，岑氏被推为军务院抚军副长，代不能至粤的唐继尧执行抚军长职务，赵藩专门致函岑春煊向其推荐李根源，希望其重用李氏，岑氏马上回信说："印泉相依，如左右手，惓惓师门，同兹蕴结。"表示二人有同门之谊，相处甚为愉快。后来李根源与谷钟秀等人发起政学会，推岑春煊为领袖，李氏对岑更加忠心。

李根源掌握了驻粤滇军的兵柄以后，便借之以抬高政学会的地位，不听唐继尧的节制。唐继尧见李根源有失控危险，派亲信郑开文为第三师师长，兼任南、韶、连镇守使。李根源只让郑开文接任师长一职，而南韶连镇守使一职则始终未肯放手与郑。郑开文到任后便采取行动，裁撤亲李之军官，并屡屡致电唐继尧揭李之短，二人势成水火。李根源遂采取毅然行动，将郑开文撤职。此举立刻引发了埋伏已久的矛盾，其反唐之心公开化。唐继尧故技重演，以李已委任建设会议代表为由，裁撤李之总司令职，一如当年裁撤张开儒以其已任军府职务为名一样。

唐继尧宣布将驻粤滇军收归滇系管辖，就近接受军政府参谋部部长李烈钧指挥。李根源自然不肯轻易就范，表面上发出通电，陈述自己抵粤以来之所为，表示愿意辞职，但其实是欲擒故纵，让莫荣新出面干涉。莫氏第二天便发出布告，拒绝接受唐继尧撤销李根源职务的命令。宣称："驻粤滇军四年以来，一切饷械皆由粤省提供，向归本署节制，前者两师分立，统率乏人，志意散涣，经由本署聘任李根源为滇军总司令，嗣以边防紧急，地方重要，复委任为边防督办、南韶连镇守使。……现据该督办呈请辞职，业经切实慰留，仍请以边防督办及南韶连镇守使原职统率该军，藉资捍卫。……现驻粤滇军两师部队，本督

---

① 谭群玉. 派系和制衡：军政府改组与南北政局 [D]. 广州：中山大学（未刊），2003：61.

军惟责任李督办统率指挥,不知其他。"① 公开干涉滇军改组。

李根源则趁势指使亲信撤换、拘捕和杀害拒不从命的滇军官兵,桂军也调集军队,防止分驻广东各地的滇军异动。岑春煊以调和为名提出改组滇军方案,分化驻粤滇军,一部归李烈钧,一部归李根源,两部都由莫荣新节制饷项。李烈钧拒绝接受,莫荣新干脆取消驻粤滇军两师的师部,以团为单位将两师改编为边防陆军,把滇军完全置于桂系管辖之下。在此情况下,驻粤滇军发生分化。

1920年2月24日,李烈钧以巡视驻粤滇军两师防地为名,率领驻广州的滇军警卫混成团等1000余名官兵,秘密取道龙眼洞,向粤北方向挺进,准备会合驻防该处的滇军杨益谦、鲁子材和盛荣超所部三旅,对抗桂系和李根源。莫荣新闻讯下达紧急动员令,调集桂系军队50余营,以沈鸿英为前敌总指挥、邱渭南为前敌总司令,联合李根源指挥的一部分滇军,扼驻要道,拦阻李烈钧部,二李称兵相向,激战一个多月,李根源节节败退,韶州为李烈钧所占。岑春煊急出调和,提出李烈钧移师援湘、李根源部移防海南的调停方案,得到唐继尧、陆荣廷应允后,二李相争最后以李根源带领所部移防雷州半岛和海南岛,李烈钧接受调停返回广州军政府参谋部而宣告结束。

在二李相争中,赵藩始终站在李根源一边。本来赵藩对李根源就特别欣赏,一直以来,李氏都很讨其欢心,在旧学方面又引为同道。赵藩到广州后,与李根源往来频繁,赵藩主持的交通部也安排在李根源的驻粤滇军总司令部内,此时孙光庭也一同住此,李称:"朝夕承训,少有过失,两先生正色责之不为宽假,受益实多。"② 在辛亥年间,李根源与赵藩一同处置迤西事务时,李陪赵藩访胜探奇,极得赵之欢心,两人感情急速升温。赣宁之乱后,二人再未能相见,但音问未曾间断。护国运动时,赵藩还特别致函岑春煊,嘱其重用李根源。督军团叛乱,李困陷陕西,赵托人问讯,对李关怀备至。此时,二人相见甚欢,赵藩对其更加推重,在致滇中好友陈荣昌的信中都不忘对李交口称赞,说道:"滇军客寄,时履危机,经雪生维持,渐臻安隐,以此弥叹人才之难得也。"③

---

① 莫荣新拒绝唐继尧撤销李根源职务令的布告(1920年2月17日)[M]//汤锐祥. 护法运动史料汇编:第三册. 广州:花城出版社,2003:342.
② 李根源. 雪生年录[M]//沈云龙. 近代中国史料丛刊:第二辑,台北:文海出版社,1966:89.
③ 赵藩. 赵藩遗稿·致陈虚斋先生函[M]//中国人民政治协商会议云南省委员会文史资料研究委员会. 云南文史资料选辑:第15辑,昆明:云南人民出版社,1981:209.

李根源任粤赣湘边军务督办，驻守韶关时，不仅对所辖江北 15 县励精图治，进行治理，而且还奉行其一贯之作风，重视保护当地古迹，在此期间，重建了曹溪南华寺、唐张文献公祠墓。南华寺成了赵藩、孙光庭等人消闲之地，时常聚处，诗酬唱和，颇为欢快。南华寺因六祖惠能在此创立禅宗而成名，民国时已经荒落，李根源加以修缮，补刻了柳宗元书写的《大鉴禅师碑》，并请赵藩书写，又请其撰写《六祖行年考》，请孙光庭书《苏程庵铭》。此外，李根源还重修了唐代著名丞相张九龄的祠墓，亦请孙光庭重书唐岭南节度使、著名书法家徐浩撰写的《张文献公神道碑》，并修张九龄之弟张九章、张九皋墓，请赵藩撰祠联。在李根源驻韶关的一年中，赵藩、孙光庭经常走访李氏，在南华寺一住就是半月，吟诗作赋，就是在此充满着派系斗争的复杂环境里，仍然保持着他们固有的习惯。在赵藩与孙光庭等人的唱和中，引起赵藩对滇中老友陈荣昌的思念，并把写下的诗句寄回昆明，请陈荣昌鉴教。① 李根源因在旧学方面的兴趣而能与老辈们保持感情交流。因此，赵藩在李根源和唐继尧之间，选择了前者。

　　唐继尧对李根源的免职令事先并未让赵藩与闻，对赵藩在粤中的倾向和与李根源关系的密切程度早已有所察觉，所以采取果断措施。赵藩在得知消息后，震惊之余，连忙联络滇籍国会议员发电保李根源，但李氏联合桂系反唐的行为亦不容于政学系以外的议员。不得已，赵藩独自发电给唐氏保李根源，未得唐氏回复，赵藩见事不可为，于 3 月初呈请辞职，唐氏立刻表示同意。但实际上，赵藩仍没有辞职，而是"西林坚挽，犹羁部务，勉着残棋"②。

　　李根源的反唐行为，遭到滇中舆论和议员的抨击，多认为其以滇人反滇人，

---

① 岑春煊担任护法军政府主席总裁后，一度曾致信陈荣昌，请其出山襄助，并派秘书王有兰赍信入滇。信里说："草昧初基，君子以不宁为德，苍生喁望，斯人非不出之时。是以商山应聘于留候，谢傅关怀于晋室，千秋史册，著为美谈。执事声华京国，冠冕儒林，天生有用之材，身系斯民之任，虽潜龙勿用，雏凤将羽，何以尚兹，迩来军府改组，经纬万端，艰巨既膺，陨越是惧，因念曩约，煊苟出山，必邀相助，惟国是初定，大难当前，所望于故人一起凤诺之践，知公故不忘也，甚幸！甚幸！王君有兰躬诣台端，代致殷拳，希赐接洽。招我以弓，非敢施于硕德，望公如岁，必能慰其鄙忱，临颖不胜翘企。"岑表示对二人在辛亥革命时的海誓山盟仍念念不忘，然而陈荣昌仍是高卧不出。

② 赵藩. 赵藩遗稿·复罗先生厚甫书 [M] //中国人民政治协商会议云南省委员会文史资料研究委员会. 云南文史资料选辑：第 15 辑，昆明：云南人民出版社，1981：214.

违抗军纪,指责其"受事之初曾自定在外滇军官长任用条例,申明师旅长由滇督委任,团营以下由该军长呈请任命,旋经督军批准并另增订陆军长官佐任免章程公布在案,我滇中父老无不闻而知之,不意野心渐炽,竟逸轨道,利用军权以徇私图,其种种阴谋破坏西南,护法诸公谅有闻知,无俟揭露"①。而且与桂系勾结,使滇军分化,损害滇人利益。从滇人的角度着眼,李根源的行为确实没有站在理上,因此云南军警政学绅商各界发电同声致讨,周钟岳、黄德润、吴琨、熊廷权、丁兆冠、顾视高、王鸿图、陈度、解秉仁、倪惟钦、张士麟、秦光玉等向与李根源关系不错的绅耆都列名电文表示声讨。同为政学会议员的吕志伊对李氏串联桂系分化滇军的行为也不以为然,通电声讨。可见李氏反唐颇不得人心。

对于赵藩庇护李根源的行为,原中华革命党人所办的报纸《滇声报》评价道:"樾老七十老翁复有何求,宜乎可以止矣,而乃鸡鸣而起,进行不休,今因附于李印泉之故,而致陷于故园回首欲归,归未得之境,夫亦大为可怜矣!噫,吾于此而益服困叟之高为不可及,而为吾滇一时无两之人物也!"② 赵藩和陈荣昌向被视为滇绅耆中的领军人物,遇事舆论通常会将二人并列而论,此时记者一面对赵藩表示惋惜,一面对陈荣昌的退隐表示赞美,扬此抑彼之意显而易见。

而滇中另一份大报《义声报》则转载香港《晨报》,以《政学会一计害三贤》为题,论说政学会为了与北廷媾和而早有改编滇军之意,为了达其目的而诱使"三贤"赞助,从而害了"三贤"护法名声。记者所说的三贤即指陆荣廷、莫荣新、赵藩。认为:"虽所谓贤者未必是贤,若无政学会作此破坏大局之行为则受害者亦不至丧失名誉,堕落人格,而数年护法史中若辈必能窃据美名,一身真伪又有谁知。"政学会为了投降北廷,视驻粤滇军为障碍,所以一方面挑拨陆荣廷和莫荣新改编滇军,从而使滇军分裂。此外改编滇军就要蒙蔽唐氏,"但蒙蔽唐氏从何下手,忽然想到唐之代表赵藩,老朽无能尚可利用,乃引诱赵藩赞成改编滇军,不料唐联帅聪明过人,得政学会改编滇军消息,出于急雷不及掩耳,迅电不及瞬目,发来蒸电革去李根源滇军总司令之职,该军并未通知赵藩,唐氏用兵神出鬼没,有如此者。政学会得此噩耗,召集党徒特开紧急会

---

① 要电·云南军警政学绅商各界对于莫李欺辱驻粤滇军通电·以全力维持滇督威令·共同申讨李根源 [N]. 义声报,1920-03-29.
② 我为赵樾老惜 [N]. 滇声报,1920-04-19.

议，密筹补救之策即驱使赵藩请滇籍国会议员茶话，要求议员公电唐氏同保李根源，而滇籍大多数国会议员均以李根源之行为实于护法二字相悖谬，今若公电保李，不惟难邀唐氏应允，反增云南全省之羞，当经多数否决，惟赵藩迷于政学会之麻药，竟自领衔拍电保李，该电一去，唐氏大怒。由此观之，关于此次风潮皆出于政学会损人利己之毒计，而陆荣廷身任总裁，自命为西南代表，护法中坚，莫荣新既为护法政府陆军总长，又任安安稳稳之广东督军，赵藩以年迈古稀为云南数一数二之巨绅，彼三人者均因改编滇军细故牺牲数年来护法之名誉，为四万万同胞所不齿，政（学）系毒计真可怕也，顾洁身自爱者尚其鉴诸。"① 记者评述语气颇为揶揄，把赵藩看得十分昏庸无能，实则记者不知赵藩支持政学会背后的人事渊源。而且唐继尧对赵藩庇护李根源的行为也并未明确表示不满，在赵藩辞代表一职后，唐氏仍然以参议月薪给赵在滇中的家人资用："鉴其清寒，悯其远出。"

自二李相争、桂滇内讧以后，护法军政府发生分裂，七总裁中，伍廷芳出走，唐继尧发表声明，自3月赵藩辞去其总裁代表职务后，对"军政府一切行动概不负责"。并称既然伍廷芳近已离粤，孙中山和唐绍仪又早已不派代表出席政务会议，"政务会议已无成立之理由"②。赵藩则仍然留在军政府中给以支持。伍廷芳出走后，军政府任温宗尧和陈锦涛分别担任伍廷芳兼任的外交、财政两部部长职务。赵藩致友人的信中对此表示欣慰，说道："温钦甫（温宗尧）、陈兰生（陈锦涛）联翩至止，粤局尚可维持。"③

唐继尧在声明对军府不负责任后，一面派人赴上海与孙中山联络另组军政府政务会议，一面则继续与桂系保持秘密联系。军政府为了拉住唐继尧，于是又请赵藩回滇，与唐继尧接洽。赵藩欣然接受，表示"维西南之大局，完护国之全功，义不容辞，劳可小休，不日即当首途"④。

赵藩于是年10月初回到昆明，得知爱妾已于1919年5月份病逝，先前家人

---

① 莫李欺辱驻粤滇军之大风潮［N］. 义声报，1920-03-25.
② 岑春煊对唐继尧寒电的通电（1920年4月26日）［N］. 汤锐祥. 护法运动史料汇编：第三册. 广州：花城出版社，2003：372.
③ 赵藩. 赵藩遗稿·复罗先生厚甫书［M］//中国人民政治协商会议云南省委员会文史资料研究委员会. 云南文史资料选辑：第15辑，昆明：云南人民出版社，1981：215.
④ 赵藩. 赵藩遗稿·致赵凤阶［M］//中国人民政治协商会议云南省委员会文史资料研究委员会. 云南文史资料选辑：第15辑，昆明：云南人民出版社，1981：212.

并未告知,悲痛欲绝,已无心政事。但唐氏仍派秘书周钟岳往顾敦请出任参议,赵藩一方面对唐氏在自己辞代表后,仍然支付月薪给滇中家人,心存感激,但同时也表示不愿再居参议之席,只愿继续管理图书馆,整理云南丛书。唐氏虽答应委其掌管云南省图书馆,但并没有允许其辞参议一席。可见,表面上,进入民国以来武人当权,武力的权威在政治生活中占决定性因素。但实际上,也不是武力能解决一切,武人在老辈面前,仍要敬让三分。而赵藩经历二李相争事件后,对唐继尧产生了不满情绪。

在接下来的顾品珍驱逐唐继尧事件中,赵藩就站在顾氏一边。赵藩对唐继尧的反感情绪曾在致友人的信中明白表示:"方谓统一可期,言归初服;而乃倾危政客,贪诈武人挑煽其间,风云倏变,粤衅先作,蜀祸踵生。冀赣气盛喜谀,群小阿私乱政。遂至亲离众畔,危及根本。昏夜出亡,可为太息。差幸筱斋稳达,人心响附,不烦兵革,得保秩序。"①

赵藩与唐继尧在处理驻粤滇军问题上的分歧导致赵开始离异唐继尧,从而在唐顾之争中,支持后者。另外,因顾品珍与政学系也多有往来,在唐继尧撤换李根源时,顾氏曾发电表示反对。其驱逐唐继尧的行动也曾得到政学系诸人的鼓励与支持。李根源一度准备参与顾品珍的行动。赵藩支持顾其实也还是与李有绝大关系。二李之争后,李虽一时在政途上遭受挫折,被流放荒岛,但并不是坐以待毙,而是一面经营海疆,一面招兵买马,待时而出。1920年5月滇川战争爆发,川军将领以驱除客军相号召发动战争,驻川滇军第一军顾品珍、第二军军长赵又新连连败北,赵又新于10月8日被击毙于泸州城外学士山。顾品珍则退出川境,驻扎毕节。顾品珍部长期在川作战,部下早已产出厌战情绪,早想回滇。和熊克武战之所以会连连败北,部分原因也是顾部无心恋战。而这时岑春煊也想插手倒唐,致电熊克武,要熊以武力援助顾品珍回滇,打倒唐继尧,并通知熊克武说:"军府拟以代唐督,印泉(李根源)为省长。"②又说:"倒唐计划,不独为川解危,实关西南大局,此间已决定印泉率队回滇,并由粤桂援助,惟须顾、赵由川同时发动,事方有济。"将来滇中军民政务,由顾、

---

① 赵藩. 赵藩遗稿·致唐老太太函[M]//中国人民政治协商会议云南省委员会文史资料研究委员会. 云南文史资料选辑:第15辑,昆明:云南人民出版社,1981:195.
② 岑春煊致熊克武拟以顾、李任滇督省长电[M]//四川省文史研究馆. 四川军阀史料:3. 成都:四川人民出版社,1985:564.

赵、李三人主持，并曰："已迭促印泉回省，约下月（1920年7月）初可到。"①作为军政府保镖人的李根源立刻待命以发，并致电顾品珍的代表刘光烈转告顾品珍："源今日（7月2日）由琼抵省（广州），晤西林（岑春煊）及莫督（莫荣新），决定返滇，粤桂同袍一致赞助。所部万余人，准备齐全，随时可拨。盼兄督队出发，同时并举，会师昆明，唐不足歼也。"②后来，因为陈炯明从福建漳州回粤趋桂系，此议遂流产，而李根源又为军政府效死命充当了抵抗陈炯明的炮灰，与陈炯明军战于广东平陵、古岭、回龙镇、河源一带，最后以失败告终，和岑春煊一起逃往香港，转道上海。岑春煊和李根源都在积极参与倒唐，赵藩虽未与闻，但当顾品珍回滇驱唐成为事实后，因顾氏与政学系的关系而支持顾氏。

顾品珍掌握滇政后，继续进行当时声浪颇高的自治运动，并谋制定省宪，于1921年春，设置云南省宪筹备处，聘请赵藩、孙光庭、陈度、袁嘉谷和李鸿祥以及当时云南省议会的正副议长李正芬、龚炳文7人为筹备委员。对于顾品珍的延揽，赵藩去信拒绝，表示："窃以兹事体用之宏，尤为现时当务之亟，虽居局外，甚切观成。惟藩衰年久病，在屡躯既绌于奔驰，法学未谙，即末议亦难参赞；又况金碧盛有轮扶之彦，何须青黄下及沟断之材，量而后入，贱子讵敢自欺，用非所能，明公倘蒙垂谅，是以沥陈下悃，恳收成命，俾免贻滥竽之诮，实仰荷庇厦之庥。"③

此时，赵藩的兴趣唯在完成辑刻云南丛书的夙愿，所以在拒绝出任筹备委员的同时也说明心愿："吾滇文献，咸同兵燹，浩劫摧残，戡定以还，若断若续。藩自束发授书，庭训谆谆，从事于此。五十年中，搜牢采录，先后得滇人遗著都二百余种；另篇断句可备甄集者，又四百余人。囊岁启于当事，筹资设局，编刊丛书，今已十有其七，再二、三年，浮图九级，当可合尖。藩视如家事，是以于役岭南，仍邀领经理，不敢懋置，归后赓续进行。虽家难痛心，沈疴息偃，而订佚笺，谈国故，则眉轩意豁，犹是乐此不疲也。虽老儒之结习有

---

① 此可见《岑春煊致熊克武告顾品珍坚决返滇望予援助电？和《岑春煊致刘光烈告已迭促李根源返穗商议回滇电》，引自：四川省文史研究馆.四川军阀史料：3.成都：四川人民出版社，1985：567.
② 李根源致刘光烈请转顾品珍会师昆明电[M]//四川省文史研究馆编.四川军阀史料：3.成都：四川人民出版社，1985：568.
③ 赵藩.赵藩遗稿·致顾筱斋函[M]//中国人民政治协商会议云南省委员会文史资料研究委员会.云南文史资料选辑：第15辑，昆明：云南人民出版社，1981：199.

然，亦重赖邦人君子、贤士大夫提挈匡襄，庶几蒇事，比承教言，尤兹注重。藩敢不仰体大君子德意，担任综理，始之终之。谨布悃诚，乞抒荩系。"① 于是，顾品珍亦未敢过于强求，只随其掌管图书馆而已。

  与赵藩同样深深卷入护法运动的还有孙光庭。孙氏对于议会政治颇为热心，在1916年8月国会重开时入京。李根源在京组政学会，孙氏因与李有师生之谊，而被李罗致入会。护法后，国会议员南下，其跟随而至。在广州，孙光庭、李根源、赵藩过从甚密。孙光庭一度成为政学会议员"南关五十号"的重要份子。1920年年初国会分裂，国会议员中除了政学会议员外其他议员纷纷离粤，孙光庭被选为广州参议院主席，代理议长职务，兼督理众议院一切事务，地位日隆。对此，滇中媒体曾撰文评论道："孙少元以墓木将拱之年而为政学会主要人物，今趁国会议员纷纷云散之际，而集少数议员开会于广州，以少数之多数表决得推为临时主席，更得兼为众议院议长之职，呜呼可以踌躇满志骄其妻妾矣。惟是夕阳虽好已近黄昏，恐此奄奄一息之孙君与此奄奄一息之国会其得双方存在于广东者无多时而徒贻故亲所痛，见仇者所笑而已。"② 媒体显然是站在唐继尧的立场上发论的，但由此亦可看出，孙氏其实在护法运动中获得了更多的政治资本，地位越加显要。

  此外，有的绅耆则因在护法运动中始终支持唐氏而被唐氏所倚重，地位一路飙升。周钟岳与由云龙较为典型。

  周钟岳和由云龙一直是唐继尧的左膀右臂，二人总是交替而为唐之秘书，不同的是，周钟岳更得唐之信任。护法运动期间，二人紧跟唐氏之后，对唐氏的政治野心积极响应。周钟岳向来老谋深算，与当权者都能保持良好的合作关系，护国运动结束后，其应邀入蜀辅佐罗佩金，后来罗佩金与川军刘存厚激战败退叙府，而唐继尧宣布护法靖国，特派人将周氏接至昆明，委其为靖国联军总司令部秘书长，跟随唐氏入川，随军效力，唐氏仍然以文牍之事倚重之。在护法运动中，周氏以唐氏的是非为是非，为唐氏效犬马。1918年5月当孙中山在西南实力派、政学系等势力的逼迫下，无奈地辞去大元帅职，并发表通电指出：滇、桂系军阀宣布"自主""靖国"，但"态度犹属暧昧，似尚置根本大法

---

① 赵藩. 赵藩遗稿·致顾筱斋函 [M] //中国人民政治协商会议云南省委员会文史资料研究委员会. 云南文史资料选辑：第15辑，昆明：云南人民出版社，1981：196-197.
② 呜呼孙光庭 [N]. 滇声报，1920-04-26.

于不问"。孙中山揭露西南军阀破坏护法运动的种种罪行,向国民痛切宣告:"吾国之大患,莫大于武人之争雄,南与北如一丘之貉。虽号称护法之省,亦莫肯俯首法律及民意之下。"唐继尧对此宣言怒不可遏,在电文上批道:"无耻已极",而周钟岳也附上"一片糊说"的批语。①

1920年滇军在四川战场上失利,唐继尧趁机提出"废督裁兵",实行民治的主张,更把周氏推到了省长的位置,自己则仍暂以三省靖国联军总司令名义"保卫地方,收束军队"。

周氏对于唐氏"废督裁兵"极力支持,不仅废督电文系其拟稿,而且还联合滇中各界发表拥护唐氏废督裁兵的电文,也列名表示拥护。

当时外间对于唐继尧废督的原因有各种揣测,有的记者认为:"一因'对川问题',盖四川问题,唐氏与民党方面,均主张逐熊后即不用督军,以总司令名义统率川军,惟此事川军多数不赞成,以为川中既无须督军,云南何以要有督军,若如此则四川即无异于亡省,故唐氏废督即在对川,余之为此言,亦并非臆度,窥其通电中有云'继尧首倡实行,原非徒为洁身计,更当就力量所能及之范围以内,贯彻此主张,其有用兵自卫,抗此主张者,则是自便私图,不恤国脉,愿与同志共弃之'等语,可知其言在意外,且准此以推,将来黔省或将有同一之响应,亦未可知;二,'因本省问题',川事一时不能解决,则唐氏仍必亲出督师,惟唐既出,则滇督一席,颇难觅相当之代理者,欲与他人,则不放心,欲与其弟继虞代理,则继虞资望尚浅,恐人心不服,别酿事端,且使驻川滇军中顾(品珍)、赵(又新)闻之,皆为灰心(顾赵均日本士官学校毕业,与唐氏同时为滇军界之老前辈,唐继虞系新进者),若将督军废除,则争点即去,彼赴川时可以令此三卫戍区负全滇军事之责,遥为节制,不必另任督军,可无内顾之忧,此废督之真因也!"②

对于坊间的诸多猜测,周钟岳任省长后,以唐继尧发言人的角色,专门邀集各报馆主笔开茶话会,对唐继尧废督裁兵,实行民治的主张进行说明。周氏首先解释唐继尧宣布废督裁兵,但仍任靖国联军总司令,以及在裁兵问题上尚未采取任何措施的种种难处。说道:滇军自护国护法以来,已经出师数省,要

---

① 转引自谢本. 唐继尧评传[M]. 郑州:河南教育出版社,1985:98.
② 唐继尧废督之经过(云南通信)[N]. 申报,1920-06-24.

立刻闭关自守也不容易。收束军队也不是一时半会儿就能办到的事，所有裁兵的费用，人员的安插，也须有个妥善的法子，才不至于生后患。所以要大家体谅唐氏不能即时裁兵的苦衷。接下来又对国会问题以及滇省实行民治的问题有过详细的说明。①

唐氏待周不薄，周氏对唐也是诚心相待，在顾品珍驱唐事件中，周氏就颇拥护唐氏。

唐氏宣布废督裁兵不久，就听闻退回到毕节的顾品珍将有异动，唐氏"以周顾平素情谊善恰，特请其前赴毕节代为疏通"，周氏到毕后，秉唐氏之意，委顾品珍为东防督办，与顾商量裁军事，顾为掩人耳目——照办，答应将一二两军裁减以为模范。周氏见顾氏未有谋反之意，便于是年底回省复命。没想到才过一个多月顾军便乘唐继尧把大部分军队派往寻甸、宜良镇压靖国联军第八军叶荃部队哗变，而省城空防之机带兵南下，逼唐出走。这时，素与唐不和的滇军将领杨蓁、邓泰中也乘机倒戈，要其"暂避贤路"。唐继尧见大势已去，便于1921年2月8日晨带领亲信卫队百余人和家眷离开昆明，乘滇越铁路火车逃亡越南海防，转道香港。顾品珍于2月9日入昆明，以滇军总司令名义控制昆明。

周钟岳于顾品珍入昆明城当日通电解职，对于周钟岳解职原委，媒体曾给予报道：

> 滇省长周钟岳与唐氏感情素孚，民国以来历任要职，先充都督府秘书长，讨袁之役，与蔡顾诸氏同时出川，帷幄间颇资提掣，去岁旋滇后，唐即敦请代理省长，因为时不远，尚无何等建树成绩，去岁顾军长退驻毕节时，即有不满意于唐之消息传来，唐以周顾平素情谊善恰，特请其前赴毕节代为疏通，时周正抱病，遂力疾东行，殊至毕时顾仍表示拥护唐氏之意，周信以为实，欣然回滇报命，讵料今日竟有此变，实出周唐意料之外，除夕七钟时，唐接顾反对电文后，复请周星夜驰赴杨林接洽，表示欢迎，行至中途，被拒而回，因之周氏颇为愤慨，声明解职。②

---

① 云南省档案馆. 周钟岳邀集各报馆主笔开茶话会演说辞［J］. 云南档案史料，1988（总21）：69.

② 滇省政变后消息［N］. 申报，1921-03-03.

周钟岳通电解职，顾品珍和滇中各界都极力挽留，此时赵藩也致信周氏，劝其"即姑徇众暂留，而民事条件，亦须有所要约，方能自如"。而且还对解决善后提出意见："此间善后，首在安顿叶氏，优其待遇，散其残卒。至保全唐氏，以敦旧谊，择惩凶顽，改涤污习，以昭新政，此亦并行不悖。若仅去唐，而群小盘踞如故，则地方之害不除，大局办难解决也。"① 周氏因各方极力挽留，加之老师也劝其留任，最后答应暂任两月，以维持局面。逮两月期满后，周氏复请辞职，并推顾品珍为兼省长，顾氏并未固辞，其本意也正欲统揽军政大权。周氏辞职后，回到剑川闭门养疴，直到唐继尧打回云南，才又重新出山，自始至终都拥护唐继尧，其对唐氏的感情颇深。

由云龙在唐氏护法问题上也是极表支持，在唐继尧图川前夕，意图以支持段祺瑞内阁为筹码赢得北京对其图川的承认，想援照陆荣廷之例，让北京委任其为四川巡阅使，由云龙积极为其活动，致信给在北京为国会议员的弟弟由宗龙，托其向当道要人妥为疏通。②

实际上，由云龙最初是通过周钟岳而向唐继尧靠近的。1914年8月，周钟岳打算到北京谋求发展，便向唐继尧推荐由云龙为秘书长，唐氏很快应允，第二天便让由云龙到署接事。护国运动中，"凡军府机要文字多出其手笔"，深得唐氏倚重，由氏也因护国战争中的表现而声望日隆，和唐继尧关系日近。护国战争取得胜利后，由于唐氏的推荐，被总统黎元洪特授以勋四位三等"文虎章"，二等大绶"嘉禾章"。护法运动开始后，唐继尧致意图川，1917年10月份更打算亲自督师平川，省中事务，督军委陆军第二师长刘祖武代行拆，省长一席则特任由云龙代行拆。回来后，委由云龙为盐运使。

1920年，滇军在川受挫，被驱退出川境，唐继尧打出废督裁兵，闭关自守的旗号，为消除外间对其此举的种种猜疑，唐氏召集各方要人，开谈话会，解释废督原因，其中说道："废督与人心之关系，督军制有上种种之弊害，故人心无不厌弃，前美国公使欲出而调停时局，派美使馆参赞来滇磋商，携有条件多

---

① 赵藩. 赵藩遗稿·致周惺甫函［M］//中国人民政治协商会议云南省委员会文史资料研究委员会. 云南文史资料选辑：第15辑，昆明：云南人民出版社，1981：203.
② 云南省档案馆. 由云龙致由幼先请向当道要人疏通中央如能派唐继尧以巡阅使名义查办川事，则可联合滇、川、湘、黔拥护中央的密电（1917年7月25日）［J］. 云南档案史料，1983（总2）：30.

项,最重者即为裁兵废督,彼时余即极端赞同,拟联合长江各督一致主张,由运使之出,即为此事,不意到处奔走,迄无效果,顾时至今日,民愤益深,督军之废,刻不容缓,今为顺人心之趋势,徇多数之渴望,故遂废之,此三因也。"①

其实关于派由云龙外出一事并非实情,由氏于1920年年底确曾有美国之行,声称考察政治并顺道赴广东与军政府接洽。关于由氏赴美考察政治的原因,其实是由氏向唐氏主动提出,据由氏自己说在髫龀时就喜读中国士人西行的各种日记,而且对此类书籍靡不一一涉猎披览,因而对西方各国非常向往,希冀有朝一日能做九万里汗漫之游,在京师学堂学习时"极欲专习西文以为远游之备,友人泥之不克如愿"。后来毕业回滇时,向滇提学使争取到回滇旅费,去日本考察三个月而已,由氏仍是意犹未尽,耿耿于怀,回滇后一直没机会出游,1914年当看到周钟岳领得一万多元出洋费,心里颇是羡慕,并表示也想离滇赴京,然终未有机会,"忽忽十余年仍未得一偿初愿,而两鬓已星星白矣"。正在由氏感慨"国事日亟,世局益新,壮游之志曾不少挫,而人事猝猝未识能终此愿否也"时,1919年年初,由氏原来京师大学堂的同学,同为盐运使的同事钱士青把自己以前在欧美时游历的经历写成《环球日记》一书,并请由云龙作序。钱士青清末在京师大学堂肄习英语,毕业后供职京师,未几得赴英留学,并得环游地球一周,民国三年复任旧金山领事。后回滇在云南盐运使供职,与由氏同事。由氏对其经历称羡不已,亦引发了数年来积压在心中的强烈愿望。而此时经过护国、护法两役,由氏政治地位骤升,与唐继尧的关系日益密切。因此向唐氏提出了游历美国的请求,唐氏立刻声应气求,答应其游历请求。由氏于1919年11月初启程,1920年3月、4月间回到昆明。只不过此事已被唐氏利用来说明其为废督所采取的行动。对唐继尧的深情厚谊,由氏也是感恩戴德,在唐继尧被顾品珍逼迫出走之时,由氏跟随唐继尧一同出走。

与中华革命党人较为接近的黄德润对于唐继尧靖国图川并不以为然,护法期间通过滇中革命党人与孙中山有所接触,对孙中山极为关心,曾两次致书联系在上海的孙中山,询问孙近况和南北和谈的情况。1919年2月,孙中山曾回信道:"滇中同志来,每盛称执事硕德耆年,诱掖后进,为南中宗匠,遥企高

---

① 唐继尧对废督之谈话 [N]. 申报, 1920 – 06 – 27.

风,向望有日矣。……近年国事纷纭,神奸迭起,共和徒有虚名,匡济之责,至艰至巨;非赖二三老成,提挈纲领,为国民树之仪型,则用力多而成功亦不易。执事群望所属,尚冀以救国大义提撕群众,庶风声所被,国民皆知护法之不容缓,于以群策群力,奠共和于金瓯之固,宁非深幸。"① 信中表现了对老辈的尊重和厚望。

黄德润在滇中,对唐氏的护法不予支持,却与邓泰中、杨蓁等一起对学生倡导的反日运动颇是热心。1918年5月留日学生为反对段祺瑞政府和日本人秘密签订《中日共同防敌军事协定》而在东京成立"中华民国留日学生救国团",并号召全体留日学生罢课回国。之后留日学生纷纷回国,以示抗议。归国的学生首先在上海设立救国团本部,并决定于各省设立支部。当时云南留日学生张天放、杨玉川、周锡夔三人被总部派往云南成立支部。1918年6月,张天放等人回滇,四处奔走寻求滇中各界的帮助,遂得到了商界、农界、教育会等界的襄助,在三迤总会成立了云南救国团。

这时任三迤总会会长的黄德润被选为团长,省议会议长李映川则被选为副团长。虽然具体事务实际上由张天放负责,但属于后进的留日学生仍要寻求老辈的帮助,事情才易着手。而黄德润在接下来风起云涌的五四运动中也积极响应和参与学生们的爱国活动。1919年巴黎和会上,日本代表拒绝中国代表发言并提出无理要求,滇省商会、农会、三迤总会、和平会等决定于3月6日假座三迤总会全体国民大会研议对日方法。是日大会仍选德高望重的黄德润为大会主席,省议会议长李映川为副主席。

1919年6月4日,在北京五四运动发生后一个月,滇省各界又组织了国民大会。参与此次大会的团体比救国会和3月份的国民大会明显增多,影响范围更为扩大,包括了省议会、教育会、总商会、报界联合会、省农会、三迤总会、实业改进会、和平会、救国团、三省联合会、国民后援会、尚志学社等当时省垣的主要法团。是日假云华茶园开会,演说者共14人。其中有八人是学生,另外六人则为省议会议长李映川(李氏被选为大会主席),农业学校校长张槐三,救国日报编辑张天放,三迤总会会长黄德润,以及邓泰中、倪守仁。据《滇声

---

① 复黄玉田函(1919年2月14日)[M]//中国社会科学院近代史研究所中华民国史研究室.孙中山全集:第五卷.北京:中华书局,1981:21.

报》报道，在国民大会成立一个多月后，才于7月18日在商会内开会选举会长及职员。是日到会者共40余人，"其结果举定黄玉田先生为正会长，李映川、祁星阶两先生为副会长，童仲华、张希庵先生为文牍部职员，张槐三及某某先生为讲演部职员，各团体庶务为调查部职员，惟庶务部职员则尚未举定云"①。选举并没有学生参与，主要是由省垣各法团负责人和学校校长组织。黄德润因德高望重被选为正会长。

之后，各法团又开了第二次国民大会，黄德润、商会会长祁星阶、省议会副议长龚炳文及救国团张天放等分别进行了演说。黄德润演说了青岛失败略史、今后对待日本方法。② 学生方面则有省立中学、联合中学、法政、工业、农业各学校、成德中学、省立师范、昆明县师范、兽医各学校联合另行组织爱国会总会，分会设于各学校。在抵制日本的运动中占主角的已经变为青年学生，此时黄德润只是众多参与者中的一分子，不再具有民初那样主导的地位了。虽然如此，黄德润还是积极地响应了这次抗击日本侵略野心的活动。

袁嘉谷、顾视高、陈度、张学智等人在护法运动期间没有任何表示，似亦对此事不甚关心。1916年护国运动结束后，国会恢复，袁嘉谷作为第一届国会议员北上与会，不料在上海牵连进一起烟土案，全国禁烟总会状请京师地方检察厅依法检举，从而取消了袁氏的国会议员资格。此事对袁氏打击很大，回昆明后，只鬻书自给，不问政事。陈度和张学智则早已隐居。张学智自1914年从上海回滇以后，就在翠湖边购置房屋，与陈度比邻而居。陈度虽然在民国建立之初任外交司司长，但不久便辞职，又受老友张学智的影响而萌生退隐之志。二人虽在1917年被唐继尧聘为军府名誉顾问，但实际上对唐氏的护法活动并不感兴趣。顾视高此时唯热衷于公益事业，据秦光玉为顾视高写的传里说，自护国运动以后，"不参与政治，而从事于社会生活矣"！先后任东川矿业公司总理、耀龙电灯公司总董及个旧锡务公司董事监察，"凡有裨公益之事，每为众望所归，一致推举，君无不殚精竭虑，力赞其成"③。

---

① 国民大会会长举定 [N]. 滇声报, 1919-07-23.
② 云南之二次国民大会 [N]. 申报, 1919-08-17.
③ 秦光玉. 顾仰山. 民国云南通志馆. 周霞传 [M] //云南省志编纂委员会办公室. 续云南通志长编：第八十一卷 人物. 昆明：云南省志编纂委员会办公室，1985：818.

第四章

逐渐淡出

1920 年代以后，绅耆或因生理，或因政治环境改变等原因，对世事的参与出现分化，从整个群体看则开始逐渐淡出人们的视线。其实，从 1910 年代开始，绅耆就开始陆续谢世①，20 年代又有人去世②，就是存活者，也多是六七十岁的老翁，大部分时间在家里念佛写佛经，或闭门著述，其影响也更主要凸显于文化方面。

第一节 选择各异

进入 1920 年代以后，绅耆显然不像刚入民国时那样活跃，根据参与世事的程度大致可以把这时期绅耆分为五种类型。第一类绅耆对世事关怀程度逐步减退，著书立说，诗酬唱和成为他们晚年的主要生活，这类绅耆已与一般人群分离，但内部的活动却很紧密，相互之间各种形式的雅集成为他们沟通感情的形式，而这类雅集也仅限于他们内部之间，很少有新学之士参与，这使得他们成为独特的群体。第二类绅耆则虽对政治不感兴趣，但对传统文化仍然有他们的关怀所在，因此依旧采取一系列行动来维持传统文化的一线生机。但这种活动也仅在 20 世纪 20 年代，30 年代以后已很少见。第三类绅耆则对政治保持一贯的浓厚兴趣，在政界继续发挥着影响力。第四类绅耆则热衷于社会公益事业，

---

① 1910 年代去世的绅耆有：段宇清、杨琼、李坤、覃宝珩。
② 1920 年代去世的绅耆有：施有奎、王玉麟、赵藩、严天骏、施汝钦。

而且是老而弥笃，乐此不疲。第五类绅耆仍然在教育界保持着崇高的地位，但新进也逐渐替代他们的位置。这五种分类只是大致而言，他们之间也会有交叉，例如第一类型绅耆的雅集活动，其范围也包括其他几类的绅耆，因为文字结习和身世习惯是他们区别于一般人群的共同特征。而第一类和第二类的绅耆也往往有交叉情况。

一、第一种类型：耽于著述　诗酒自娱

1920年代以后，退隐的绅耆逐渐增多，和1910年代时就退隐的绅耆交往日益繁密。而退隐的原因则各异，他们或因为本身不乐仕进，喜欢优游林泉，或是仅因年事已高，无意参与世事，或因为政治原因，对唐继尧不满，甚或因对整个民国的纷乱情形不满，或者是兼而有之。他们虽都选择退隐，内部的交往却很频繁，因其都是科举时代下熏陶出来的士子，往往具有文人结习习惯，其中有的绅耆甚至诗书画三者兼擅长，退隐家中以后，吟诗作文，欢宴雅集。切劘赏玩诗艺或许成为他们最为关心的事情，不太参与地方兴革大事。而且在他们的雅集中，除了少数追随他们的后进参与外，外界人士并不参与。媒体对他们的报道几接近于无声无息。对于这部分绅耆来说，他们在社会的影响力已经很有限。不过，因为他们有更多闲暇吟诗作文，并相继裒集成帙，付诸剞劂，从而留下了丰富的文化遗产，在唯新是求的民国学术界，维持了传统学术文化的一线生机，特别是有的绅耆因为擅长书法，往往为人题字、书丹，从而留下了不可多得的艺术珍品。另外，由于他们时常游览昆明附近各风景名胜，书写于各风景名胜的楹联、摩崖为各风景名胜增色不少，成为后人驻足观赏之处。

张学智与陈度是最早选择隐居的两位绅耆。入民国后，陈度一度出任云南军政府外交司长，旋辞职任高级顾问，自好友张学智归自上海，二人便携手退隐。二人是经正书院的首批高材生，交情甚笃，陈度称与张学智是"交垂四十年，早岁溺篇章同，中年鹜事功同，晚年学佛法同，自刻其集亦同"①。张学智1915年从上海回滇，即在翠湖购置房屋，莳花种草，与陈度比邻，陈度为其宅取名"若园"。当若园落成时，张学智高兴地赋诗道："廿年作客喜还家，新构幽居对五华，不筑高垣妨碍月，藏身人海名俱隐，纵目书城愿岂奢，更上三层

---

① 陈度. 若园诗稿序 [M] //张学智. 若园诗稿. 民国十七年（1928）铅印本, 1928：3.

楼上望，山林城市尽无遮。"① 表示以后将拥书度日。此后二人便经常聚处欢宴，生活甚为愉快。后来张学智曾提及与陈度隐居的生活情形说："予自沪归，居与君邻，尝与君登山临水，饮酒赋诗，欢慰平生，而翠湖散步尤朝夕罔间，两家眷属亦往来如家人焉。"② 二人隐居后的生活和交游可见一斑。

1925 年，当陈度 60 岁的时候，比陈度还长一岁的老友宋嘉俊也加入了他们的行列，并在翠湖边购地筑宅，与陈、张二人比邻而居，宋嘉俊曾赋诗道："卅载交情挚，廿年乡梦驰。忆君周甲日，正我挂帆时。（时方航海南归）相见老犹健，重逢乐可知。买邻今践约，补和介眉诗。"③ 可见买宅翠湖是他们的成约。购宅于翠湖是多数绅耆晚年的选择，周钟岳、由云龙、袁嘉谷、陈荣昌、王玉麟等人都先后在此购宅。入民国后，宋嘉俊曾先后任昆阳县知事，磨黑盐井场知事。此时解职归来，与老友相约比邻而居。宋嘉俊和陈度在清末时就是莲湖诗社社友，此后二人便结为终身契友。张学智与二人则结交于 1902 年之际，张曾回忆诸人相识的情形时说："清季国是日非，忧患迭至，时镜澄自刑部请假归，古逸入抚幕，树五荐经济特科，未北上，予长五华书院，三君与予时相过从，研学术时事，昕夕晤对，志同道合，于光绪壬寅（1902）孟夏订交于昆明。"④ 这里，张学智还提到了袁嘉谷，自称："予生平寡交游，罕评骘人物，惟于宋镜澄、陈古逸、袁树五三君交最笃，知最深。"⑤张学智与袁嘉谷甚至由兰交而申之以婚姻，成为儿女亲家。据说四人晚年经常在一起登山临水，酬唱往还，人们称他们为"四皓"。⑥

陈度在 60 岁以后，开始皈依佛门，陈度之弟子孙乐说其："初慕长生之术，鼓琴导引，知非究竟，去。学佛，常受密法，又以境细难成，去。学净土，闭

---

① 张学智. 若园落成喜赋［M］//若园诗稿：卷二. 民国十七年（1928）铅印本，1928：6.
② 张学智. 宋镜澄陈古逸袁树五传［M］//若园诗稿续集：卷五. 民国二十三年（1934）铅印本，1934：26.
③ 宋嘉俊. 和陈古逸六十自寿诗［M］//落落轩诗钞. 手抄本，藏云南省图书馆.
④ 张学智. 宋镜澄陈古逸袁树五传［M］//若园诗稿续集：卷五. 民国二十三年（1934）铅印本，1934：24.
⑤ 张学智. 宋镜澄陈古逸袁树五传［M］//若园诗稿续集：卷五. 民国二十三年（1934）铅印本，1934：23.
⑥ 方树梅. 宋镜澄先生传［M］//方树梅. 续滇南碑传集校补. 云南省社会科学院文献研究所，云南省地方志编纂委员会办公室，校补. 昆明：云南民族出版社，1993：137.

关一载，厌离嚣尘，乃避居华亭寺之海会塔院。隳情黜智，侣梵栖禅，精进之心，衰年益厉。邛竹布履，出入于老松慈竹之间。苍颜白发，夕照冷然，佛声幽鸟，超然物外，缁素咸倾心焉"①。陈度于1931年在昆明西郊高峣村筑法幢精舍，终日闭关念佛，更是远离尘世。报纸曾给予报道说："近日科学昌明，所有种种哲学一般好学深思者无不殚精竭虑以研求之，惟佛学一种率为老师硕儒所倾向，陈先生古逸名度，吾滇泸西人，前清赐进士及第，书法为人士所称，诗古文词曾经出版，亦为人士所诵读，先生晚近以□字为乐，不似他人之汲汲于名利富贵，日昨先生复以一心向禅，乃别家人往华亭寺勤修净土，行时有周惺甫先生等送之云。"② 陈度搬到西山隐居，远离尘世，逐渐淡出人们的视线。在陈度的影响下，张学智、袁嘉谷、宋嘉俊也先后皈依净土宗，张学智说："晚年与镜澄、树五及予同学佛，君最精进，博览各宗专修净土，尝闭关净园习静，华亭隐居碧峣村建法幢精舍。"③张学智和宋嘉俊也大部分时间在家读经念佛。

四人中唯袁嘉谷还担任政府的一些职务，并没有退隐，在唐继尧执政时期，他曾于1922年被聘为参赞兼省务委员。1924年唐继尧出钱资助成立东陆大学，袁嘉谷被聘为国文教授。第二年，北方发生政变，冯玉祥拥段祺瑞重新执政，召集善后会议，唐继尧派周钟岳与三人为代表入京参加，周钟岳所任盐运使一职便委袁嘉谷代理。后来袁嘉谷曾向学生施章表白说："到蓂赓（唐联帅）回省，他是我的学生，请我做参赞，每月由私人款项送我二百元薪俸，以赡养家庭。到去年，周司长惺甫因公出差，盐荒告急，蓂赓几番相劝，所以才出来就盐运司之职，藉此以维持子女的教育费。对职务，决定滇盐足供滇用之目的，以整理盐政，并非以做官为荣也。自己之目的，只在教育后起之子弟而已！"并说自己"从辛亥回家以后，与小圃师决定只想由卖字以谋生涯，世事全不过问"，只想将云南方面的古迹表章表章而已。④ 施章是袁嘉谷极为器重的学生，曾让他为自己的诗集写序言。对爱徒的表白也较为坦诚。入民国后，袁嘉谷的形象更多的是国学造诣深厚的学者，其把主要精力放在著述上，留存下大量的

---

① 孙乐. 陈古逸 [M] //云南省志编纂委员会办公室. 续云南通志长编：第八十一卷 人物. 昆明：云南省志编纂委员会办公室，1985：796.
② 陈古逸绝意参禅 [N]. 西南日报，1931－06－19.
③ 张学智. 宋镜澄陈古逸袁树五传 [M] //若园诗稿续集：卷五. 民国二十三年（1934）铅印本，1934：26.
④ 施章. 袁树五先生谈话记 [J]. 李昌整理. 云南文史丛刊，1991（4）：112.

作品，可谓著述等身，仅据云南省图书馆存目记载，袁氏著述、纂辑图书共有48种，约400卷，实际数量当还不止此。这些作品基本上都是袁氏入民国之后所作。也正由于其深厚的旧学功底，1924年，东陆大学成立，校长董泽聘请袁氏当任该校国文教授，一星期授课两点钟。而东大初建时，因董泽为留美学生，所以其所聘教授中也泰半为欧美留学生，老辈入校讲授的也仅袁嘉谷一人而已，可见，当时士子的眼里，袁嘉谷的国学是相当深厚的。

与陈度、张学智、宋嘉俊同样选择退隐而身名几为世人所忘的是李增。李增的退隐原因颇值玩味，而且方式甚是消极。晚年的李增是饮酒成癖，无法自拔。刚入民国的几年，李增甚为活跃，曾是媒体关注的人物，其热情颇高，创办各种社团，尤其在护国运动中创办护国演说团，给护国运动以舆论的支持，一度给人以深刻印象。很显然，当时的李增对民国有很高的期望。1916年8月国会重开，李增北上参加，结果却令他大失所望。"时党争剧烈，言论纷呶，不衷轨物，行省又残民以逞，而反曰为民。君鉴时事日非，国不可为，噫郁苍凉，乃一以酒自遣。自后盖无日不饮，每饮必歌。"后来日本侵入东三省时，李增目睹国是日非，更加沉迷于饮酒。和李增有40年交情的顾视高说李增当时"尤愤懑，终日沉醉。余每劝节饮，则曰：'醒更难堪。'又劝以温旧籍作消遣，则又曰：'读书终何用？'一日醉中砥笔和水墨，貌吾两人于箑，而题其端曰：'立者李，坐者顾，顾爱读书太自苦。以李说，不如式歌且舞！'相与捧腹"①。对于李增的终日滥饮，萧瑞麟的一首诗中也可见一斑。萧瑞麟自1926年从思茅知县任上卸职，在昆明买宅定居，一次偶然的机会在街上遇到李增，二人十年不见，几乎认不出对方。"见面不相识，问名惊老苍。已经十年别，犹自一邛忙。天地无知己，风尘几热肠。交衢怜语促，践约晤山庄。"② 有一次，萧瑞麟偕同此时也退政家居的熊廷权践约拜访李增，可是李增却因喝酒完全忘了他们的约定，结果使二人白跑一趟。萧瑞麟为此曾赋诗云："李子醉不醒，忽忽忘旧约。有客并辔来，叩关殊落寞。主人号散匏，去住本无着。一巷颇幽深，一户不扃钥。守门嗥一犬，抱树鸣一鹤。相期甕头春，开樽恣狂嚼。窥觇阒无人，此行雷钵

---

① 顾视高. 李灿高先生墓表 [M] //方树梅. 续滇南碑传集校补. 云南省社会科学院文献研究所，云南省地方志编纂委员会办公室，校补. 昆明：云南民族出版社，1993：493.
② 萧瑞麟. 遇李灿高 [M] //榴花馆诗存：卷五. 香港：香港天仓公司承印，1936：128.

托。又如访山阴，兴尽归云乐。人生浮云耳，何必践然诺。"①

李增没有在入民国时退隐，却退隐于1920年代，而且还采取这样消极的方式，可见曾经对民国抱着希望的李增，面对纷乱的政局最终愤世退隐。对于部分士子来说，也许接受民国并不难，而接受一个纷乱的民国反而没那么容易了。

李增消极的表现或许较为特殊，原来同样积极入世的赵藩退隐后却专心于整理文献，为保存云南先贤遗著而费尽心力。

赵藩自1920年底回滇以后，对唐继尧已心存芥蒂，所以对于顾品珍驱唐取赞同态度。唐继尧无奈之下逃亡香港，为孙中山延揽进入重组的军政府任总裁一职。唐氏表面欣然应允并支持孙中山北伐，阴则谋回滇之计，并运动驻粤滇军做其助力。对于唐继尧回滇图谋，滇中早已风声鹤唳，这时赵藩致信驻粤滇军总司令杨益谦加以劝阻，信里说："比闻暗昧狂徒，领危政客，惩恿会泽，回筛指滇，师出无名，群情骇愤。利病姑不预论，而会泽退让之美名，滇人待遇之厚道，恐自此而交丧，大可太息！"称自己："藩衰病杜门，归滇弥年，从事文献，筱斋礼聘赞襄，亦力谢之；一切外事，向不闻问；遘兹重大安危，系于全滇，仆亦何敢漠视。"所以写信希望唐继尧"贯澈（彻）靖国之初衷，宣以对北为帜志，急趁难得之机分，解释父老之惊疑；建树宏远，身名俱泰。"② 杨益谦和唐继尧都没有把赵藩的劝告放在眼里。唐继尧将其在柳州的四千余人军队编为四个军，分别以李友勋、田钟谷、胡若愚、杨益谦为军长，分两路打入云南，并与滇南大土匪吴学显里应外合。而顾品珍则盲目轻敌，致使唐继尧轻取昆明，重掌云南政权。

唐继尧自反戈回滇后，越发利令智昏，对外仍旧攻城略地，不遗余力，造成巨大的军费开支。而唐继尧对此又应对乏力，只有滥发纸币，引起物价狂涨。1923年9月全国第九届教联会在昆明召开，应朋友邀约参加会议的谢彬对昆明高昂的物价影响深刻，说道："昆明米价之贵，几视上海加倍。……市面物价亦极昂贵，日趋于涨势。"③

---

① 萧瑞麟. 偕种青过李灿高不遇［M］//榴花馆诗存：卷八. 香港：香港天仓公司承印，1936：195.
② 赵藩. 赵藩遗稿·致杨竹君［M］//中国人民政治协商会议云南省委员会文史资料研究委员会. 云南文史资料选辑：第15辑，昆明：云南人民出版社，1981：203.
③ 谢彬. 云南游记［M］. 上海：中华书局，1938：95.

1925年形势更加严峻，惊人的物价甚至引起《申报》记者的关注，记者以《骇人听闻之云南物价》为题，描述了云南经济混乱的情形："此间物价，与日俱增者，已年余于是矣。如食米一项，去年此日，每斤（重百二十斤）已由十元涨至十六七元，今年则四月中旬至兹，由二十五六元激增至三十元左右，本星期内由三十元涨至四十余元，且日涨数次，在一般人推测，五十元之价，即在日前，就日内一日激增三数元之情形观之，殆非虚语，亲朋相见，无非谈此，万事无如吃饭难，不图于今日之云南见之。"除了米价之外，"他物之激增亦同一现象，如猪肉一斤已涨至六角有零，油一斤至一元以上，皆高出去岁三四倍，舶来品更不必说"。此外，政府实行减政，公务员数月以来只能领取原薪水的一半，商家则或是倒闭，或是停止办货。省垣如此，外县更形困难，"三迤年来旱潦迭见，已难丰收，今复迤西被震，迤东被霜，赤地千里，收获全无，米价之高，不亚省垣"①。

唐继尧为了筹解决之策，设立财政委员会，拟定期集议，召开财政会议筹商解决滇省财政问题。此时的唐氏显然有黔驴技穷之感，又写信敦请赵藩出山，担任财政委员。赵藩得到信后，"捧诵数遍，知有财政委员之设，定期集议，不遗昏耄"。回信一面对于"财政艰难，上下交困，亟策维持"的现状及唐继尧"不忘敝履遗簪"的善意表示理解，但心有余而力不足，"藩痿痹支离，终日偃息，坐难逾晷，强厕议席，体益拘而神益憋，此限于力者也。藩本迂儒，不达时务，杜门以来，耳目弥复锢蔽，滇中之度文赢绌，尚未宣究，作道听途说、隔靴搔痒之辞，藩自耻心，公亦安所用之？是以揣分量材，沥诚辞谢，维公矜鉴而曲容之"。身体不适和不谙世事是其辞却的原因，多少亦是实情，此时的赵藩已是越七望八之龄，身体不适于久坐。但更多的原因是因为对唐继尧统治的不满，不愿再为其出谋划策，在辞却的信中，同时提出了两点建议，一点是针对经济方面的，另一点则主要是针对唐继尧的弊政提出的，而且直言不讳，丝毫不顾忌会不会得罪唐氏，一如当年写信给袁世凯劝其自裁一样，表现出了他耿介的个性，也说明始终把唐继尧看作晚辈，长辈对晚辈的规劝当然不需顾忌太多。信如是说：

---

① 骇人听闻之云南物价[N]. 申报, 1925 – 05 – 28.

<<< 第四章 逐渐淡出

一、治标以维现状也。汤丹并非缺铜，似宜量为加价，以广铸铜元。个旧锡价大涨，似宜量加课税，价平即止。谢遣流氓政客，省出招待资送之费。停止不急营造，省出土木工程之费，皆可移充正用。二、治本以固宏基也。认定保境息民为惟一宗旨，勿勤远略，转荒己田。认定坚强自立，发展待时，勿受诳哄，掷金虚牡。分择驻重兵于边要，防备外敌侵入外，余兵即专办内匪，剿抚兼施，严定赏罚，勒限肃清，俾道路无阻。四民得营其业，渐次起瘠苏枯。而求治尤在得人，君子小人本非易辨，而历试至十余年，其中邪正贤否，谅亦难逃洞鉴矣。情长面软，是公美德，然亦须分别轻重利害，而谀背诽，假公济私，货贿入于己，恶名则尸诸公者，见不一见，闻不一闻矣。私窃为公痛之。曾同袍泽，稔知公有大有为之才，有真爱民之心，而业未恢宏，泽末下逮，是孰使之然哉？左右宵小，蛇蟠蚓结，把持壅蔽，匪伊朝夕矣！公可不加之意乎？正本清源，与贤才励精图治，滇非遂不可为也，为公祝之。至此次会议，知济济群彦，必有良谟伟略，设或而有贡剜肉医疮之策，为焚林竭泽之谋者，则欲求澹灾，转以速祸，望公慎之。藩天性憨直，今老矣，饰巾待尽，念公平昔相与之雅，及今不言，恐言之无日。倾吐迂愚，恃公曲谅而鉴纳之。①

唐继尧自从回滇后，尤其信任乃弟唐继虞，报纸对此曾给予报道："查唐氏除任用陈维庚等外，对于乃弟继虞尤为优待，不数年间，由一讲武学校学生一跃而为陆军中将，论其功绩，毫无所树，滇中素著有战绩及富有学识之武人政客，对此大不满意，而唐继虞为人对于部下异常苛刻。"② 后来四镇守使兵谏，要唐改革内政，驱逐宵小，也是首先指向唐继虞和陈维庚二人。所以在信中，赵藩劝唐继尧亲贤远佞，亦表现其远见卓识。不过唐继尧对于赵藩的忠告显然没有半句入耳，二人在政见上早已分道扬镳。而赵藩对于唐氏的刚愎自用亦日益反感。在唐氏死后，江苏常熟孙雄赋诗《天刑篇》，以四川颜楷、尹昌衡和唐继尧之死作为因果报应之说的绝佳例子，以此警示世人。赵藩因此赋诗唱和，

---

① 赵藩. 赵藩遗稿·复唐省长辞财政会议 [M] //中国人民政治协商会议云南省委员会文史资料研究委员会. 云南文史资料选辑：第15辑，昆明：云南人民出版社，1981：218.

② 云南新年发生内变 [N]. 申报，1927-02-28.

诗中更毫不留情地历数唐氏暴行，透露出对唐氏统治云南的极端不满，诗云：

> 国刑或倖逭，天刑决难逃，不见蜀颜（楷）尹（昌衡）与滇唐继尧，颜尹戕川督（赵尔丰），颜策尹操刀，实为利其有，非关革命条，阴谋假公义，事后同逍遥，死者请于帝，索命悲号□，尹縊颜剖腹，梦验言非妖，唐氏踞滇久，淫秽而矜骄，遍结邻省怨，净吸滇人膏（搜刮现金尽入私囊，寄存外国银行，滥发纸币数千万，破坏金融，贻滇省人民以无穷之害）。所僭帝仪衔（名其衔队曰佽飞军，铺垫坐褥皆黄缎绣龙，私宅多处墙壁皆涂紫色。），所用材斗筲，吮舐颂功德，城南矗铜标，正言阻纳牖，群小欢联镳，弗戢兵犹火，兵江腾中宵，弃之畀虚号，日受詈且嘲，阴觊然死灰，突被溺以脬，寄币外府倒（台湾银行倒，骗唐继尧巨款），痛等郿坞钞，羞愤病不起，况来冤鬼招，环榻顾（品珍）罗（佩金）何（国钧），捶挞哀求饶，奄奄一息尽，嗟嗟一世豪，尤效未遽已，升木原猱教，虞山老诗史，四国征风谣。……①

赵藩虽然对唐继尧和滇中现状不满，却并不消极，而是把精力放在整理文献上，力图将手头的云南丛书尽量整理刻出200余种，以"饰巾待尽，身隐焉文"②。闲暇则与诸位同好举行雅集或游山玩水。例如，1924年，赵藩特别邀集昔日同宦于蜀而今归昆明的十二故旧燕饮于其寓庐诗境轩，颇极一时之甚，并作图以纪其事。这13人是：赵藩、段树霖、周钟岳、萧善选、胡开云、吴良桐、孙嗣煌、周子煌、武继祖、杨壬林、王宗孔、宋嘉俊、熊廷权。在13人中，赵藩无疑是魁首，其召集斯会是"怅触昔尘，感怀故旧，慨而沧桑之变，屡良会之不常也，乃以小柬邀集斯庐"③。其中，段树霖、周钟岳、萧善选、胡开云、吴良桐、孙嗣煌、周子煌都是赵藩的弟子。

---

① 赵藩. 东斋诗钞续·戊辰夏四月（1928年）：书常熟孙师郑太史天刑篇后 [M]//李根源. 曲石丛书，腾冲李氏苏州刻本.
② 赵藩. 赵藩遗稿·致李雪生书 [M]//中国人民政治协商会议云南省委员会文史资料研究委员会. 云南文史资料选辑：第15辑，昆明：云南人民出版社，1981：220.
③ 熊廷权. 岷山十三友雅集图序 [M]//唾玉堂文集：卷一. 民国三十五年（1946）铅印本，1946：8.

又如每年于苏东坡的生日举行的寿苏诗会。寿苏诗会的举办传其祖父，早在赵藩青年时期，经常参与祖父、父亲为纪念北宋诗人苏轼的集会。赵藩的祖父和父亲就是在杜文秀起义那样混乱的年代，也仍然坚持举办寿苏诗会，这给赵藩以深刻的印象，曾说道："同治戊辰年（1868），余十八岁，举家避乱于巨甸。先世父立庵先生，授徒以难湾番寺，举寿苏之会，小子获侍，然无诗也，其有诗自光绪丙戌昆明集翠轩社集始，厥后余所至多举此会。"① 集翠轩社即是1886年由陈度等人创办的莲湖吟社。此后的赵藩秉承其父辈衣钵，凡宦辙所至举凡有时间就举行寿苏诗会。晚年退隐家居后，更是年年如此，邀集同好陈荣昌、宋嘉俊、倪隆德、王灿、顾视高和弟子赵式铭、周钟岳、萧善选、方树梅、何秉智等人在自己的寓庐诗境轩集会寿苏。在赵藩招集的雅集中并没有新派人物的参与。

除了频繁的诗会雅集之外，赵藩还经常与弟子方树梅诸人游览昆明近郊山水。方树梅（1881—），字臞仙，号雪禅，一号梅居士。方树梅清末时曾就读于云南优级师范，习博物科，但自称"性与科学不近，时时钻研国学不敢废。"② 平时非常留意收集滇中先贤文献，经常逛古书肆，随见随买。方氏于宣统二年毕业以后回乡任初小教员，未几得同乡钱用中之荐，入《云南日报》任编辑。在昆明时，得与有共同爱好的李根源相识订交。民国二年（1913）拜赵藩为师。在此之前，李根源就曾向赵藩道及方树梅嗜古成癖，于滇南文献锐意搜罗，遂得到赵藩的青眼。1915年时，方氏把搜集的滇贤书画捐给云南省图书馆，得到袁嘉谷的称道，于是得与袁嘉谷订交。赵藩发起辑刻云南丛书后，方氏更是倾力相助，把历年所得滇先哲著作廿余种，诗文五百篇送选刊。赵藩从岭南归滇后，致力于辑刻云南丛书，写信相邀："航海归来，晤筱泉、允三诸君，询知道履清嘉，潭府绥吉，至以为慰。藩衰年远役，家国两无所裨，触目伤心，即应逃世。以平生夙愿志，阐扬吾滇文献，所事未完。一息尚存，尤当尽力。始葳此役，而后褰裳，吾弟雅尚相同，知必有匡我不逮也。何时得遂良晤，心焉企之，此间同人，皆企望文旌之莅，止于馆中，扫榻以待，希早贲临也。"③ 并函教育厅委方树梅为丛书处编校员。自是以后，方树梅成为赵藩的得力助手，李

---

① 赵藩. 寿苏集［M］. 手稿本，藏云南省图书馆历史文献部.
② 方树梅. 臞仙年录［J］. 云南文史丛刊，1993（3）：89.
③ 方树梅. 臞仙年录［J］. 云南文史丛刊，1993（3）：92.

根源称方树梅"十余年助樾师审校丛书最勤"①。因此，在赵藩的晚年，与方树梅交往较多。

方氏是晋宁人，因而多次邀约赵藩游览其家乡，1924年8月17日，方树梅请赵藩及其儿子赵和甫、赵宗煦和赵的另外两个学生华文安、何筱泉游盘龙寺。在那里盘桓三日方回昆明，诸人酬唱甚欢，赵藩更是诗兴大发，三天之内竟赋诗53首之多，后由方树梅将同游者所吟之诗裒集成帙，名曰《盘龙游咏汇抄》，"介庵师叙于首，梅跋于后印行"。两年后，方树梅再次邀赵藩等旧地重游，并把诸人所得之诗汇为《盘龙两游诗钞》印行。从方氏自编年谱中频繁地记录着陪同乃师赵藩游览昆明附近大小各地名胜中可以看出，赵藩晚年除了整理云南丛书以外，便是过着与故旧、学生文酒过从、游山玩水的生活。

就在赵藩悠游林泉之际，爱徒李根源也在经历政治风潮后寄寓苏州，二人仍书信纷驰，而信的主要内容大多是讨论旧学，亦可见这时二人的兴趣所在。

自二李相争后，李根源被发配到海南岛，任督办广东海疆防务兼摄雷琼镇守使。赵藩则仍然留在军政府内，于1920年年底回滇，师徒二人风流云散，未再谋面，但一直保持书信联络。

李根源在陈炯明从福建漳州回粤趋桂系的争战中，充当桂系的炮灰，事败后在上海"键户忏罪，除读书写字外，亦少见客"②。并于苏州葑门十全街新造桥购宅，奉老母定居于此。

就在李根源闭户读书之际，北方政局再起变化，又给了李根源出山的机会。正在顾唐战争发生时，北方直奉战争也打得如火如荼。最后以奉系失败，直系控制北京政权。直系曹锟借"恢复法统"为名，抬出黎元洪，打算利用黎为自己实现总统之梦作嫁衣。并授意孙传芳于1922年5月15日公开通电，要"恢复法统"，正式提请黎元洪复职总统。随后，曹锟、吴佩孚联名直系将领通电，要求恢复旧国会。于是北方恢复国会的声音甚嚣尘上，"第一届国会继续开会筹备处"于5月24日宣告成立，6月1日，旧国会议员150多人在天津开会，宣布国会"恢复"。徐世昌随后通电退位，直系各督军纷纷通电"迎黎复职"。黎

---

① 李根源. 雪生年录：卷三. 雪生年录[M]//沈云龙. 近代中国史料丛刊：第二辑，台北：文海出版社，1966：18.

② 李根源. 雪生年录. 卷二[M]//沈云龙. 近代中国史料丛刊：第二辑，台北：文海出版社，1966：26.

元洪即于6月11日入京，代行大总统职权，于13日下令撤销1917年6月6日的"解散国会令"，法统得以恢复。而黎元洪对李根源督军团叛乱时的支持念念不忘，一出山便邀李根源北上，还以"关中贤相思王猛，天下苍生忆谢安"之联相赠，一个是使前秦国富民强的中兴名臣，一个是使东晋半壁江山免于前秦践踏的名将。以如此贤臣名将比喻李根源，自然使李感动非常。李一面将此联木刻，悬挂于自己的居室中，一面整装北上。李根源先后被任命为航空督办、农商总长，并兼署国务总理，达到了他事业的最高峰。李根源也颇思有所作为，农商总长任上，颇多举措。可惜好景不长，憨厚的黎元洪又一次被武人玩弄，1923年6月6日曹锟手下上演逼宫闹剧，黎元洪被逼出走，于1923年6月13日移驻天津。李根源也跟随而至，再次断送了政治生命。后来，北方政局又发生变化，第二次直奉战争爆发，冯玉祥、胡景翼发动北京政变，囚禁曹锟，直系失败。李根源曾应河南督军胡景翼之请入河南，又因胡的突然去世而离开河南，最终选择退隐，从此在苏州做寓公达十多年之久。

李根源自年轻时就对金石学产生浓厚兴趣，宦辙所至都喜欢收集各种碑帖字画，又好藏书刻书。这时退隐吴门，更专注于此。曾独自一人出游，搜访苏州各地碑碣摩崖，探赜索隐，风餐露宿二十余天，将搜集的资料撰成《吴郡西山访古记》，其嗜古之心甚为人所称道。赵藩与李根源感情深厚，有嘱"儿辈永敦交谊"之言，对李根源的嗜古癖好不仅看在眼里而且多所赞成，凡有所知便及时相告，1926年，李根源同乡刘楚湘从腾冲至昆明，拜谒赵藩，"茗话数时，言及新修宝峰山寺，挖得明碑一通"，是李根源的先辈指挥公与同人所立，撰书者为明朝遗老胡二峰。而且已扶立，嵌之寺壁。赵藩听说后，"急问以携有拓本否？云无之。"赵藩即嘱咐刘楚湘写信回腾冲，托人拓回，寄予李根源。并致信给李根源欣喜地说："地不秘奇，真难得事。知弟必闻而起舞也！"① 不久刘楚湘便把拓本寄给李根源，李根源得以收入其所著《曲石庐藏碑目》一书中。此时，赵藩为云南图书馆馆长，李根源将所收藏之滇人书画寄赠图书馆以广其藏，在其自著《雪生年录》中就有如下记录："以明季滇遗老书画册子及周亦园、李□堂、赵蓉舫、李仰亭、倪克斋、刘景韩、缪素筠诸乡贤书画数十件赠云南图

---

① 赵藩. 致李雪生书[M]//李根源. 永昌府文征·文录: 卷十九. 杨文虎, 陆卫先, 校注. 昆明: 云南美术出版社, 2001: 2654.

书馆。……景东刘韫斋先生子孙寓吴门售其书籍字画，悉落沪估手，余得函札数十通，奏折数十本赠滇图书馆。韫斋本肃党，官湖南巡抚，有政声，总裁咸丰丙辰会试，翁通龢、孙毓汶皆出其门。"① 由此可见师徒二人退隐的交往情形和关怀所在。

李根源住在苏州的这段时间，由于金石方面的爱好，与吴中文士多有往来，尤其于1925年加入了苏州名士文人金天翮等人组织"九九消寒会"，而有机会结识"吴中贤俊"，其中与张一麐、吴荫培、金天翮交往最为频繁。吴荫培（字颖芝）为前清探花，是吴中著名耆宿，因李根源对吴中碑碣锐意搜罗，而吴又为"吴中保墓会"会长，珍视古墓，于是二人一见如故，一拍即合，就金石方面切磋甚多。对于金天翮，李则"近有所撰著多乞松岑先生为之点定"②。更于此间与章太炎接金兰契好，"太炎先生与余缔兰交，视余如弟"不过李根源自知"先生当代大师，何敢呼兄，仍事以师礼"③。李根源与吴中文士诗酒林泉，极盘桓啸傲之乐。赵藩通过李根源与吴中文士也有所交游，曾致信李根源要李请在苏州的相识为其将满百岁的叔父写祝寿诗文，信里说："家四叔父至戊辰年（1928）可计闰扣满百岁。民国分裂如此，问孰呈请旌典？且亦不必待旌而重也。拟草具事状（兹搜得寿文二稿，可不必再草状，敬抄附呈）后，寄请弟赐一大文，外如太炎、乐老、滇生、行严、少元诸公，为乞其赐以诗文（亦不相强，听便可耳），用光家乘，强于例旌多矣。"④

孙光庭于1923年后，因拒绝曹锟贿选总统而避地苏州，住于李根源苏州葑门十全街新造桥宅，赵藩在滇中闻之，特寄信说"得所"，孙光庭"亦自以为佳也！"，因而将其居室题名曰"且住轩"，李根源还专门刻石立于居室之前。孙光庭住于此终日游宴，谈诗论道，并不过问时事。并教授李根源以颜李之学。因李根源与章太炎结金兰交，孙光庭与章太炎就宋明理学也互相切磋。章太炎曾

---

① 李根源. 雪生年录. 卷三 [M] //沈云龙. 近代中国史料丛刊：第二辑，台北：文海出版社，1966：7.

② 李根源. 雪生年录. 卷三 [M] //沈云龙. 近代中国史料丛刊：第二辑，台北：文海出版社，1966：11.

③ 李根源. 雪生年录. 卷三 [M] //沈云龙. 近代中国史料丛刊：第二辑，台北：文海出版社，1966：8.

④ 赵藩. 致李雪生书 [M] //李根源. 永昌府文征·文录：卷十九. 杨文虎，陆卫先，校注. 昆明：云南美术出版社，2001：2654.

致信李根源表示:"孙君(指孙光庭)亦治理学者,虽彼近朱学,我取慈湖、白沙,然惩忿治心之道本来无二。"甚至致孙光庭的信中也视之为长辈,引起了孙光庭的不安,去信论及称谓一事,章则说:"所论称谓一事,非本以年之长幼为衡。缘与印弟为昆弟交,而丈实印泉之师,亦安得以平交视也?"对其极其尊敬。孙光庭直到"二·六"政变,唐继尧倒台才又回到昆明,不过依然以诗书自娱,逐渐退出人们的视线。

著书立说、诗歌吟唱成为退隐的绅耆更为关心的事,也因为如此,产生出了大量的诗歌作品和文集。例如,陈度有《泡影集》《湖月集》《湖月续集》《过来人语》等;张学智有《若园诗稿》《若园诗文续集》等;宋嘉俊有《落落轩诗钟》《楹联汇存》等;孙光庭有《东斋诗文钞》《东斋诗文续钞》等;赵藩在整理丛残余暇举办的诗会雅集也产生出了大量的诗歌,就寿苏而言,就有《癸亥寿苏集》《甲子寿苏集》《寿苏唱和诗钞》《寿苏集》等。此外还有出游产生的诗集,例如前面提到的游览晋宁盘龙寺产生的诗集。陈荣昌也是潜心著述,其作品有《改过篇》《心法刍言》《明夷子》《桐村骈文》《剑南诗钞》《老易通》《困叟净土集》等。①施有奎有《施文晏文集》等。他们的作品为云南地方文化留下了丰厚的遗产。与诸人不同的是,吴良桐对医籍特别感兴趣,退隐后以收集医籍为乐,"自民八以后,即杜门却扫,聚书穷理,泛窥百家,所聚医籍得八百余种,都三千余卷,殆占所藏书十之一,凡人间孤本,海内不概见者靡不辗转搜罗"②。

此外,在隐居的绅耆中不乏多才之士,诗书画兼擅长,其书多为一般民众所喜好。

赵藩和陈荣昌的书法备受士子称颂,赵藩清末四川做官时就有"满城皆赵字,无处不藩书"的谚语,而陈荣昌的墨宝也是有使洛阳纸贵之势。清末时,陈荣昌就经常为求书者所累,后来干脆向索书者收取润笔费,并把润笔费捐给专门资助孤寡儒髦和老弱病残者的体仁堂。"自今以后往,吾书于人有济即屡索

---

① 1920年代,陈荣昌与番禺丁仁长仍然保持者书信往来,从丁仁长1923、1924年的日记可以得出陈荣昌曾把诗稿寄给丁,让其订正选出佳者刻集,并以《困叟净土集》相赠,劝丁皈依佛门,可见他们之间的交流也仅及于诗文上的切磋。
② 民国云南通志馆. 续云南通志长编:第八十一卷 人物 [M]. 昆明:云南省志编纂委员会办公室, 1985: 745.

不敢厌其烦,若以为吾书不值钱而不复索焉,吾亦免为人役矣!"① 1918 年,陈荣昌因在安宁遭到土匪抢劫并因此受伤,和王玉麟携家人一同搬回翠湖旧宅。求书者又纷至沓来,陈荣昌复恢复旧例,向求书者收取笔资,一部分留下维持生活,一部分仍捐给体仁堂。无独有偶,赵藩也曾为索书者所累,不得已延陈荣昌之例,向索书者收取润笔费,并让陈荣昌代定"润例",而且把润笔费一提再提,以此来减少求书者。1924 年,陈荣昌在赵藩 74 岁生日和诗中提及此事,戏称赵藩是"戏以书田作奇货"②。

陈度更是擅长多种才艺,其祖父、父亲都以制笔为业,设笔肆于昆明。其父十龄废读,少长学习宣城诸葛氏制笔业,"书法二王,临怀仁圣教序,笔力遒劲,无俗韵。因擅长书法,故制笔时能穷其奥,书家踵门求笔,尤长制椽笔"③。因为家世的因缘,陈度的书法尤称道于当世。好友袁嘉谷曾不无艳羡地称赞陈度说:"夫古抑之长宁独诗古文词耶?大之如政法,如邦交,如经史学,小之曰指画,曰篆隶,曰赋,曰牍,曰琴,曰钟鼎,曰镌印,曰制器,曰饮馔,曰树艺,无一弗明,明无弗精,精无弗行,知古抑者其在此乎?故以余之知古抑又不仅此。"④ 而且对其指画更有高度评价,说其指画是"骋逸姿于苍莽之外,参俊格于宏阔之中"。其所画之"花草竹石,一一入生,决非以指运指,以画求画者。当夫意匠经营,密其掌法,轩其笔势,顿挫生姿,盖以文法为画法,洎乎脱稿,油然经籍之光,溢于纸上。至于无笔不秀,无墨不润,无图不变,非工书者不足语此"⑤。陈度也有同样为求书者所困扰的经历,为此躲避到昆明郊外的碧峣,静心念佛。曾赋诗云:"沾裾花雨佛难尽,自笑多生积习深,何苦衰龄亲笔砚,未能大隐遁山林,苔痕绣壁周秦篆,禽语穿廉梵呗音,喜对富窗烟水白,沧波无际涤尘心。"⑥

---

① 陈荣昌. 鬻书济人序 [M] //虚斋文集:卷六,明夷村舍民国七年(1918)刻本,1918:38.
② 陈荣昌. 寿石禅老人八旬晋四寿诗的和诗 [M] //甲子寿诗. 手稿本,藏云南省图书馆历史文献部.
③ 陈度. 先王考瀛波公墓表. 先王妣陈母李太恭人墓表. 先考奏堂府君墓表 [M] //陈度. 泡影集:第八卷. 1925 年铅印本.
④ 袁嘉谷. 泡影集序 [M] //陈度. 泡影集. 1925 年铅印本,1925:4.
⑤ 袁嘉谷. 琴禅居士指画《花卉册》跋 [M] //袁嘉谷文集:第一卷. 昆明:云南人民出版社,2001:365.
⑥ 陈度. 在家索书者坌集移居碧峣避之. 泡影集续 [M] //陈度,袁嘉毂,孙乐. 湖月续集:卷一. 民国二十七年(1938)铅印本,1938:10.

李增的书法也为人所称道，虽饮酒度日，求其书画者甚多，他也并不拒绝，其墨宝散见于各风景名胜，如：昆明大观楼有其题写的"催耕楼"，西山有其写的"飘渺楼"等。李增本是澄江县人，晚年经常回乡，在澄江各地留下了很多题字。1931年澄江县县长将东龙潭碧水中的"涵碧亭"改建为"层青阁"，特请其为此阁题字、撰文、刻石。"他还为旧城的东岳庙撰写对联。联曰"宝阁高盘千岭翠，金莲先得万花春"，楹联描绘了旧城的风光景致，笔力刚劲。东岳庙楹联经县文化馆复制，重刻于木上，悬挂在凤山公园"志舟楼"亭柱上，供游人观赏。李增的笔迹还见于澄江"玉光楼、洋潦营关圣宫和一些风景名胜区"①。这些墨宝给后来人增加了游览的兴致。

二、第二种类型：致力于维护传统文化

20世纪20年代后，部分绅耆对世事已很少过问，一方面因为对民国混乱的局面已很感灰心，不愿再参与政治，一方面揪心于传统文化的逐渐衰落而心思挽救。

创办学会和学校是绅耆维护传统文化的通常方式，这一时期，较有名的便是熊廷权创办的明伦学社和杨觐东、李春釀创办的国学专修馆。

进入民国以后，熊廷权曾先后任云南丽江府、观察使存记、川边财政厅长兼川边道尹、腾越道尹。1920年解职回到昆明便创办了明伦学社。该社成立于1921年3月，"以阐明孔教，维持伦纪为宗旨"。由熊廷权当任社长，陈光祖当任经理。经费由官厅补助，按月行课试，并随时讲解经义。② 据陈度说，明伦学社"月请当道命题，试以经史词章，一次评定甲乙，列榜以一百元分奖前茅，旧时文人多往应试，国粹一线赖以不坠，至今未停也"③。明伦学社大约维持到1930年代，前期还能保持立社宗旨，纯以讨论经义为范围，但后期的出题宗旨有所变化，如1923年时熊廷权给明伦学社的一次命题是"首题系死生有命，富贵在天。次题系苏秦以合纵说秦，张仪以连衡说赵，论诗咏醉柏不拘体不限韵，以三艺为完卷"④。而1932年年初的月考课试由省主席龙云命题，试题范围已

---

① 杨应康. 云南临时省议会议长李增［M］//王保昌. 政协玉溪市文史资料：第7辑. 昆明：云南人民出版社，2005：12.
② 民国云南通志馆. 续云南通志长编：卷六十七·社会二·社团一［M］. 昆明：云南省志编纂委员会办公室，1985：140.
③ 陈度. 昆明近世社会变迁志略［M］. 手稿本，藏云南省图书馆历史文献部.
④ 明伦学社课试题揭晓［N］. 金碧日刊，1923-08-02.

经涉及现实问题，对此记者评论道："其题目一面提倡古史学，注重经义，一面热心时局，好有关合，至哀东北，拟在甫诸将各题，均于大局有关，爱国之意见与试诸人均系高明学识之辈，此项文艺之成绩将斐然可观矣。"① 而同年三月份的月考课试请盐运使出题，内容同样涉及时局，共出了九道试题，分别是："一，知耻近乎勇义，二，志士仁人无求生以害人，有杀身以求仁义，三，能治其国家谁敢侮之义，四，物耻足以振之，国耻足以兴之义（礼记哀公问），五，廉蔺交欢论，七，卜式输财助边论，八，云南盐务现行自由运销制与从前牌照制其利弊得失如何，试详言之。九，赠马占山将军长歌，十，闻我军克复浏河，击毙倭将白川喜而作歌诗，首为一艺，以四艺为完卷，限三日交，逾限不收。"② 内中大部分是针对时政的命题，可知，后期的明伦学社已偏离其立社时的宗旨。

云南国学专修馆成立于1924年3月1日，到1926年结束，共办理了三年。该馆的出现与当时全国范围内兴起研究国学的热浪有关。20世纪20年代初，因新文化运动的领袖人物胡适在新文化运动后期又打出整理国故的旗号，使"国学"地位猛增，全国各地涌现出各式各样的国学机构。③ 云南绅耆也应时而起，创办国学专修馆。该馆发起人为杨觐东和李春醲，并请陈荣昌为馆长，李春醲为教务主任。

曹聚仁曾把当时各式各类以国学为名的机构分为三类，认为在当时的学术界之内，"以'整理国故，一事而论'，就有北京大学之国学研究所、无锡之国学专修馆和上海同善社之国学专修馆，三者皆以'国学'为帜。惟三者'虽同标一帜'，其实'必不能并立'。故'国学'之为物，名虽为一，实则为三，北大的是'赛先生'之'国学'，无锡的是冬烘先生之'国学'，而上海的则是'神怪先生'之'国学'，三者'决无合作之余地'"④。按曹氏的分类，云南的国学专修馆大概属于后两种的综合。

1920年创办云南国学专修馆的李春醲和杨觐东也曾在昆明发起设立同善分

---

① 明伦学社开课［N］．西南日报，1931–03–03．
② 明伦社本月课题对于时局妙有关合［N］．西南日报，1932–03–13．
③ 罗志田．难以区分的新旧：民初国学派别的异与同［J］．四川大学学报（哲学社会科学版），2001（6）．
④ 按，罗志田并不赞成曹氏的这种分类，认为在赛先生的国学中情况就相当复杂，很难归为一类。见罗志田．难以区分的新旧：民初国学派别的异与同［J］．四川大学学报（哲学社会科学版），2001（6）．

社，以正心修身、劝善规过为宗旨。在这之前，1917年、1918年之际，同善社风靡全国，顾视高就曾发起成立，并请省长公署立案。但不知为何，没有下文。1920年杨觐东、李春醴二人将此前的同善分社加以改良重新呈请立案，获得批准成立，入社之人相当踊跃。报纸对此事进行了报道："李序青、杨觐东诸君发起之同善分社以修身养性为宗旨，凡入社之人均教以坐功诸事，因此外间之人有呼为香火教或某某团者，但近来入社之人颇为踊跃，其中以教育界之人占大多数云。"① 对该社以静坐之法修炼特别关注，认为此种修炼方法使该社多少了几分神怪的味道。后来二人成立国学专修馆，杨觐东仍然把静坐修炼法引入国专，陈度本对国专颇为称赞，唯对杨觐东这种做法颇有微辞，说道："辛亥改革后，青年莘莘学子皆入学堂就学，思想一新，多不重国粹，一切经史词章皆唾弃之，民国甲子年陈小圃学使乃创设国学专修馆，延秦璞安等为教习，注重经史词章，月课季程，并讲读线订书，稽古诗文等，李竞西（东平）、杨家麟、于乃仁皆于旧学植有根柢者。惜杨毅廷在中主持，多添以同善社之静坐，未免不伦也！"②

李春醴（1875—1948），字序青，廪生，通海人。清末曾在经正书院肄业，留学日本，入弘文学院习速成师范。归滇后，先后任高等学堂师范部主任兼日文、体操、音乐三科教习，两级师范学堂教务主任。辛亥革命后，曾任云南教育总会副会长和省立第一中学校长。杨觐东与李春醴是早年经正书院的同学，后来杨觐东长期宦游于外，而李春醴一直在滇从事教育，二人也无多少过从。辛亥革命后，杨觐东曾任迤西道兼督腾越关务，政绩显著，既收回了关税财政权、用人权，从而完结历年交涉积案，又整饬吏治，镇抚土司。当时的云南都督蔡锷和民政长罗佩金以学识优裕、才气纵横，实属瑰玉之英，合词向中央保荐，得到总统饬令批交内务部任用，未几被直隶都督赵秉钧罗致入幕。后来杨依附于龙济光，被龙延聘为军事高级顾问。龙济光对杨觐东相当推重，保荐其为粤海道尹。杨觐东对龙的知遇，也是感恩戴德，就是在护国运动期间，都始终站在龙的一边，李根源对此颇有微辞，说道："杨觐东在龙幕中任粤海道，袒龙最力，利禄之移人心志也如是。"③ 龙济光垮台后，杨觐东回到昆明，未再参

---

① 同善社入社人之踊跃 [M]. 滇声报，1920-07-10.
② 陈度. 昆明近世社会变迁志略：卷一·文化 [M]. 手稿本，藏云南省图书馆历史文献部.
③ 李根源. 雪生年录 [M]//沈云龙. 近代中国史料丛刊：第二辑，台北：文海出版社，1966：70.

与政治，而把心力用于社会教育上，1918年就邀约顾视高、李春醴成立同善分社。1921年李春醴因积劳成疾，辞去校长和教育会副会长职务，退居家中养病。北京刮起整理国故之风，流风所及，各地以国学命名的学校纷纷建立，这时杨觐东首先发起在昆明建立一所以教授古学的学校，遂一呼百唱与同善社同人联合起来创办国学专修馆。

二人先前创办的同善社，本着融合儒佛道三教的宗旨，吸引了很多绅耆入社，规模颇大。有的绅耆往往因同年或师生的关系而被延引入社。如郭燮熙因同年武绳之的介绍入社，陈荣昌入社也是因为杨觐东和李春醴二人皆是其学生。杨觐东也曾邀请施有奎参与，不过施氏对于此社颇不以为然，在陈宅与杨觐东展开辩论，对杨氏奉行的三交同源说大加挞伐，"抗辩终日，而犹以为未足也，怀不能已"，又写信给陈荣昌进一步申说三教宗旨迥异其趣，水火不容，认为入佛教和道教者"大抵愚夫愚妇，无礼无法之辈"。而陈荣昌是"士林之表率，国人所矜式，宜于此时力挽狂澜，作吾道之干城，不宜随波逐流，误入迷途，若竟从此沉溺不返，使后世之作儒林传者，谓吾子晚好仙佛，致损身价，仆甚惜之，不禁区区相爱之忧，唯裁查是幸"①。也许老友的劝告多少起了些作用，所以陈荣昌应邀担任国学专修馆馆长以后，对祀孔仪式很重视，并没有提倡同善社的静坐之法，倒是杨觐东坚持如此。

二人聘请老师陈荣昌为馆长，对于馆长一职，陈开始有所犹豫，但考虑再三后认为："此次允为馆长，是虚名作招牌耳！"遂欣然接收。陈对此事极为热心，杨、李二人在诸事上都待陈荣昌表示意见后才实行。例如筹备之初，馆章由李春醴拟定后送与陈荣昌过目，陈批阅数遍后表示："均妥协可用，惟纳学费逾期十日即开除，似过严。拟稍减轻。或逾限二三次，即开除可也。……书单可不必开，即如前日所云，买注疏可矣。"② 二人均一一照办。有一次，陈荣昌身体不适，仍带病参加筹备会，致信李春醴说："承示初四日开筹备会，即不必改期，蔽恙虽未愈，当力疾一至，以便面商一切也。"③ 其热心程度可见一斑。

---

① 施有奎. 与陈小圃书［M］//存古轩文集. 手抄本，藏云南图书馆历史文献部.
② 转引自曹钟瑜. 陈荣昌先生与云南国学专修馆［M］//中国人民政治协商会议云南省昆明市委员会文史资料研究委员会. 昆明文史资料选辑：第1辑. 1983：298.
③ 转引自曹钟瑜. 陈荣昌先生与云南国学专修馆［M］//中国人民政治协商会议云南省昆明市委员会文史资料研究委员会. 昆明文史资料选辑：第1辑. 1983：298.

所聘请的诸位老师，由陈荣昌写聘书，李春醴亲自登门敦请。所聘请的老师或是从事教育的绅耆或是国学具有深厚造诣的绅耆，其中亦有很多同善社的社友，如郭燮熙和张景栻。郭燮熙还参与筹备国学专修馆。国专纯属私立，经费一部分由学生承担，大部由发起诸人筹集。为了筹集资金，郭燮熙专门致信给任新疆督军兼省长的杨增新，请其出钱资助。为此曾赋诗云："圆通山下结精庐，昨与陈（困叟）杨（毅廷）有寄书。冀挹廉泉兴国学，万金息壤竟何如？（戊子岁杨与余约他日得志当以万金修圆通寺云。）"① 杨增新是郭燮熙的同年，入民国以来一直为新疆督军，与郭燮熙时常保持联系。

民国以来，陈荣昌虽一直隐居不出，对于各方的敦请始终拒绝接受，但这次却对国专极具热忱，多少亦说明其真正关怀所在。国专的所有事宜，陈都亲力亲为，操心备至。据说该馆成立之初的馆址系陈出面，向赵又新的家属商借翠湖南路新建的赵公祠为国专校址，经赵氏家人同意借出，国专遂设在赵公祠内。后来借期满，赵公祠主人催促迁校，陈荣昌又与省教育行政当局磋商，拨昆明市文庙内崇圣祠作为馆址，直到国专结束为止，一直在此上课。在国专办理的三年中，每年列有开学典礼，陈荣昌都要亲自参加典礼致训词，第一年的训词为"读书""立品"两词，第二年为"恒""期"两字，最后一年则以"知耻"二字训导学生。

在其主持下，国学专修馆与晚清的书院相差无几。不仅有朔望考课，更有每月的拜孔祀孔仪式。据曾就读于国专的曹钟瑜回忆说："陈先生为了提高国专学生学习兴趣，培养学习写作能力，规定每月朔望（农历初一、十五），延聘当时社会名流，轮流出题考课，或由他本人亲自出题，在馆学生，均可应考。成绩优良的，分别发给奖学金。他对各生试卷，无不细心批阅，严格甄取。凡名列前茅者，亲自书写墨迹，奖给学生，大大提高学生们的写作热情，在陈先生的鼓舞激励下，学习气氛，成绩进度，日新月异，与一般学校，大异奇趣。"② 考课的试题为一文一诗，文重议论，诗严格律，如能填词，也可以词应考。从内容到形式都有书院的影子。

---

① 郭燮熙. 寄杨鼎臣督军新疆四首有序［M］//雪舟诗稿，1924年印本. 1924: 18.
② 曹钟瑜. 陈荣昌先生与云南国学专修馆［M］//中国人民政治协商会议云南省昆明市委员会文史资料研究委员会. 昆明文史资料选辑. 第1辑. 昆明：中国人民政治协商会议云南省昆明市委员会，1983: 299.

对每月的朔望拜孔一事陈荣昌更是丝毫不怠慢，规定"朔望拜圣，拟以十点钟（上午）为定。吾亦必来，不需人来请"。据曹钟瑜回忆陈荣昌于拜圣这天，除了偶病不适外，从不缺席。有一次，陈荣昌因被人请主持葬礼点主仪式，与国专祀孔时间冲突，陈荣昌致信国专，吩咐把祀孔仪式的时间提前，信里说道："廿七日王府成主，在午前九钟、十钟之际，到祀圣时辰，自应较早。且致祭以早为宜。拟请属付执事诸君，早为陈设。仆定七钟前到馆行礼。其学生列名，每班一人，嫌其太少。则每班三人，亦无不可。并请嘱学生届时早到，免误行礼。至素餐可以不备，以是日祭后即赴王宅，不能延也。"① 宁愿提早时间也不愿耽误祀孔，其认真程度可见一斑。

在祀孔仪式完毕后，陈荣昌经常还要即席讲话，内容大都是以古人的嘉言懿行和他本人的治学心得、立身处世之道，劝导学生努力好学向上，专心读书治学，重视礼仪风度，养成纯正学风，等等。据说，这样的演讲有时要进行两三个小时，而陈荣昌并不长于说辞，"但由于态度亲切，言语通俗，内容丰富，引人深思，所以听之者虽伫立二、三小时，始终气氛活跃，兴趣盎然，产生一种'潜移默化'的作用，可以说是该馆的一大特点"②。不过，因陈荣昌身体不好，坚持了一年，就没有再演讲了，而祀孔之礼则坚持不废。

国专开设之初设有乙班一班，丙班二班，每班各约五六十人，共一百多人，一个学期后，入学人数增多，又选出乙班程度较优者十余人，"并新招馆外具有同等学力的志愿入学者，经过考试，取录二十余人成立甲班"。取丙班中成绩较优者升入乙班，另补充丙班新生数十人。"从此甲、乙各一班，丙班二班，遂为定制，全馆学生共二百人左右，定为三年结业。"对入学诸人的资格限制上，规定编入甲班的学生需具备抒发议论条理作述之能力，并需能诵读《五经》；编入乙班的学生需能熟背《四书》，文理通顺；编入丙班的学生则仅需识字，背诵经文者即可。如此规定，对于科举时代的士子也许不难具备，但对于进新式学堂接受新式教育的青年学生来说却没那么容易，特别是对于编入甲班的学生更是

---

① 转引自曹钟瑜. 陈荣昌先生与云南国学专修馆［M］//中国人民政治协商会议云南省昆明市委员会文史资料研究委员会. 昆明文史资料选辑. 第1辑. 昆明：中国人民政治协商会议云南省昆明市委员会，1983：302.
② 李东平. 云南国学专修馆概略［M］//中国人民政治协商会议云南省昆明市委员会文史资料研究委员会. 昆明文史资料选辑：第1辑. 昆明：中国人民政治协商会议云南省昆明市委员会：1983：293。

难于招考。陈荣昌有感于此，致信国专诸人变更办法，信说道："学期考试，已定期否？鄙意甲班招选外生恐不易。此次办法，提升从宽，淘汰从严。则甲班易成，丙班易并。舍此无善策。不知馆中诸君子同意否？"① 并在"提升从宽，淘汰从严"几字下加上重点，言下之意即甲班学生主要由丙班学生升入。

学习的课程以经史词章为主，"并将刘宗周所著《人谱》列为甲班学生必修科，由秦璞安先生主讲，这一课程，着重个人道德修养，提高人的精神境界，端正人的行为标准，是学习的基础"。此外，倪隆德主讲《易经》，秦光玉主讲《书经》《礼记》《孝经》三科，郭燮熙主讲《诗经》，杨毅廷主讲《中庸》。《春秋三传》及其他子、史、书籍，则听学生各自选读。规定学生对史部要自行圈点，从《通鉴》入手，再及其他通史、断代史。"有求更进一步的，也指导学生阅读刘知几《史通》、马端临《通考》、杜佑《通典》及章学诚《文史通义》等，子部则规定先读《老子》再及其他。"② 经过如此系统地研读旧学经典，入国专的学生一般旧学功底都很好，为他们培养了一批接班人，如于乃仁、李东平就一直在滇从事地方文化的研究，二人在20世纪40年代时还成立了五华文理学院，培养文史人才，可谓薪传有人。

除了创设学校、学会外，建祠堂纪念滇中先贤也是绅耆维护传统文化的通常方式。绅耆虽然在野，但往往因为自己的学生或子侄或儿子当政，可以借助他们的力量建祠。而有的绅耆则因德高望重，凡有所要求，执政者一般都为其建祠要求慷慨输将。前者如袁嘉谷通过子侄帮助后进方树梅为其一直崇拜的乡贤张溟洲立祠，后者则如赵藩筹建景贤祠。

张溟洲是清乾隆进士，曾任济南知府、刑部郎中等职。以"剔积弊，理冤狱，赈孤寡，捍水灾"而闻名，喜诗文，有《东山吟草》集。张溟洲是晋宁人，方树梅一直很崇拜其学问为人，早有为其建祠的想法，但一直苦于无资助之人。1922年，通过袁嘉谷的帮助实现了心愿。先是，袁嘉谷的侄子袁丕镛为晋宁县知事，系三兄袁允升之子。1922年，袁允升卒于儿子的任所，袁嘉谷到晋宁奔丧，事后，方树梅陪其登临景贤楼观览晋宁山川，品评晋宁先贤，方树梅似乎

---

① 转引自曹钟瑜. 陈荣昌先生与云南国学专修馆 [M] //昆明文史资料选辑：第1辑. 昆明：中国人民政治协商会议云南省昆明市委员会，1983：305.
② 曹钟瑜. 陈荣昌先生与云南国学专修馆 [M] //昆明文史资料选辑：第1辑. 昆明：中国人民政治协商会议云南省昆明市委员会，1983：300.

有意谈到张滇洲，说张氏后嗣乏人，引起袁嘉谷的嗟叹太息。因缘巧合的是，这时张滇洲的嗣孙张文焕与亲戚争夺张滇洲故宅遗基而对簿公堂。方树梅听到此消息后，异常高兴，立刻跑去与张氏夫妇相商，如能答应建祠即愿鼎力襄助，张文焕夫妇欣然应允。方树梅便趁势向袁嘉谷道及，希望能让其侄子从中维持。袁氏"盖以乡贤之祀，虽异姓之产，且乐为之，矧其为故宅也耶！"而爽然应允，遂命侄子主持。侄子虽遵命维持，但对方仍不肯善罢甘休，控至高等审判厅，袁嘉谷始终设法维持，使此案得以了解，张滇洲公祠得以鸠工建成。袁嘉谷通过自身社会影响力与侄子当权的关系帮助嗜古成癖的方树梅完成修建乡贤祠堂的心愿，并在其撰写的《张滇洲先生祠堂记》中特别称道方树梅于此事出力最多，奖掖后进之情可见一斑。

赵藩虽对唐继尧颇有微辞，但举凡他提出要求，唐氏还是有求必应的，这其中或许也多少有赵藩的高足周钟岳在其间穿针引线的因素在，毕竟周一直是唐继尧身边炙手可热的人物。例如1923年，赵藩向唐继尧请求拨款收购钱南园手写《钱氏族谱》，对于这段往事，在图书馆工作近30年的于乃义知之颇详，在其所写《云南图书馆三十年见闻录》一文中提及此事说："1923年，昆明有一个陈伯芳，家里收藏一部钱南园手写的《钱氏族谱》，待价而沽，已将售往外地。这时赵樾村任馆长，认为这是云南文物瑰宝，托人向陈氏收购，殊陈氏开初否认有此书，对证之下，又拒绝出售，而一时传说纷纭，说此书已带出省境，报纸上也有人批评陈伯芳不应该食重利而把本省的文物出去；为陈氏辩护的则说成是赵樾村假公济私，欲攫为己有；后来由赵氏向唐继尧请求拨得一笔款（大约是三百元）交付陈氏，收购此书归图书馆，才算了结此事。"① 由此可知唐继尧对于赵藩还是有求必应的。而对于建祠这样维系世道人心的事情，当道更愿意满足绅耆的善举。1926年5月，赵藩联合其他绅耆陈价、熊廷权、徐斯赵、袁嘉谷、蒋松华及学生方树梅、华世尧、何秉智等筹建景贤祠，崇祀历代滇贤，以"维系治道人心"。为此撰文上呈省公署，很快就得函复准通令遵办。并令内务司将景贤祠一并列入祀典。

---

① 于乃义. 云南图书馆三十年见闻录［M］//中国人民政治协商会议云南省委员会文史资料研究委员会. 云南文史资料选辑：第7辑. 昆明：云南人民出版社，1965：205.

三、第三种类型：对政治保持一贯兴趣，继续从政

第三种类型，从事于政界的绅耆，地位与前此未有太大变化，但有的绅耆逐渐对唐继尧产生不满，开始离异唐氏，最后在"二·六"政变中离他而去。比如周钟岳、由云龙二人就开始与唐产生隔阂。

周钟岳是唐继尧非常信任之人。在顾品珍驱逐唐继尧之后，周钟岳虽在赵藩的劝说下暂时担任省长，但四月后，就辞职归乡，其对唐继尧可谓情谊深厚。唐继尧重掌滇政，便迭电催周氏进省，委其为云南盐运使兼枢密厅厅长。关于盐运使一职，一直以来唐氏都仅委其信任之人担任，因食盐税收向来是滇省财政收入的大宗，唐氏对周信任之程度毫未减低，对周氏在唐顾之争中始终站在自己一边的表现深表感激。周氏抵省垣当天，唐继尧率全体军政各机关长官出城相迎，其场面甚为隆重，可知唐氏对周的礼遇之厚。唐继尧回滇以联省自治之名行攻城略地之实，唐氏表面上为了实现省治，成立法制委员会，改组省政府，并委周钟岳为会长，草定会章和修正省政府组织大纲，但并没有多少改变。周氏原来对于制定省宪持反对态度，后来看到北方吴佩孚对南方的联省自治极端反对之后，就积极敦劝唐氏制定省宪，但唐继尧本意并不想在滇省实行自治，只不过是打着自治的旗号与北方立异罢了，所以对周氏的建议没有采纳。周氏从此心里留下了障碍。之后，又在唐继虞一事上，唐继尧再次深闭固拒，一意孤行，周氏虽表面上没有表露不满，但心里显然已存芥蒂，不久因小恙辞职，唐氏答应给假，并亲到周氏寓所探病。再次请周氏出任代理省长，而自己则出征北伐，其实，是想挽回二人感情。但周钟岳不肯担任，建议唐氏设立政务委员会及军事委员会，分任军民两政，共同负责，实际上是希望唐氏放弃独裁，将省政府改组为委员制，但唐氏以"委员会恐无人负责，届时再商可也"为辞，再次拒绝周氏建议。所以，周氏病愈后，仍然坚请辞职。

适逢北方政局再次发生变化，段祺瑞在冯玉祥的支持下入京执政，召集善后会议，唐继尧见周氏辞意坚决，便委任他和徐之琛、马骢、李华英四人至北京出席善后会议。从北京回来后，周氏本不拟再入政坛，在唐继尧的一再敦聘下，勉强出任内务司长一职，乃于1926年1月接内务司事兼财务处总办。一年后便发生四镇守使倒唐事件，周氏在关键的时刻选择了前者。

由云龙与周钟岳两人同是唐继尧最信赖之人。唐氏视二人为左臂右臂，每

当周氏不在时，由氏便充当周氏的角色。如1914年周氏入京，由氏便接任其秘书一职。1923年时，周氏以小恙辞职，其枢密厅长一职以由云龙代之。由氏之前为实业司长，此时而兼任两职。不过，同周氏一样，由氏与唐氏的关系也逐渐不妙。

由云龙则在对待国民军态度上与唐不协。广东国民军开始北伐之后，唐继尧采取联合北方吴佩孚和孙传芳的策略，由云龙进言唐继尧，要唐氏与国民军合作，而唐氏不但没有采纳其意见，而且还因此而冷落由氏，致使由氏旬日都未曾晋谒唐继尧。由云龙心里非常愤恼，遂致信唐继尧，历数十余年来帮助唐氏的种种功绩，最后忠告唐氏善待僚旧，信如是说："往事已矣，前事之不忘后事之师也；愿公大澈（彻）大悟，以诚心待僚旧，以钜眼观时局，惩既往而悉将来，庶几全令名于始终，否则同舟皆敌，后患不堪设想矣！某退志早萌，何所于求，何所希冀，顾念十余年交谊为此最后忠告之一言，伏惟千万珍重。"①从此信可以看出，由氏与唐继尧的关系已经发生很大的变化。这成为"二·六"政变时由氏弃唐而去的伏线。

四、第四种类型：热衷于地方公益和慈善事业

热衷于地方公益和慈善事业的绅耆以顾视高、陈钧较为突出。

顾氏本对议会政治极感兴趣，但自从1913年入都参与国会，议员身份受到质疑后，加之目睹党争剧烈的情况而绝意于政治，回滇以后一直从事于社会公益事业。秦光玉总结顾视高一身的事迹时说："生平任职甚多，成绩亦甚夥，而效忠议会，尽力社会，尤为一生之特长。"说其早年热衷议会，晚年趋重于社会公益事业和慈善事业。"如赞助求实学校，续成《昆明县志》，以及历任东川矿业、个旧锡务、明良煤矿、耀龙电气公司董监。慈善事业如任华洋义赈华董兼斯库，暨云南慈善会董监等职。癸亥秋，附郭霜灾荐饥，创民食救济会，设粥厂，躬亲巡视施济。己巳年（1929）火药爆发灾，设赈灾会，详察灾情，瘗死救伤，日夜不息。而慈善会常年冬赈，每约省中耆老，预备巨资，备粟廉粜，并自购米布施，历数十年如一日。"②

---

① 由云龙. 至唐蓂赓督军书［M］//定庵文存：卷四，民国二十一年铅印本，1932：11.
② 秦光玉. 顾仰山［M］//民国云南通志馆. 续云南通志长编：第八十一卷 人物. 昆明：云南省志编纂委员会办公室，1985：818.

在公益事业方面，绅耆一向与省议会有所合作，如1925年，大理发生罕见的大地震，伤亡惨重，省议会首先发起"大理等属震灾筹赈事务所"。办事人员网罗了军界、商界、政界、绅界各名流，顾视高就被选为名誉总理。

陈钧入民国后，曾任内务司长，但时间并不长。之后，先后任个碧铁路公司总理、个旧锡务公司总理，办理均卓有成绩，深得时人的好评。陈于1914年改任个碧铁路公司总理。该公司成立于1912年，属于官商合办性质，资金一部分由原来的滇蜀铁路公司剩余股款提供，一部分由个旧的锡矿商人出资。云南个旧有着丰富的锡矿资源，以往锡矿商都是用肩挑马驮的方式运出去，严重阻碍了个旧锡矿的发展。个锡矿商也极欲修一条铁路能与滇越铁路相接，方便运输，所以筹款还算踊跃。该公司最开始议修个旧至碧色寨一段，和那里的滇越铁路相接，全段共长73公里，预计筹款200万两，限期两年。在200万两的修筑费中，原计划由滇蜀铁路路款拨100万两，但因滇蜀铁路公司股款流失严重，收回亦难，仅拨出50万两给个碧铁路公司。修筑费室碍难得，加之官商之间意见分歧，造成开办数年未能开工。陈钧到任以后，遂决定将原来官商合办改为商办，"又以前议由法国滇越铁路公司承办为非宜，乃自延工程师以勘路线，调用本省铁道学生，以资练习。创设个碧铁路银行，以保股本，便路工。……十五年间，由碧而蒙而个而临，次第通车，惟临、屏一段未告成耳"①。在担任个碧铁路公司总理期间，于1922年任个旧锡务公司总理，办理效果同样很显著。"会欧战后，锡业衰落，公司大窘，所有基金，早用以购机器、建厂屋，无余存者，且亏欠富滇、汇理两银行及滇蜀铁路公司之款达二百余万元，岁用苦不支，乃与两银行反复磋商，旧债分期摊还，并分为停息、付息两种。又向汇理新借银20万元，向富滇新借银四五十万元。又将欠滇蜀公司之款，概变作股本。议既定，乃极力扩充尖子，整顿内部，未三年，恢复省、港、碧各分部，兼营洋沙汇兑，其业遂大兴，获利五百余万元。除支付新旧股息及债项外，尚有流动基金二百余万元。佥谓非先生热心毅力不及此。"② 而且陈钧运用自身的政治影

---

① 陈荣昌. 陈鹤亭先生墓表［M］//方树梅. 续滇南碑传集校补. 云南省社会科学院文献研究所，云南省地方志编纂委员会办公室，校补. 昆明：云南民族出版社，1993：111－112.

② 陈荣昌. 陈鹤亭先生墓表［M］//方树梅. 续滇南碑传集校补. 云南省社会科学院文献研究所，云南省地方志编纂委员会办公室，校补. 昆明：云南民族出版社，1993：112.

响力，多少成为锡矿商人的利益代言人。例如唐继尧因常年征兵，为了应付庞大的军费开支，滥发纸币和强征商人是其惯技，最终引起金融恐慌，经济异常混乱，为了筹救济之法，唐继尧征集省中各要人召开金融会议，陈钧也是其中之一。为了维护锡矿商的利益，陈均对于省府向锡矿商所征收的繁重的锡税公债表示不满，并提出减低的要求，后来经会议讨论，将锡税公债每锡一张剪去50元，无疑在一定程度上减轻了锡矿商人的负担。①

不仅如此，陈钧还关心故乡公益事业。1923年，回石屏探亲，劝石屏富商李茂兴等捐巨款，倡设中学，置田租百余石。石屏人感念陈钧的善举，特建一楼，悬其照片，颜之曰"企鹤楼"②。

五、第五种类型：教育界中影响有余力，后进渐崛起

第五种类型，服务于教育界的绅耆虽依然有一定影响力，但新派后进已经逐渐崛起。例如，钱用中和秦光玉清末以来就一直处于执云南教育界之牛耳的地位。但二人在20世纪20年代末也逐渐退出教育界，秦光玉在赵藩死后，被任命为图书馆馆长，把精力用于整理丛书和著述上，钱用中也差不多在这一时期退出教育界，转而从事著述。而1920年代，新进如董泽和龚自知等已逐渐崛起。

董泽（1888—1972），字雨苍，清末入云南农业学校，1907年18岁考取留日公费生，入东京同门书院，即肆力于英语、日语。在日本加入同盟会，辛亥革命后回滇，被都督蔡锷委为秘书。1912年成为云南首批留美学生，入美国哥伦比亚大学，攻政治、经济、教育，这时年仅23岁。此后除了护国运动期间在香港做短期逗留，为云南驻香港联络员外，就一直在美攻读，直到1920年获得教育学硕士学位才回国。回滇后便怂恿唐继尧办大学。唐氏此时正大唱废督裁兵，也想做出发展教育的姿态，遂愿意出钱办私立大学，委王九龄和董泽筹划一切。未几，顾品珍回滇倒唐，事遂中辍，董泽与唐继尧一同前往香港。在香港时，唐继尧把妹妹嫁与董泽，董成为唐的妹夫。唐氏回滇重掌政权，特别重

---

① 周钟岳．惺庵回顾录三编［M］//中国人民政治协商会议云南省委员会文史资料研究委员会．云南文史资料选辑：第6辑．昆明：云南人民出版社，1962：189．
② 陈荣昌．陈鹤亭先生墓表［M］//方树梅．续滇南碑传集校补．云南省社会科学院文献研究所，云南省地方志编纂委员会办公室，校补．昆明：云南民族出版社，1993：112．

用董泽，不仅全力支持其创办大学，而且又委其为教育厅厅长兼交通厅厅长。董泽创办大学时，曾遭到教育界老辈秦光玉、钱用中、李华的反对，对此，董氏后来回忆说："在云南办大学，事属创始，自然会引起一些人的怀疑与反对，他们的论调主要有两点：一是认为云南教育经费非常支绌，小学教育尚未普及，中学教育尚未办好，还办什么大学？抱着消极反对态度，弄得我们开始筹备时连一个筹备地点都难找到。这一派人以在教育界资格较老的宿儒秦光玉、钱用中、李华等为代表。其次是认为云南财力贫乏、军费开支还感到困难，那有钱办大学，即使勉强兴办，也找不到适当的师资，难培养很好的人才，也同样采取消极反对的态度；这派人以自命为财政界的老手和专家的徐保全、缪嘉寿、吴石生等为代表。"① 但由于有唐继尧的鼎力支持，东陆大学还是得以成立。东陆大学成立后，董泽为校长，因其自身为美国留学生，所以在聘请东大老师时，也多采用欧美留学生，老辈入校讲学的仅袁嘉谷一位。在董泽当任教育司长时，因得唐继尧的支持，云南教育经费颇为充裕。对于此，旅滇外人都能看在眼里："董君为留美学生，头脑亦形新锐，兼任交通司长及东陆大学校长，以系唐省长妹倩，故办事甚得手，不似他省教育司均属冷衙门，司长与教育界时作楚囚对泣状也。"② 董泽因为唐继尧的器重，加上自身的优势成为唐继尧统治云南后期教育界的新宠。但董泽掌教育司的时间并不长，唐继尧垮台后，龙云执政，政权更迭，教育司长司长一职自然也保不住。1930年龙云复有将私立东陆大学改为公立之议，董泽在担任了七年东大校长后，于此时辞职。

与董泽相反的是，龚自知是在龙云执政后，因与龙云有同乡之谊而成为教育界的新掌门人。不过，在这之前，龚也逐渐脱颖而出。龚自知（1894—1967），字仲钧，昭通大关人，民国初年在北京大学文科肄业。龚自知1917年毕业于北大，当时还是初出茅庐的后进，受北京新文化运动的影响，拟在云南办一份象《新青年》一样介绍新思想的杂志。回滇后，与比他先回滇的校友袁丕钧商量。袁丕钧（1894—1924），字百举，清末入云南高等学堂肄业，后又考入北京高等师范学校，民国二年北京高师改为北京大学文科，袁丕钧继续在此肄业。袁丕钧是袁嘉谷的侄子，幼承庭训，加上天资聪颖，在同辈人中属于较

---

① 董雨苍. 东陆大学创办记［M］//中国人民政治协商会议云南省委员会文史资料研究委员会. 云南文史资料选辑：第7辑. 昆明：云南人民出版社，1965：3.
② 谢彬. 云南游记［M］//上海：中华书局，1338：67.

优异者，很得袁嘉谷的喜爱。在北京大学肄业时又师从于黄侃、陈黻宸、朱希祖等人，学业大进。袁丕钧个性颇为狂傲，自视甚高。1916年毕业回滇，被省立师范学校延为教师。与北京大学活跃的思想氛围相比，滇省风气显然要落后很多，对此，袁丕钧深有体会，在后来曾有所表露："于时滇中老辈言学务者多仍在昔科举之习，数以吾之所学告诸同志，则罕有能共喻者，知学问之道不可以以口舌争，故数年以来屈身降志，专以根柢之学为诸乡人倡。"① 其实，袁丕钧能以一个刚毕业的后生，进入省垣师范学校教授国文，对于受老辈把持的教育界是属异数了，当时回滇的龚自知就感慨道："民国初年，昆明中等学校的语文教席向来是所谓老师宿儒的专利品，末学后进是很少有条件问津的。缪尔纾、袁丕钧都由学校出身，能担任国文教席，这是老前辈们认为他们学有根柢，另眼相看，像我这样毛头小子是不敢存心幸进的。"② 没有任何背景、旧学功底又不深厚的龚自知甚至失业而生活窘迫。袁丕钧本极有优势，可惜英年早逝，连章太炎都感叹道："滇学生袁丕钧学可望成，短命实可惜。"③

龚自知和袁丕钧本想通过办杂志来改变滇中风气，但没想到的是，他们于1917年办的《尚志》杂志却成为老辈们登载旧学文章的刊物。为了筹集资金，龚自知找到掌有全省教育之权的省署教育科长钱用中。钱表示支持龚自知的想法，遂介绍他去见政务厅长由云龙。龚自知为了得到由的支持，在向由介绍想法时，只强调说杂志是为了搜罗地方掌故，提倡文史讲习。由氏听后，很乐意资助。龚自知和袁丕钧两位新进得到老辈的资助和首肯后，立即着手进行，于1917年9月在三迤总会开成立大会。是日，选举社长副社长各职员，结果由云龙得票最多，被选为社长，秦光玉则被选为副社长，钱用中被选为该社学校部长。发起该社的龚自知则被选为出版部长，袁丕钧为演讲部长。适逢章太炎奉护法军政府派遣亲自赍送元帅印给唐继尧而至滇，龚自知特地拜访章氏，请其为杂志题名，章遂为其命名为"尚志"，开成立会当天，龚自知建议推举章太炎为名誉社长，获全场拍掌赞成。

---

① 补志袁伯举君在国会议员恳亲会之演说词 [N]. 义声报，1920 – 09 – 18.
② 龚自知. 五四运动在云南报刊的反应和对文体的影响 [M] //中国人民政治协商会议云南省委员会文史资料研究委员会. 云南文史资料选辑：第7辑. 昆明：云南人民出版社，1965：182.
③ 李根源. 雪生年录 [M] //沈云龙. 近代中国史料丛刊：第二辑，台北：文海出版社，1966：123.

《尚志》杂志从1917年11月发刊，属月刊，至1922年3月止，共出刊3卷26期。该刊"以研究学术、扶翼文教、提倡道德、促进社会为宗旨"。其实所登载的多是老辈的文章。袁嘉谷、陈度、由云龙、陈荣昌、钱用中、秦光玉等的文章经常登载于《尚志》杂志中。袁嘉谷考究滇南历史掌故的著作《滇稡》从第一卷第二号开始一直登到第二卷第一号为止，占去了杂志的主要篇幅。龚自知后来回忆道："头一年的杂志，除了夏光南和我经常写点发挥新意的文章外，稿源内容，大多介绍有关整理国故、地方掌故、唯心哲学和一些诗文杂稿。"① 其实就是第二卷以后也没有改变这种情况，仍然以刊登文史掌故方面的文章为主。而龚自知所说发挥新意的文章主要是表述达尔文、赫胥黎的进化论的文章，也并不像《新青年》的文章那样充满着火药味。所以，龚自知对杂志渐渐失去兴趣，于1919年脱离了学社。1920年，龚自知在滇与邓泰中、杨蓁等人办过《民觉日报》，常常登载一些反对唐继尧的文章，遭唐氏查封。1922年，唐继尧唱联省自治，在昆明成立市政公所，委张维翰为市政督办。张氏与龚自知同为昭通大关人，遂聘龚自知为教育课课长。自此以后，龚自知逐渐在教育界脱颖而出，在龙云政权下，更成为显要人物，任省政府委员兼教育厅厅长，成为云南省教育界的掌门人。

第二节　绅耆与1927年云南政局

1927年的一年中云南政局处于混乱之中，先是有四镇守使逼唐继尧改革内政的"二·六"政变，从而结束了唐继尧执政云南16年的历史。刚稳定四个月，又因为胡若愚、龙云、张汝骥等人权力分配不均导致再次混战，发生胡、张联合驱龙的"六·一四"政变，之后又有贵州周西成军入侵云南的战争。在云南政权更迭的过程中，部分绅耆因唐继尧的垮台而受到冲击，部分绅耆则采取冷观静候的态度，部分绅耆则再一次精明地选择了与龙云合作，继续在政界扮演重要角色。

---

① 龚自知.五四运动在云南报刊的反应和对文体的影响[M]//中国人民政治协商会议云南省委员会文史资料研究委员会.云南文史资料选辑：第7辑.昆明：云南人民出版社，1965：176.

周钟岳和由云龙一直是唐继尧的股肱，但在"二·六"政变中，却背弃了唐而选择与四镇守使合作，并在新政府中又被选为政府委员之一，多少让人产生见风使舵之感，与前之顾品珍倒唐的情形迥然不同。在顾倒唐之时，由云龙跟随唐继尧出省，而周钟岳虽在乃师赵藩的劝勉下没有即时辞职，但也在担任四个月的省长后就辞职回到家乡剑川了。其实，在唐继尧回滇之后，二人与唐继尧之间便在一系列问题上产生分歧，感情逐渐有了裂缝，因此二人在关键时刻弃唐而去。

1927年2月5日夜，四镇守使胡若愚、龙云、张汝骥、李选廷因不满于唐继尧的统治，联合发电，以新年索饷为名，要唐继尧发清欠饷，并提出驱逐乃弟唐继虞和左右宵小陈维庚等条件，在省垣附近集结重兵，以示要挟，从而上演了"二·六"政变。其中对于唐继尧重用乃弟唐继虞，早已引起各方公愤，赵藩早在1925年就进言唐继尧要其远佞亲贤，可是唐继尧刚愎自用，未能采纳。周钟岳对唐继尧重用乃弟也曾提出异议。当时唐继尧拟派乃弟拥刘显世回贵，再由贵州入广西，相商于周氏，周氏认为："此次出师，意在防敌，然亦不能不存相机收抚之心。若以夔赓统兵，势必阻其归向。且军队非其素练，将来亦恐指挥不灵。"① 但唐继尧以其弟坚持要统兵出师而没有采纳周氏建议，于1923年委任乃弟为东南巡宣使名义出师。之后，当唐继虞和张汝骥拥刘显世回贵，袁祖铭大败而逃，刘显世以联帅副司令名义兼贵州省长，而以唐继虞为军事善后督办。唐继虞因此而野心渐涨，进一步觊觎贵州省长之职，刘显世也因黔省财政困难，无力维持，以病辞职，推唐继虞兼摄省长。对此，周钟岳再次进言唐继尧要其阻止，认为："滇军入黔，宣言不干涉内政，今兼省长，未免食言。黔省财政艰难，如周以本省人，较易筹措。今以夔赓身当其责，易丛民怨。且既任军政，又兼民政，大权独揽，尤易启敌党以攻击之资。此种办法，有百害而无一利。不如仍慰留如周，毅力担任。"② 唐继尧表面听从周氏之进言，发电乃弟，但唐继虞一意孤行，就任贵州省长，唐继尧也不置可否，表示默认。依周氏的性格，自然不会对唐继尧的深闭固拒、不纳忠言有什么公开的表示，

---

① 周钟岳. 惺庵回顾录（三）[M]//中国人民政治协商会议云南省委员会文史资料研究委员会. 云南文史资料选辑：第6辑. 昆明：云南人民出版社，1962：176.
② 周钟岳. 惺庵回顾录（三）[M]//中国人民政治协商会议云南省委员会文史资料研究委员会. 云南文史资料选辑：第6辑. 昆明：云南人民出版社，1962：177.

但从后来的表现看，显然对唐氏多少亦产生了想法。

四镇守使实行兵谏，向唐继尧所提条件只有发清欠饷，驱逐唐继虞、陈维庚两人，数日后复提出数项条件：一为以后滇省财政完全公开，一为斥黜左右宵小，一为查办贪官污吏，慎选人才，以长民政，一为容纳省议会议案，一为与国民党联合，一为抵绝北方代表。唐继尧初颇犹豫，派王九龄、马骢、萧瑞麟前往北校场晤龙云，派周钟岳赴蒙自晤胡若愚，想寻求转圜。据周氏回忆录中所言，他开始对此事毫不知情，2月5日夜接到省署电话催其入署，进署才知四镇守使异动逼饷之事。开始周氏准备到蒙自与胡若愚接洽，但后来知道四镇守使进一步提出要唐继尧改革政治等要求后，便改变主意，认为"彼意既无可转圜，去亦无益"，仅仅是发电表达唐继尧的意见。可见，周钟岳对四镇守使的改革要求无疑是赞同的。

唐继尧见大势已去，一方面把乃弟唐继虞和部下陈维庚遣送出省，一方面则同意改革政治，遂派王九龄、马骢、萧石斋、李达夫等人至四镇守使各军聚集地宜良往返磋商，制定出省政府改组大纲。大纲规定采用委员制，遂于3月5日由教育会、商会、省农会、省议会、律师公会等法团，合派代表28人，在省议会开票选举。选举结果省务委员九名，分别为：胡若愚、龙云、张汝骥、李选廷、马骢、王九龄、王人文、张耀曾、周钟岳，候补省务委员五人分别为：由云龙、熊廷权、陈钧、丁兆冠、胡瑛。又选出监察院委员：顾视高、彭嘉猷、杨士敏、吴锡忠、尹守善五人，候补委员：赵钟奇、钱用中、张士麟三人。后来所选省务委员王人文、张耀曾以远在北京因故未能入滇为由相拒绝，分别以补入。从这个委员会的名单中看出，除了军人外，便是省中的著名绅耆，可知滇省政权更迭的过程中，绅耆仍发挥着影响力。此次改革由独裁制改为了合议制，绅耆得更多地参与政权。而其中周钟岳则更为四镇守使所倚重。3月8日，省政府正式成立，各省务委员宣布就职。众人推周钟岳草拟《云南省政府大政方针宣言》，就内政、外交等十方面，作为未来改革省政的指南。由周氏所拟定的方针一方面表示"始终与国民政府通力合作"，否认国民政府的领导地位，继承唐继尧的衣钵，坚持云南的自主状态；对于在中国的共产主义运动则竭力反对。①

然而在政权更迭中必定是要有牺牲者的，四镇守使曾通电要求唐继尧查办

---

① 谢本书，冯祖贻. 西南军阀史（二）[M]. 贵阳：贵州人民出版社，1994：349.

左右宵小及贪官污吏，所开名单包括：训练总监唐继虞，腾冲镇守使陈维庚，市政督办张维翰，前禁烟局李鸿纶，前省署秘书长白之瀚，锡务公司总经理吴琨，教育司长、交通司长、东陆大学校长董泽，外交财政司长徐之琛，盐运使袁嘉谷，实业司长、省署枢要处处长由云龙，禁烟公所会办朱文开、大理副使李秉阳，军械局长曾鹤章，盐务督销局坐办朱楠等20余人。要求唐氏查封诸人家产，以作发饷就赈之用。这个名单包括了大部分唐氏政权的高官，打击面颇大。但唐氏表示："对于各军所请惩办贪官一事，除业经省议会弹劾者，允予发交法庭审讯，依法究办外，其余未经弹劾诸人，应由要求者广为搜罗其营私枉法证据，俟提出时立交法庭惩办。"① 其中只有朱楠、吴琨、李鸿纶曾被省议会弹劾，唐氏遂将朱楠、吴琨、李鸿纶三人分别停职，令发高等检察厅，转发昆明地方检察厅依法讯办。其中吴琨还是因侵蚀滇蜀铁路公司股款一案的瓜葛而翻船落水。早在民初，吴琨就因此事遭到省议会的弹劾，但因唐氏的庇护而得以逍遥法外，而此时唐氏自身难保，自然也无法再为其开脱。据报纸报道吴琨于"二月十八号已被拘至省署，无人担保，乃出资二万元准在家待命，住所周围均有密探暗查，已不得擅动一步"。对于其余未被省议会弹劾的高官，"须俟特别会议开后，另组特别法庭审讯究办，今已在家受禁"②。吴琨是因此次政治风波而销声匿迹，家业被查封，成了政权更迭的牺牲品。袁嘉谷、由云龙虽也在应惩办的名单里面，不过最后没有受到牵连。其实，四镇守使虽开列了许多人，只是雷声大，雨点小，最后也只是吴琨、朱楠、李鸿纶三人受到冲击。由云龙甚至被选为常务委员，袁嘉谷在龙云执政后也被聘为政府高等顾问。

还有更多的绅耆对此次政权更迭没有任何表示，例如，赵藩除了在唐继尧死后对负责治丧的周钟岳略有吩咐之外③，不做更多表示。毕竟此次政权更迭并没有发生扰乱乡里的流血事件，更何况绅耆对唐继尧的统治早已寒心。所以在唐继尧尸骨未寒之际，外间就讽刺他"有筑郿坞之藏，而不市冯谖之义"，说明其早已是众叛亲离。

---

① 云南政变后之杂讯 [N]. 申报，1927 – 03 – 08.
② 云南政变后之杂讯 [N]. 申报，1927 – 03 – 08.
③ 赵藩. 赵藩遗稿·赵藩对周钟岳的吩咐是："鄙意趁此初丧，亟宜商之志舟诸公，速为清理唐氏司计内外伊谁？分别查明数目，畀其嗣子治丧，而后储以治生，皆宜综核，且亦可以为之一湔浮议。"[M]//中国人民政治协商会议云南省委员会文史资料研究委员会. 云南文史资料选辑：第15辑，昆明：云南人民出版社，1981：205.

唐继尧于1927年5月23日忧郁愤懑而死,然而就在他死后不久,云南政局又形纷扰。胡若愚、龙云因分权不均发生冲突。在胡、张与龙的混战中,周钟岳、由云龙、王九龄充当了居间调停的角色。

胡若愚依靠资历较深,首任省务委员会主席兼军政厅长,而龙云在政变中首先发难,只得到省务委员兼云南讲武学堂监之职,张汝骥在政变中为配角,也是省务委员兼参政厅长。龙云对此心存不满。虽然在权力分配上有被边缘化之势,但龙在军事力量上却强于胡张二人。唐继尧既死,"群龙无首",镇守使们各有野心,互争政权,过去"倒唐"的那种合作关系不复存在,诉诸武力决定雌雄,已在帷幄运筹之中。胡、张对龙的专横跋扈,自恃功高,早已不满。于是,胡、张二人联合唐继尧旧部翊卫部师长王洁修共同讨伐龙云,于6月14日夜炮轰龙云住宅。龙云全无防备,并被炮弹弹片打伤了一只眼睛,无奈之下只有出宅受降,并致函法日领事,代为调停,保其生命财产安全。龙云成了俘虏,被囚禁在五华山军械局内。周钟岳此时还在病院,听到隆隆的枪炮声,急忙回寓所向由云龙询问究竟,由云龙亦不明就里。等把情况弄清楚后,二人连忙充当调人,这时胡若愚、张汝骥也托由云龙与法领事到五华山龙宅商量办法。经法领事调停,决定送龙云出省,龙云怕胡、张反悔,致函周钟岳"请代缓解",周对"胡、张、李等言,志舟(龙云)不宜久羁,宜令回寓或出省,以全交谊"①。但胡、张考虑到龙云所部卢汉、高荫槐和朱旭等在事变发生时都相继率部逃窜,毛发未损,怕放出龙云后患无穷,仍想以龙云为人质。因是之故,没有采纳周氏的建议。

大出胡、张意料之外的是,龙云所部虽群龙无首,但也并未作鸟兽散,而是集结兵力打回昆明,并与回滇治丧的唐继尧之弟唐继虞的部下唐继麟、欧阳好谦、俞沛英从迤西联合大举进犯昆明。卢汉、朱旭、孟坤很快便打到昆明城下,胡张二人如临大敌,在省城设防备战,打算凭城作战,昆明市民人心惶惶。7月20日,昆明市民举行罢市运动,抗议胡张的凭城作战计划。这时周钟岳也与由云龙、王九龄、马骢等人联合发电,希望双方都罢战息争,整编军队北伐,不要贻害桑梓。电文说:

---

① 周钟岳. 惺庵回顾录(三)[M]//中国人民政治协商会议云南省委员会文史资料研究委员会. 云南文史资料选辑:第6辑. 昆明:云南人民出版社,1962:194.

吾滇以边远贫瘠之区，用兵历十余年，出征达六七省，悉索敝赋，力竭声嘶，然犹曰为国家存亡，大局安危所关，不得不尔，我滇人虽茹苦含辛，亦义在则然也。本年二月六日之改革，唐先总裁顾念地方，凡所请求，靡不容纳，故虽政局一新，而境内晏然，我滇人既显应时势之潮流，尤隐爱和平之幸福，不图复有六月十四日之事，然犹曰事发仓卒，误会滋多，将谋后来之安全，不能不图积极之补救，乃两旬以来，祥云一役，彼此死者闻已逾千，近者禄丰一战，亦闻双方损失不下数百，加以纷集匪徒，且战且掠，人民之直接间接受蹂躏伤亡者且不知其孰，人民皆吾亲族故旧也，士兵皆吾乡里子弟也，子弹武器，皆吾滇人之血汗脂膏所换得也。不为国家牺牲，而乃为局部消耗，岂不可悯可惜，钟岳等受群众之公推，备员政府，尽焉心伤，前者节经过建议，思欲徐为补救之计，今则事急情迫矣，爰本良心责备，共作正谊之主张，应请双方立刻停止军事行动，听候推出大员，分别收集改编，率之北伐，其他已受招安之匪，或有不受约束，仍行抢劫，或有阳受招安之名，阴行劫掠之实者，仍以匪论，应即立派精锐之兵，分头痛剿，以杜后患而安地方，此外应行处理事项，亦由两面派员回首实行，夫吾滇军皆曾受相当教育，夙明大义，爱乡爱国，岂后于人，具此堂堂之身躯，挟此精利之器械，若出而为国民革命之先驱，前途发展光荣，宁可限量耶。钟岳等责任关系既无可诿谢，桑梓安危尤不敢坐视，所堪自信者，素无党派之见存，更无权利之思想，只本此爱地方护人民寸心，以与众共见，除正式函陈省务委员会议决实施外，特此通布各界，一致援助，俾克早日实行，全滇幸甚，劝告无效，仍复一意孤行，则是有心糜烂地方，责有攸归，当候民众之裁判，钟岳等惟有即日引退，不敢尸位，希共鉴之。①

这时，驻省团长张冲叛离胡若愚，率部到富民，宣布与龙军合作，反对胡、张。胡、张处境不妙，无奈之下带领龙云弃城东行，昆明城得以免遭战火蹂躏。胡若愚离开时，将政府印及省务委员会主席公章遣人送交给周钟岳，并托付三事后便率部出城而去。老将胡瑛带领龙云所部于7月25日进驻昆明。胡若愚部

---

① 周钟岳. 惺庵回顾录（三）[M]//中国人民政治协商会议云南省委员会文史资料研究委员会. 云南文史资料选辑：第6辑. 昆明：云南人民出版社，1962：195.

行至昆明城东20公里的大板桥时，惧怕龙部追来，便放走龙云，并与龙云订立"板桥协议"，表示所部将参加北伐，要龙云接济外出部队的饷弹和兵源补充。龙云回到昆明后，接任胡若愚的省务委员会主席职务，并保证省城的居民和财产安全。① 于是龙云于8月13日重上五华山，省务委员会推龙云为代理主席，主持滇政。胡若愚与张汝骥则率部逃往滇东，不久又与贵州督军周西成联合进犯昆明。

在龙云与胡若愚、张汝骥二人的混战中，赵藩为保护文献而避难图书馆，对于武人争权已不甚关心。1927年7月底，龙云所部兵临昆明城下，胡若愚积极备战，准备凭城作战，昆明百姓风声鹤唳，昆明城很可能惨遭兵燹。当弟子周钟岳联合由云龙发电呼吁双方停战时，赵藩担心的却是战火将所编图书毁掉，为此，把家里未编完的滇诗文丛稿移到图书馆中避难。此时图书馆其他人员都已逃散，只有方树梅依然在馆办事，赵藩写诗赠方树梅加以称赞，诗云："住琅嬛地亦前因，君我都为世弃身。喜玩庭花新沐雨，渐看檐雀下亲人。谀闻过耳难为学，生意盈怀总是春。抱残守缺应有事，天公不易与清贫。"② 方树梅对于乃师辑刻云南丛书的苦心有很深的感触，赋诗云："龙池管领十余霜，金碧英灵事表章（师任图书馆长兼云南丛书处编纂）。断壁残珪三过目，兵分寇焰九回肠。鬻书砚滴荷花露，沦茗铲添柏子香（师茶铲喜烧柏子）。历代乡贤心血寄，忘忧编校乐徜徉。"③ 由此可见，在赵藩心目中，丛书已经比任何事都更重要了。一个月后，赵藩便与世长辞了，临终时都还惦记着未完成的丛书，交待清楚才算安心，对乡邦文献可谓鞠躬尽瘁死而后已！

当胡若愚、张汝骥逃窜滇东之后，昆明人都以为混乱的政局将告终了，可胡张并不肯善罢甘休。逃窜途中一路招兵买马，扩充军队，准备打回昆明，一面电请贵州省主席周西成、四川省主席刘文辉支援。而周、刘早已有控制云南、问鼎中原之意。双方一拍即合，针芥相和。8月18日，周西成派遣黔军，分兵三路向云南进军。9月上旬，右路进抵宣威，中路进抵平彝（今富源），左路进抵罗平、师宗，进而到陆良，威胁昆明安全。龙云则派出所部孟坤、朱旭、卢

---

① 谢本书. 龙云传 [M]. 成都：四川民族出版社，1988：69.
② 方树梅. 臞仙年录 [J]. 云南文史丛刊，1993 (3)：96.
③ 方树梅. 六月下旬，介庵师携滇诗文丛稿至翠湖图书馆避乱，新戏侍坐有作 [M] // 罗山楼诗集：卷四，1944年铅印本，1944：5.

汉、张凤春、张冲各师，以胡瑛为前敌总指挥，追剿胡张各部及抵拒周西平的入侵。从9月初开始，双方便在滇东北一带激战，使那里的民众遭受战火的蹂躏。滇西唐继虞见昆明防务空虚，也大举东进，在昆明西郊马街子扎营，屡屡向昆明发动进攻，云南全省沉浸在一片炮火声中。面对外省入侵，内则祸起阋墙，同室操戈，贻害桑梓，各方人士或以个人名义，或以团体名义纷纷发出通电要求各方息争，例如，各法团组成的各团体联合会、云南总商会、迤南民众保安会，以及主要由绅耆组成的云南各界联合会，一面呼吁贵州周西成制止黔军入滇，一面呼吁胡张停战息争，勿祸害桑梓。不过，各界的反对并没有使混战停下来，双方的争战持续了三年之久，最后以龙云取得胜利而告终。

第三节 1930年代绅耆的凋零

1930年代以后，绅耆逐渐退出人们的视线，有的早已在20世纪20年代时物故，如王玉麟、倪惟钦、施有奎、赵藩、严天骏、施汝钦等，而1930年代又相继有绅耆老死，先后谢世的有：席聘臣（1930）、陈钧（1931）、李文治（1932）、李增（1933）、蒋谷（1933）、陈荣昌（1935）、陈价（1937）、袁嘉谷（1937）、吴良桐（1938）、萧瑞麟（1939）、黄德润（具体时间不明）等。由于政治环境的改变，此时在世的绅耆也大多湮没无闻，不过也有少数绅耆依然能保持昔日的影响力。

经过三年的军阀混战，龙云终于在1929年底肃清了云南境内的所有反对势力，成为云南新的统治者。不久，南京国民政府按龙云的提名，发表了云南省政府组织令，委龙云、胡瑛、金汉鼎、张维翰、张邦翰、周钟岳、卢汉、朱旭、张凤春、唐继麟、孙渡、缪嘉铭、龚自知13人组成省政治委员会，龙云为主席。在13名省政府委员中，8人为军人，其余5人分别为民政、财政、建设、教育四厅厅长及省政府秘书长。据学者研究，龙云出身于滇川黔交界地区的彝族家庭，因此他的政权特点是一方面扶植龙、卢、安、陇、陆、禄六大家族为主的彝族家族势力，从而形成以龙云、卢汉、安恩溥、陇体要、陆崇仁、禄国藩六人的"父子兄弟亲友的彝族骨干和依附于他们的非家庭骨干"在内的庞大的彝族集团，使民国时期的云南地方政权党、政、军各系统的重要职务大部分为他们所把持，特别是军队。另一方面则重用这一地区有同乡关系的汉族。如教育厅长龚自知（大关人），民政厅长张维翰（大关人），建设、民政、外交等厅长张邦翰（镇雄人），除此之外，还有因师生、同学等关系和龙、卢搭上关系的人也是龙所重用的对象。①那么在龙云的政权中，绅耆的位置已经很少，仅周钟岳和后来补入委员会的丁兆冠两人，周氏被学者认为是民国时期云南政权中的"不倒翁"，②并且颇能与时俱进。1935年，陪同蒋介石访问昆明的陈布雷评论云南省政府成员说："省中之耆宿如王九龄、周惺甫（钟岳）、易夔举诸人，挹其言论，皆通达时务，洞明学术，虽规模稍狭，然较之在黔之荒寂，自不同矣。"③而在他眼里，丁兆冠则思想稍旧。虽然，在陈布雷眼里，王九龄和易夔举与周钟岳平级，其实，与周钟岳相比，王和易已属较晚辈了。

周钟岳后来也没有就任委员，而愿意以参议顾问之名赞助龙云。据他自己说辞却的原因一是"自民国以来，屡掌记室。操思过度，心血大亏，百病丛生，神经衰弱。……当此国家新建，地方多故之时，必须年富力强，始能奋斗。弟之衰惫，何以堪此？力疾从公，徒滋偾事"。二是"弟生平素持不党主义，故十余年以来，无论何党邀约，皆不参加。今北伐成功，政府既以党治国，凡未挂党籍者，例不能为官。弟深知此时就国，非三民主义不为功，然绝不欲投机以自附于党员之列。既未挂名党籍，当然不能为省府委员。冒昧为之，必遭攻讦"。三是"在滇办学从政，已历二十年，故旧门生，为数太多，一日登台，则求事者蜂拥而至。应则苦于位置，不应则丛为怨府。终日忧劳，徒为人役。人己两失，无过于此"。④周氏向来谨慎，在龙氏取得政权之初，更愿意采取观望态度。但到1937年就愿意出任南京国民政府内政部长一职。1944年年近七旬还任南京国民政府委员兼考试院副院长之职。

这时，绅耆的影响力更凸显于文化方面，绅耆的形象逐渐变为对国学有深厚造诣的耆硕，因此，他们或参与修志或做一些国学方面的讲演。

---

① 潘先林. 民国云南彝族统治集团研究［M］. 昆明：云南大学出版社，1999：109.
② 谢本书. 白族学者兼政治家周钟岳［M］//近代滇史探索. 昆明：云南人民出版社，1987：299.
③ 陈布雷. 陈布雷回忆录［M］. 台北：台湾传记文学出版社1967. 据1949年上海二十世纪出版社影印手稿本重加排印。转引自潘先林. 民国云南彝族统治集团研究. 昆明：云南大学出版社，1999：134.
④ 周钟岳赴宁晋谒蒋介石前后与龙云的往来函电（1928年8月—1929年5月）［J］. 云南档案馆. 云南档案史料，1988（总22）：53.

1931年成立的云南通志馆纂修《云南通志》和《续云南通志长编》两部省志就是在绅耆的主持下修的。

1929年12月，国民政府内政部颁布了《修志事例概要》，要求"各省应于各省会所在地设立省通志馆"纂修地方志。龙云遂于1930年九月函聘周钟岳为云南通志馆筹备主任，并委民政厅长张维翰、财政厅陆崇仁、教育厅长龚自知、建设厅长长张邦翰、农矿厅长缪嘉铭为筹备员。并让周钟岳拟定筹备处所需的顾问，周钟岳把昔日故旧都延揽进来，聘请陈价、马金墀、孙光庭、宋嘉俊、钱用中、秦光玉、袁嘉谷、由云龙、顾视高、吴琨、李增、熊廷权、萧瑞麟为顾问进行筹备事宜。委任方树梅和何筱泉为筹备干事。

人员聘定后，筹备处于1931年2月1日正式成立开始办事。筹备处所办事项包括：（一）酌定修志凡例及分类纲目；（二）拟定采访修志资料；（三）搜求参考图籍；（四）关于设馆事项暨拟定组织大纲办事细则。修志凡例和分列纲目、采访条例都由方树梅草拟。方氏"穷十余昼夜之力，兼采江苏安徽新例，将二者初稿拟就，逐一讨论修成，付印"①。方氏主要参照浙江新志体例，将所要纂修的志书分为两个部分，由开滇至宣统辛亥止，名《云南通志》为一部。自民国始至民国二十年以后，名《续云南通志长编》，又为一部。在筹备阶段主要是令各县设志局，采访资料上报筹备处，以供修志之用。

筹备工作就绪后，通志馆于9月2日正式成立，省府刊发关防并将办理各事项先后咨达内政部，查照备案。周钟岳被省政府聘为馆长，又推荐同门赵式铭为副馆长兼编纂。赵式铭在家乡剑川已经闲居八年了，因同门之力得以出山。赵氏曾说："余外和而内狷，少□而寡可，惟于师得先生（指赵藩），友得生甫，常宽假而乐称之，故虽拙疾相仍，犹得忝厕英乂之末者，师友推挽之力也。"②这并不是谦虚之语，自辛亥以来，赵氏屡屡因为师友的奥援而得以随心所欲地出任各种职务。此时，赵式铭再次得到周钟岳的照顾回省复出，并在此后，得以与龙云亲近，成为龙云身边的御用文人。如为龙云之妹撰写传记，将龙家竟追溯到远古，以符合龙云为云南王的身份。

周氏主持下，大量延聘绅耆入馆修志。在拟定的20名编纂人员中几乎都是与周氏相识的故旧。包括：袁嘉谷、由云龙、宋嘉俊、顾视高、金天羽、钱用

---

① 方树梅. 臞仙年录（二）[J]. 云南文史丛刊，1993（4）：105.
② 赵式铭. 彀父行年六十记 [M]. 手抄本，藏云南省图书馆历史文献部.

中、秦光玉、李根源、熊廷权、萧瑞麟、张华澜、张士麟、徐之琛、张鸿翼、华封祝、丁兆冠、王桢、金在镕。除了马骢、金天羽、李根源、张鸿翼、张华澜外都是旧学功底深厚的绅耆。此外，分纂则聘请后进担任，分别是：缪尔纾、解永年、方树梅、何秉智、陈秉仁、何作楫、陈玉科、陈鸿勋、曹恒钧、李毓茂、李永清、夏光南。担任分纂的人员中除了方树梅和何秉智是赵藩晚年的学生外，其余或是清末新式学堂出身或是民国以后学校毕业的后进，如：陈秉仁和缪尔纾为云南优级师范学堂毕业，夏光南毕业于北京大学，李永清毕业于北京师范大学。从人员设置上可看出周钟岳所主持的修志工作基本上是以老辈唱主角，而辅之以新学后进。金天羽是江苏名士，因李根源的介绍入滇修志，让其负责人物志的编撰，是为了避免本省人写人物传难免有溢美之词而请外省人来把关，以求客观。

编纂诸人负责纂修的情况是：赵式铭兼方言、庶政，李根源任金石，金天羽任列传，秦光玉任名宦，袁嘉谷任大事、族姓，钱用中、吴琨任财政，宋嘉俊、王桢任礼俗，熊廷权任边裔，萧石斋任土司，顾视高任荒政，由云龙任盐务，张华澜任地理，张士麟任宗教，张鸿翼任物产、矿务、地质、交通，徐之琛任外交，华晋三任工务、商务，金在镕任庶政，缪季安任学制、社会，陈秉仁任天文、地理，曹恒钧任地理沿革图表，长编地理，解永年任赋役、关榷、图法，何作楫任教育，李毓茂任农务、水利，何秉智任表、技术，方树梅任艺文。

有清一代云南共修了三次省志，最后一次是崧藩督滇时令矿务大臣唐炯负责设馆所修的《续云南通志》，时在光绪二十二年（1896），之后就再没有修过志。修志诸人考虑到从最后一次修志"迄今数十年未经续纂，一省掌故纪载阙如"。而"自民国肇造国体更新，政治典章已多变革，旧志体例未能相沿者甚多，故本志分为二编，一自云南文化初开截至清宣统三年止，参考旧志补阙订讹，勒成一书，计二百六十六卷；一自民国初元起，网罗事实别具长编，分别纂修以为新志"①。

这次修志应该说是新老学人的一次通力合作，从编纂到成稿付梓共费时18年之久。前期主要由老辈撰成初稿，然后又经过编审员方树梅、何秉智、缪尔

---

① 新纂云南通志凡例［M］//龙云，卢汉修，周钟岳，等. 新纂云南通志：卷首, 1949年铅印本, 1949: 1.

纾、方国瑜等后进对已交之稿进行增补、修改。经过三年编审葳事，又成立审定委员会，委老辈秦光玉为主任委员，带领梁之相、缪尔纾、姜寅清等人对志稿进行最后审定，审定工作分两项：（一）修正原稿；（二）补编缺稿。稿本经审查后需重编者甚多，即画一体例，删汰繁复。经过近一年的时间才完成，可见新纂云南通志倾注了新老学人许多心力。

新纂在编纂体例上并没有沿袭以往旧志体例，而是有所因革，秦光玉对于该志的成绩颇为自负，曾将该志的特点归纳为五方面，他说：

> 旧志体例，李志分十二类，刘志十四类，阮岑唐志各分十三类，均以性质为区别。本志仿章士钊《湖北通志》体例，按文字体裁分记、图、表、考、传五篇，与旧志分类迥然不同，执简驭繁，别开生面，其特点一也。鄂志之《师旅考》，阮岑唐三志之《戎事门》专纪武功，于古今大事未能包举，刘志、范志虽有沿革大事考，然亦语焉不详，本志首列大事记，详考史籍，用编年体裁纪载本省大事，始唐尧元载，迄清季止，分为上古、中古、近古三代，滇云历史一览了然，其特点二也。旧志天文仅载星野，以二十八宿分配，中国识者多讥为谬，而祥异气候亦不能解释其理由，本志《天文考》专就星象授时之有纪载者分别列表并加以科学之说明，其光象、旋风、水汽、气候、物候等则列为《气象考》，天文地理判然分明，其特点三也。云南跨温热两带，地广山多，物产丰富，旧志列入食货，分析未精，本志设物产一门，分动物、植物、矿物诸目，照科学分类详加说明，使人知重视天然物品资源开发胥视乎此，其特点四也。滇处西南极边，自越沦于法，缅陷于英，遂居国防上重要地位，清季以来，外人勘界、通商、传教、游历交涉日繁，唐志所纪洋务尚嫌简略，本志外交一门依据中央外交部成案，本省交涉署档案，将历来外交要件勒为专篇，以资后来借镜，前者不远来轸方遒，其特点五也。以上五项皆其荦荦大者，其他因时制宜，革旧从新者不一而足，盖当科学昌明与社会复杂之际，非博采资料，扩充门类，无以破宿昔之固陋，导人士以开明，岂故为立异哉。亦应时势之需要，不能不如此耳！①

---

① 秦光玉. 新纂云南通志序三［M］//龙云，卢汉修，周钟岳等. 新纂云南通志：卷首，1949年铅印本.

其实，除了秦氏所提到的外，《方言考》一门也颇具特色。此门由赵式铭担纲。赵氏参照记有古代云南民族语言资料的旧志，写成《各族语之比较》《白文考》《爨文考》《僰文考》《么些文考》《怒子古宗僳僳文考》等篇，对云南古代民族的语言进行了初步考察。赵氏在入馆以前就对白族语言极为关注，家居期间写成《白文考》一书，语言学家罗常培对其研究也颇为首肯，认为："于民家语（白语）作系统之研究者，当首推赵式铭之《白文考》……"① 可见新老学人虽然门径不同，然亦可以有沟通之处。

该志不仅在体例上没有因循守旧，在资料上也尽量广征博采，例如，方树梅负责《艺文志》，为了尽量收罗滇人文献，他于1934年出游走访南北各省图书馆及古书肆搜罗滇省书籍，用了半年多的时间，购得许多在滇不易得到的滇南先贤著作，为修志补充了很多资料。通过北平图书馆馆长朱希祖抄得明朝陈文所纂《景泰云南图经志》，向中央研究院借抄得北京大学所藏晒印本刘文征天启《滇志》，此外，因金天羽的关系，从江苏人任凤苞那里借抄得李元阳纂的《云南通志》，这三种志书，清朝前修云南志时都没有征用，此时，新纂诸人以此三种志书作参考，使清以前的部分得以大大扩充，使其更加详实可靠。

新纂《云南通志》成为后来研究者使用频率较高的一部方志，可见其水平当不低。

除了纂修地方志外，一些绅耆被视为国学功底深厚的名彦硕老，学术类的演讲会还会请他们出来，例如，1934年龙云组织星期演讲会，又把诸位耆硕一一请出来演讲圣经贤传。

1934年2月蒋介石在江西发起新生活运动，其内容之一就是要全民以"礼仪廉耻"为基本准则。云南省主席龙云为了响应蒋介石的号召，于1934年7月份发起星期讲演会，在每星期日晚请耆硕讲演圣经贤传。龙云所聘请的耆硕分别为：陈荣昌、袁嘉谷、秦璞安、由云龙、顾视高、马骢、倪隆德、陈度、萧瑞麟、赵式铭、周钟岳诸人。龙云对此次讲演非常重视，规定"军政各机关学校由省府秘书处通知每处每次轮派若干人按时齐集听讲"，即这次讲演是强制性

---

① 罗常培. 云南之语言. 云南史地辑要. 1949年，转引自衍苏. 白族学者赵式铭生平及在云南地方文史研究上的贡献 [J]. 云南社科院历史研究所：研究集刊，1983（2）：136.

的，每个行政机关、学校都必须派人轮流参加。

  龙云之所以请诸位耆硕出山，认为他们都是对旧学极有研究的老前辈，讲解圣经贤传非诸位耆硕莫属。第一次的演讲由德高望重的陈荣昌开讲，当天龙云首先发言，解释此次演讲的动机，说道："近来一般青年受时代潮流的激荡，思想动摇，失去重心多数走入过激一途，将中国数千年固有的道德认为腐朽，蔑视殆尽，所以直接间接均足以陷国势于衰微，我们在这内忧外患异常严重的国难当中，除努力于种种物质建设外，假使对于固有的道德文化不加以维护则国家前途必更至于不堪设想，因为任何民族，其所以能生存于世界者无论他的物质方面如何发达，仍须要有一种特殊的道德文化精神上才能维系于不坠，中国数千年来能够存在也就是受旧道德的维系，并不是侥幸存在的，自海禁一开，西方文化逐渐输入，旧有遂逐渐丧失，而国势亦日趋危殆，驯至演成今日严重的国难，所以自己认为旧道德对于国家存亡实有重大的关系，我们应当有提倡的必要，这就是省府此次延聘演讲的原因。"并说："聘来演讲的各位老前辈对于旧学都极有研究，其姓名已在日来报纸上宣布过，兹不一一赘述，如今晚来讲演的陈小圃先生潜心旧学，久不问世，此次乐与各位老前辈联翩莅临担任讲演共同倡导，在座听众又肯牺牲时间及工作，热烈的参加听讲，实在是难能可贵，自己更希望听众能够深切了解，躬行实践，共挽颓风。"① 报纸并没有逐次报道讲演情况和讲演内容，仅对第一次和第二次的演讲内容做了详细报道，据报纸登载情况，陈荣昌讲演了《正人心厚风俗》，讲解三纲五常的重要性。第二次由袁嘉谷和秦光玉先后演，袁氏演讲《释仁》，秦光玉讲演《保存国粹说》，第三次则由由云龙和顾视高演讲，由氏讲演《仪礼之重要及其代表人物》，顾视高讲演《尊孔刍言》，就报纸所报道的这几次讲演看，均是儒学方面的内容。

  除了此次比较集中的聘请耆硕演讲外，他们各自也分别应各学校之邀请，讲演文史等方面的知识。在这方面袁嘉谷比较突出，经常被邀请演讲，在成德中学讲演《我在学部图书馆所遇之王静安》和《史学谈》，在政训班演讲《孔明之人格及其与云南之关系》，在省立昆华小学讲演《一个模范人物》。由云龙也曾应省立昆华师范学校演讲《关于云南现在之地位及所希望于师范生者》。

---

① 龙主席在星期讲演会讲演词［N］．云南新报，1934－07－19．

结　语

绅士在进入民国以后被边缘化是目前学术界较为流行的观点,持此观点的学者主要有两个依据,一个是科举制度的废除,切断了"士"的社会来源,使士的存在成为一个历史范畴;二是辛亥革命的爆发,清朝被推翻,封建等级身份制随之被取消,绅士地位失去制度保障而走向分化,从而被边缘化。因是之故,实际上在民初社会中扮演重要角色的众多具有旧学功名的绅士被学界忽略,被关注到的也仅是那些聚居在青岛、上海等地的遗老。如果不被成见所蔽,仔细阅读史料,就会发现一幅别样的历史图景。云南绅耆在清末民初的兴起,以及逐渐走向权力中心的过程就是最好的说明。在民初社会中,绅耆不仅没有被边缘化,其地位反而越居显要,在各方面都有很大的活动能量,他们淡出历史,至少也是到了老残凋零的那一天。其实,作为最后一代具有科举功名的绅士在面对时变时并不是坐以待毙,而是能从权应变,与时俱进,在这方面甚至比其他人更具优势。

科举制度的废除,不仅对其没有任何影响,在某种程度上反而使其出路更加宽阔。与在科举时代下的境遇相比,大有改善的不乏其人。大多数士子都能应时适变,转向他途,获得重生。加之清廷各项新政措施,为士子提供了更多的机会。绅耆踏着改革的春风,扶摇直上,走向权力中心。

辛亥革命,政权更迭,丝毫没有触动绅耆的权力地位。云南重九光复,虽经过一夜半天的激烈战斗,但在战斗结束后,革命派中的主要将领却极力保护前清官员,态度相当温和,而对于绅耆,更因有着师生、父子等关系而采取保护和合作的态度,革命过后的新政府中也尽量延揽绅耆担任要职。对新政府的权力结构分析可知,民政各机构的正副要职基本上都是原来的清朝官员和本省绅耆,本书分析表明,绅耆实际上成了革命的既得利益者。就是一些不愿出仕民国的绅耆，依然受到当道优渥的礼遇，也是媒体关注的对象。而不仕民国的绅耆也并不抵触民国，与遗老迥然不同。

民初的议会政治，无论是国会议员还是省议会议员都不乏旧学功名者。就国会议员而论，据张朋园对499名议员的统计，有传统功名和既有传统功名又受新式教育者共有257人，占51.5%，是499名议员人数的一半还强。虽然在对议员选举资格的规定中，并未明确将传统科举功名身份作为基本条件，却有"与小学以上毕业相当之资格者"之规定，实际上就是针对旧学功名者而言。就选举结果可看出具有功名者仍较占优势。而云南的情况亦复如此，云南10名参议员中有科举功名者8人，由于当选参议员的年龄资格限制是30岁以上，所以给旧学功名者更多的机会，云南参议员中绅耆占了主要的份额。云南22名众议员议员中，已知背景的有20人，具有功名者为15人，其中有7人兼具新式学历，可见众议员也是科举功名者占主要份额。相比于省议会的情况，可知原来省一级的上层绅士通过议会政治而上升到了国家一级的层面。

除了参与议会政治外，绅耆在地方事务中扮演重要角色，他们或是成为云南政府中的高层官员；或是处于官民之间，沟通政令舆情，而繁兴的各种社团成为他们沟通政令舆情的重要途径。教育领域历来是传统绅士涉足的主要领域，在进入民国的很长一段时间内，占据滇中教育权势地位的多数还是具有科举功名的旧学绅士。1917年从北大毕业回滇的龚自知就深刻感慨道："昆明中等学校的语文教席向来是所谓老师宿儒的专利品，末学后进是很少有条件问津的。"①这一情况使这个从北大毕业回来的青年在民国九十年间，因失业而生活受困。然而在当时青年的眼中并没有把职掌滇中教育的绅耆视为守旧的人物。

有的绅耆虽然成为军阀的高级幕僚，但也并不完全是仰军阀之鼻息，他们也有自己的态度和企求，在关键时刻影响事态的发展。在政坛中发挥影响力的绅耆多是清末的旧官僚，因具有深厚的政治资本和复杂的人事关系，比根基不深的军阀有着更大的活动能量，而这种潜在的能量又非武力所能企及。

维系传统文化于不坠是绅耆所承担的一项重要的社会功能，也是他们最主要的关怀所在。为此，他们采取一系列行动来维系旧学。（一）创立私立学校。

---

① 龚自知. 五四运动在云南报刊的反应和对文体的影响 [M] //中国人民政治协商会议云南省委员会文史资料研究委员会. 云南文史资料选辑：第7辑. 昆明：云南人民出版社, 1965：181-182.

绅耆创办的私立学校主要以培养文史人才为主,针对当时新式学堂中偏重于教授各科学知识而忽视培养学生的道德和国文的弊端,绅耆纷纷创建私学以纠此弊。(二)整理刊刻前贤遗集,纂修地方志,创办学会集会讲学。老辈学人一般喜欢藏书刻书,他们大多因家学渊源之故,对整理、收集前贤遗集有着特别的兴趣,如胚胎庭训的赵藩,就是在其父亲的谆谆教导下,对滇中古籍尤三致意。父亲甚至不奢望其高科膴仕,"但得辑学明理,留意吾滇掌故典籍,随时随地蒐访裒集,尽我心力,公之乡人"①。赵藩主持下的辑刻云南丛书工作取得了相当不错的成效,一大批古籍得以保存流传。此外,民国初年,云南各地的方志实际上主要是由旧学功名者所修,而绅耆所主持修的方志有《昆明县志》《盐丰县志》《石屏县志》等,20世纪30年代更集中修了《新纂云南通志》和《续云南通志长编》两部省志。另外绅耆还创办各种学术文化社团,组织定期的集会演讲或出题考课,并取得当道赞助,出资奖励应课之青年,以此鼓励青年关注传统文化。(三)结社雅集。绅耆都是经过科举时代熏染下的士子,具有文人结习,从事诗文创作是他们晚年活动的重要方面,产生出了大量诗文结集,丰富了云南近代文化。

中国传统士子向重同门、同年、同道之谊,这些关系往往成为他们日后谋求进身的重要渠道和关键因素。绅耆之间在清末时就结成了包括上述关系在内的盘根错节的关系网,这些关系网络的结成成为他们在社会转承中始终保持权势地位的关键因素,无论是在清末新政时,还是辛亥革命、民初地方事务中都体现了这一特点。

直至1920年代以后,绅耆们因为生理原因而逐渐退出历史舞台,新的知识分子才逐渐取代他们的位置,而一些年辈较晚的绅耆,直至20世纪40年代以后还在发生影响力,可见,关于绅士在民国之后被边缘化的论断似还有讨论之余地。

---

① 赵藩. 赵藩遗稿·复岑侍郎[M]//中国人民政治协商会议云南省委员会文史资料研究委员会. 云南文史资料选辑:第15辑,昆明:云南人民出版社,1981:217.

附 表

表1 主要绅耆情况表

姓名	字号	生卒年月	功名	籍贯
赵藩	字樾村、介庵，别号蝯仙	1851—1927	光绪乙亥科（1875）乡试举人	剑川
陈荣昌	字小圃，号虚斋，晚号困叟、遁农、明夷子	1860—1935	光绪癸未科（1883）进士、翰林	昆明
孙光庭	字少元 别号东斋	1863—1944	光绪壬午科（1882）举人	曲靖
施有奎	字聚五	1849—1927	光绪丙子科（1876）乡试解元	昆明
王玉麟	字仲瑜	1856—1924	光绪辛卯科（1891）乡试举人	昆明
陈价	字介人	1851—1937	举人	文山
杨琼	字迥楼	1846—1917	光绪辛卯科（1891）举人	剑川
黄德润	字玉田，晚以字行	不详	庚寅年（1890）恩科进士	会泽
王人文	字采臣，号豹君	1863—1941	光绪丙戌科（1886）进士	太和

续表

姓名	字号	生卒年月	功名	籍贯
陈钧	字鹤亭	1874—1931	光绪癸卯科（1903）进士	石屏
袁嘉谷	字树五，别字澍圃，晚号屏山居士，亦称课经楼主人、颐寿楼主人	1872—1937	光绪癸卯科（1903）进士，癸卯经济特科状元	石屏
陈度	字古逸	1865—1941	光绪甲辰科（1904）进士	泸西
张学智	字愚若	1870—1946	光绪戊戌科（1898）进士	昆明
宋嘉俊	字镜澄	1864—1944	光绪戊戌科（1898）进士	晋宁
顾视高	字渔隐，号仰山	1877—1943	光绪癸卯科（1903）进士、翰林	昆明
李增	字灿高	1873—1933	光绪丁酉科（1897）举人	河阳（今玉溪）
李坤	字厚安	1866—1916	光绪癸卯科（1903）进士	昆明
秦光玉	字璞安，号瑞堂，别号罗藏山人	1869—1948	光绪癸巳科（1893）举人	晋宁
钱用中	字平阶	1864—1944	光绪辛卯科（1891）乡试举人	晋宁
赵式铭	字星洗，一字弢父	1873—1941	乡试副榜	剑川
周钟岳	字惺甫，一字惺庵	1876—1955	光绪癸卯科（1903）解元	剑川
施汝钦	字典和，号少云	1871—1926	光绪癸卯科（1903）进士	昆明
吴琨	字石生	不详	光绪甲辰科（1904）进士、翰林	昆明

续表

姓名	字号	生卒年月	功名	籍贯
吴良桐	字子白，一字梓柏	1874—1938	光绪丁酉科（1897）乡试举人	大关
蒋谷	字怀若	？—1933	光绪辛丑恩正（1901）并科举人	昆明
熊廷权	字仲青，晚号佚叟	？—1940	光绪戊戌科（1898）进士	昆明
由云龙	字夔举	1876—1961	光绪丁酉科（1897）举人	姚安
萧瑞麟	字石斋	1868—1939	光绪癸巳科（1893）举人	昭通
杨觐东	字毅廷	不详	光绪癸卯科（1903）举人	保山
席聘臣	字莘农，号上珍	1877—1930	庚子辛丑恩科（1901）举人，游学日本法政大学毕业赴京考试获奖翰林院庶吉士	昆明
李文治	字采臣，号南彬	1858—1931	光绪癸卯科（1903）举人	大理
刘钟华	字仲升	？—1956	光绪癸卯科（1903）举人	思茅
覃宝珩	字楚白，亦字子楚	1858—1918	光绪壬午科（1882）举人	呈贡
郭燮熙	子理初，号梅雪、南舟	1868—1943	光绪戊子（1888）举人	镇南
倪隆德	字宣三，一字曼和	生卒年不详	光绪己丑科（1889）举人	东川
刘润畴	字伯皋	不详	光绪辛丑科副贡	昆明
王肇奎	字聚五，号伯明	1860—1918	光绪辛卯科（1891）举人	昆明

续表

姓名	字号	生卒年月	功名	籍贯
陈文瀚	字墨轩,号退庵	1874—1912	光绪辛卯科（1891）举人	大理
张肇兴	字景中	1872—1918	光绪庚子、辛丑并科解元	太和
舒良弼	字翰才,号玉堂后改梦觉	1861—？	光绪乙酉科（1885）举人	鹤庆
谢宇俊	字幼侯,号潜圃	不详	不详	贵州普安人

后 记

绅士研究曾是学术热点，如今已逐渐淡出学者视野，但近代绅士的问题绝不能说已全无空间和余地，仍需要学者同人不断耕耘、开拓。本书是在博士论文基础上改写而成的，算是一得之见，吾愿对近代绅士研究能有所贡献。

忽忽间博士毕业已十多载了，淹没于生活的各种琐碎之中，学问无尺寸之进，愧对师友的期望，也愧对多年的勤学苦读。本书出版，既是对我的鞭策，也是对过去学术耕耘的一个总结。广东技术师范大学马克思主义学院领导积极促成此事，在此致以衷心的谢意。

吾生有幸得到桑兵教授亲炙，三年之间，变化气质，得以步入学术正轨；同系的关晓红教授、吴义雄教授在论文开题的时候，提出了不少意见和建议。曹天忠老师和谭群玉老师也给予了热心的帮助。

与同级的博士生张小欣、谢小强、刘小云、唐晓涛、殷小平等有很多切磋和交流，从他们那里受到了很多启发，开阔了视野。在本书的撰写过程中，亦得到了他们的帮助和关心，在此表示衷心的感谢！师弟王鸿志为本书做了校对，在此也致以谢忱！

云南大学的潘先林教授在资料收集方面提供了重要线索并将手头资料借予复印，好友陈国宝牺牲自己宝贵的时间为我查阅资料，非常感谢他们的热心帮助。云南省图书馆的工作人员为我查阅资料提供了许多便利，在此也表示诚挚的谢意！

同时我的每一个进步都离不开亲人的支持和理解，他们是我最大的心灵依靠，对他们最好的报答就是坚持不懈，努力成为最好的自己。

赵蕊

2021年5月